Dietmar Wellisch, Maik Näth, Kerstin Thiele
Vergütung bei internationalen Mitarbeiterentsendungen

GABLER EDITION WISSENSCHAFT
Schriften zum Steuer-, Rechnungs- und Prüfungswesen

Herausgeber:
Professor Dr. Lutz Haegert,
Humboldt-Universität zu Berlin,
Professor Dr. Theodor Siegel,
Humboldt-Universität zu Berlin,
Professor Dr. Ulrich Schreiber,
Universität Mannheim,
Professor Dr. Dr. h.c. Franz W. Wagner,
Universität Tübingen,
Professor Dr. Dietmar Wellisch,
Universität Hamburg

SRP

Die Schriftenreihe möchte ein Forum für wissenschaftliche Beiträge aus den Bereichen betriebswirtschaftliche Steuerlehre, Rechnungswesen und Wirtschaftsprüfung schaffen. Ihr Ziel ist es, methodisch fundierte wissenschaftliche Arbeiten, Dissertationen und Habilitationsschriften der betriebswirtschaftlichen Forschung aus diesen Gebieten zu veröffentlichen. Die Reihe wendet sich an Studenten und Wissenschaftler einschlägiger Fachrichtungen sowie an Steuerberater, Wirtschaftsprüfer und alle anderen an dieser Thematik interessierten Personen.

Dietmar Wellisch, Maik Näth, Kerstin Thiele

Vergütung bei internationalen Mitarbeiterentsendungen

Steuerliche und sozialversicherungsrechtliche Aspekte und Gestaltungsansätze unter Berücksichtigung von komplexen Vergütungsstrukturen und Altersvorsorgeaufwendungen

Deutscher Universitäts-Verlag

Bibliografische Information Der Deutschen Bibliothek
Die Deutsche Bibliothek verzeichnet diese Publikation in der Deutschen Nationalbibliografie;
detaillierte bibliografische Daten sind im Internet über <http://dnb.ddb.de> abrufbar.

1. Auflage Juli 2006

Alle Rechte vorbehalten
© Deutscher Universitäts-Verlag | GWV Fachverlage GmbH, Wiesbaden 2006

Lektorat: Brigitte Siegel / Nicole Schweitzer

Der Deutsche Universitäts-Verlag ist ein Unternehmen von Springer Science+Business Media.
www.duv.de

Das Werk einschließlich aller seiner Teile ist urheberrechtlich geschützt.
Jede Verwertung außerhalb der engen Grenzen des Urheberrechtsgesetzes
ist ohne Zustimmung des Verlags unzulässig und strafbar. Das gilt insbesondere für Vervielfältigungen, Übersetzungen, Mikroverfilmungen und die
Einspeicherung und Verarbeitung in elektronischen Systemen.

Die Wiedergabe von Gebrauchsnamen, Handelsnamen, Warenbezeichnungen usw. in diesem
Werk berechtigt auch ohne besondere Kennzeichnung nicht zu der Annahme, dass solche
Namen im Sinne der Warenzeichen- und Markenschutz-Gesetzgebung als frei zu betrachten
wären und daher von jedermann benutzt werden dürften.

Umschlaggestaltung: Regine Zimmer, Dipl.-Designerin, Frankfurt/Main
Druck und Buchbinder: Rosch-Buch, Scheßlitz
Gedruckt auf säurefreiem und chlorfrei gebleichtem Papier
Printed in Germany

ISBN-10 3-8350-0482-4
ISBN-13 978-3-8350-0482-5

Vorwort

Innerhalb grenzüberschreitend tätiger Konzerne gewinnen internationale Personalentsendungen immer stärker an Bedeutung. Dabei können diese Entsendungen sowohl im Interesse der entsendenden Unternehmenseinheit als auch im Interesse der aufnehmenden Unternehmenseinheit (oder im Interesse beider Unternehmenseinheiten) erfolgen. Werden beispielsweise erfahrene Mitarbeiter in ausländische Tochterunternehmen entsendet, um ihre im Inland gewonnenen Kenntnisse an die Auslandstochter weiterzugeben, so dürfte insbesondere das aufnehmende ausländische Unternehmen an der Entsendung interessiert sein. Ein vorwiegendes Interesse der entsendenden Unternehmenseinheit wird dagegen beispielsweise dann vorliegen, wenn Nachwuchskräfte im Rahmen eines Ausbildungsprogramms in ausländische Tochtergesellschaften entsendet werden, um dort internationale Erfahrungen zu sammeln.

Bei internationalen Personalentsendungen ist die Frage, wie die während der Entsendung bezogenen Vergütungen steuerlich und sozialversicherungsrechtlich behandelt werden, sowohl für den entsendeten Arbeitnehmer als auch für dessen Arbeitgeber von zentraler Bedeutung.

Zum einen können die zwischen Entsende- und Tätigkeitsstaat bestehenden Unterschiede in den Steuer- und Sozialversicherungssystemen dazu führen, dass die Höhe der auf die Vergütungen anfallenden (steuerlichen und sozialversicherungsrechtlichen) Abgabenlast im Tätigkeitsstaat wesentlich höher oder auch wesentlich niedriger ist als im Entsendestaat. Eine grenzüberschreitende Entsendung kann also aus steuerlichen und sozialversicherungsrechtlichen Gründen zu nicht unbedeutenden materiellen Mehr- oder Minderbelastungen führen. Soll die Abgabenlast bei internationalen Mitarbeiterentsendungen gemindert werden, sind drei Ansatzebenen zu berücksichtigen - die steuerliche Behandlung beim Arbeitnehmer, die steuerliche Behandlung beim Arbeitgeber und die sozialversicherungsrechtliche Behandlung.

Zum anderen sind internationale Arbeitnehmerentsendungen oftmals mit hohem Verwaltungsaufwand verbunden. Aus steuerlicher und sozialversicherungsrechtlicher Sicht können sich insbesondere hinsichtlich der Lohnbuchhaltung wesentliche Änderungen ergeben. So stellt sich die Frage, ob - und bejahendenfalls durch wen - für die an den Arbeitnehmer auszuzahlenden Vergütungen ein Lohnsteuerabzug vorzunehmen ist. Entsprechendes gilt für den Einbehalt und die Abführung von Sozialversicherungsbeiträgen. Dabei stellt ein unterlassener oder falscher Einbehalt von Lohnsteuer oder Sozialversicherungsbeiträgen nicht nur einen formalen Fehler dar. Vielmehr können sich daraus für den Arbeitgeber - aus Gründen der Haftung - auch materielle Nachteile ergeben.

Mit diesen - sich bei internationalen Personalentsendungen ergebenden - steuerlichen und sozialversicherungsrechtlichen Problembereichen beschäftigt sich das vorliegende Werk. Jedem dieser Problembereiche ist ein eigener Abschnitt gewidmet. Dabei wird am Beginn der einzelnen Abschnitte noch einmal ausführlich auf die jeweilige Problemstellung und die zu deren Bearbeitung gewählte Gliederung eingegangen. Aus diesem Grund seien an dieser Stelle die Inhalte der einzelnen Abschnitte nur grob skizziert:

Abschnitt A: Besteuerung beim Arbeitnehmer

Abschnitt A widmet sich der Frage, wo (in welchem Staat) und wie (Zeitpunkt und Höhe) die Arbeitnehmer-Vergütungen besteuert werden. Eingegangen wird dabei - neben einer Vergütung in Form von sofort ausgezahlten Geldleistungen - auch auf Besonderheiten bei Sonderformen der Vergütung (Sachbezüge, aufgeschobene Vergütungselemente, stock options).

Abschnitt B: Besteuerung beim Arbeitgeber

Abschnitt B beschäftigt sich zum einen mit der steuerlichen Abzugsfähigkeit von Arbeitnehmer-Vergütungen beim Arbeitgeber. Hierbei wird auch wieder auf Besonderheiten bei (den oben genannten) Sonderformen der Vergütung eingegangen. Zum anderen geht es um die Frage der Verrechenbarkeit der für den entsendeten Arbeitnehmer anfallenden Vergütungsaufwendungen auf das aufnehmende Unternehmen.

Abschnitt C: Sozialversicherungspflicht

In Abschnitt C wird zunächst dargestellt, unter welchen Voraussetzungen der entsendete Arbeitnehmer in den an der Entsendung beteiligten Staaten (Entsendestaat und Tätigkeitsstaat) der Sozialversicherungspflicht unterliegt. Anschließend werden Möglichkeiten erläutert, wie eine Sozialversicherungspflicht in dem Staat erreicht werden kann, in dem das Verhältnis zwischen den zu entrichtenden Sozialversicherungsbeiträgen und den daraus resultierenden Sozialleistungen günstiger ist.

Abschnitt D: Erhebung der Einkommensteuer

Abschnitt D beschäftigt sich mit der Frage der Steuererhebung in Deutschland. Es wird für grenzüberschreitende Mitarbeiterentsendungen nach bzw. aus Deutschland dargestellt, in welchen Fällen die Einkommensteuer auf dem Wege des Lohnsteuerabzugsverfahrens bzw. im Rahmen des Veranlagungsverfahrens erhoben wird.

Abschnitt E: Einbehaltung und Abführung der Sozialversicherungsbeiträge

Abschnitt E betrachtet unterschiedliche Szenarien einer Entsendung aus dem Ausland nach Deutschland widmet sich dabei jeweils der Frage, wer als Arbeitgeber im Sinne des deutschen Sozialversicherungsrechts anzusehen ist und durch wen die Sozialversicherungsbeiträge an die jeweils zuständigen Stellen abzuführen sind.

Das vorliegende Werk ist konzipiert für Leser, die einen umfassenden Überblick über die steuerlichen und sozialversicherungsrechtlichen Problembereiche einer internationalen Mitarbeiterentsendung wünschen. Bei der Gliederung und Darstellung wurde jedoch darauf geachtet, dass die einzelnen Abschnitte weitestgehend voneinander unabhängig und damit auch ohne das Studium der vorhergehenden Abschnitte verständlich sind. Das Werk ist deshalb auch für die Leser geeignet, die sich nur über ausgewählte Fragestellungen informieren möchten.

Prof. Dr. Dietmar Wellisch

Dr. Maik Näth

Dr. Kerstin Thiele

Inhaltsverzeichnis

Vorwort V

Inhaltsverzeichnis IX

Abschnitt A: Besteuerung beim Arbeitnehmer 1

1 Motivation 3

2 Besteuerung bei Vorliegen keines Doppelbesteuerungsabkommens 6

  2.1 Entsendung aus Deutschland 6

    2.1.1 Unbeschränkte Steuerpflicht in Deutschland 7

    2.1.2 Keine unbeschränkte Steuerpflicht in Deutschland 14

  2.2 Entsendung nach Deutschland 16

    2.2.1 Unbeschränkte Steuerpflicht in Deutschland 16

    2.2.2 Keine unbeschränkte Steuerpflicht in Deutschland 17

    2.2.3 Fiktive unbeschränkte Steuerpflicht in Deutschland 18

3 Besteuerung bei Vorliegen eines Doppelbesteuerungsabkommens 21

  3.1 Entsendung aus Deutschland 22

  3.2 Entsendung nach Deutschland 28

4 Besonderheiten bei Sonderformen der Vergütung 30

  4.1 Sachbezüge 32

    4.1.1 Maßgeblicher DBA-Artikel und Besonderheiten bei Anwendung der DBA-Vorschriften 32

    4.1.2 Zeitpunkt und Höhe der Besteuerung 35

    4.1.3 Besonderheiten bei Steueranrechnung nach § 34c Abs. 1 EStG 40

  4.2 Stock options 41

    4.2.1 Maßgeblicher DBA-Artikel und Besteuerungszeitpunkt 41

    4.2.2 Besonderheiten bei Anwendung der DBA-Vorschriften 44

4.2.3	Höhe der Besteuerung	48
4.3	Ansprüche auf betriebliche Altersversorgung	48
4.3.1	Maßgeblicher DBA-Artikel und Besonderheiten bei Anwendung der DBA-Vorschriften	49
4.3.2	Zeitpunkt und Höhe der Besteuerung	51
4.3.3	Besonderheiten bei Steueranrechnung nach § 34c Abs. 1 EStG	54
4.4	Guthaben auf Arbeitszeitkonten	55
4.4.1	Maßgeblicher DBA-Artikel und Besonderheiten bei Anwendung der DBA-Vorschriften	55
4.4.2	Zeitpunkt und Höhe der Besteuerung	59

Abschnitt B: Besteuerung beim Arbeitgeber   63

5	Motivation	65
6	Steuerliche Abzugsfähigkeit von Arbeitnehmer-Vergütungen beim Arbeitgeber	67
6.1	Grundsätzliches und Abzugsfähigkeit sofort ausgezahlter Geldleistungen	67
6.2	Sachleistungen	68
6.3	Stock options	69
6.4	Ansprüche auf betriebliche Altersversorgung	72
6.5	Guthaben auf Arbeitszeitkonten	74
7	Verrechenbarkeit von Arbeitnehmer-Vergütungen	76
7.1	Verrechnung bei Dienstleistungen	77
7.1.1	Betriebstätte	77
7.1.2	Verbundenes Unternehmen	79
7.2	Verrechnung bei Entsendungen	81
7.3	Verrechenbarkeit von Arbeitnehmer-Vergütungen im Ausland	91
7.4	Korrekturvorschriften	93
7.4.1	Verdeckte Gewinnausschüttung (§ 8 Abs. 3 KStG)	94

7.4.2	Verdeckte Einlage (§ 8 Abs. 1 KStG i.V.m. § 4 Abs. 1 S. 5 EStG)	96
7.4.3	Korrektur nach § 1 AStG	98

Abschnitt C: Sozialversicherungspflicht   **101**

8   Motivation   103

9   Regelung der Sozialversicherungspflicht   105

     9.1   Fall 1: Ein Sozialversicherungsabkommen liegt nicht vor   106

         9.1.1   Grundsätzliche Regelung   106

         9.1.2   Ausstrahlung   107

         9.1.3   Einstrahlung   109

         9.1.4   Mögliche Probleme: Doppelversicherung oder vollständige Befreiung   111

     9.2   Fall 2: Ein Sozialversicherungsabkommen liegt vor   112

         9.2.1   Regelung durch Sozialversicherungsabkommen   113

         9.2.2   Keine Regelung durch Sozialversicherungsabkommen   116

     9.3   Fall 3: Entsendung innerhalb der EU/des EWR   124

         9.3.1   Entsendung im Sinne des Art. 14 VO 1408/71   125

         9.3.2   Ausnahmegenehmigung nach Art. 17 VO 1408/71   127

10   Gestaltungsmöglichkeiten   129

     10.1   Entsendung im wirtschaftlichen Interesse des entsendenden Unternehmens   129

         10.1.1   Ein Sozialversicherungsabkommen liegt nicht vor   129

         10.1.2   Ein Sozialversicherungsabkommen liegt vor   131

         10.1.3   Entsendung innerhalb der EU/des EWR   131

     10.2   Entsendung im wirtschaftlichen Interesse des aufnehmenden Unternehmens   132

         10.2.1   Ein Sozialversicherungsabkommen liegt nicht vor   132

         10.2.2   Ein Sozialversicherungsabkommen liegt vor   133

         10.2.3   Entsendung innerhalb der EU/des EWR   133

Abschnitt D: Erhebung der Einkommensteuer 135

11 Motivation 137

12 Steuererhebung in Deutschland 139

12.1 Inländischer Arbeitgeber 139

12.2 Inländischer wirtschaftlicher Arbeitgeber 143

12.3 Keine Pflicht zur Lohnsteuererhebung 147

13 Systematische Zusammenfassung 148

Abschnitt E: Einbehaltung und Abführung der Sozialversicherungsbeiträge 151

14 Motivation 153

15 Einbehaltung und Abführung der Sozialversicherungsbeiträge 154

15.1 Fall 1: AN hat Arbeitsvertrag mit inländischem aufnehmenden Unternehmen, welches auch die Vergütungen zahlt 155

15.2 Fall 2: AN hat Arbeitsvertrag mit entsendendem Unternehmen und wird in D weder in einem Unternehmen noch in einer festen Einrichtung (Betriebstätte) des entsendenden Unternehmens tätig 155

15.3 Fall 3: AN hat Arbeitsvertrag mit entsendendem Unternehmen und wird in D in einer Betriebstätte des entsendenden Unternehmens tätig 156

15.4 Fall 4: AN wird in inländisches Unternehmen entsandt und hat Arbeitsvertrag mit entsendendem Unternehmen 157

15.5 Fall 5: AN hat Arbeitsvertrag mit inländischem aufnehmenden Unternehmen, die Vergütungen des Arbeitnehmers werden jedoch (vollständig oder teilweise) durch einen Dritten gezahlt 158

15.6 Fall 6: Die Arbeitnehmer werden einem inländischen Unternehmen durch einen ausländischen Verleiher überlassen 159

Zu den Autoren 161

Abschnitt A:

Besteuerung beim Arbeitnehmer

1 Motivation

Wird ein Arbeitnehmer[1] ins Ausland entsendet, so ist die Frage, wie die während der Entsendung bezogenen Vergütungen bei diesem Arbeitnehmer steuerlich behandelt werden, sowohl für den Arbeitnehmer als auch für dessen Arbeitgeber von zentraler Bedeutung. Unterliegen die Vergütungen bei der Entsendung einer höheren Besteuerung als bei der bisherigen Inlandstätigkeit, so führt dies zu höheren Belastungen, die - in Abhängigkeit von der Entsendungsvereinbarung - vom Arbeitnehmer oder vom Arbeitgeber zu tragen sind. Sagt der Arbeitgeber dem Arbeitnehmer einen Ausgleich für die höhere Besteuerung der Vergütungen zu, so trägt der Arbeitgeber die Mehrbelastung; anderenfalls der entsendete Arbeitnehmer[2].

Somit haben sowohl der entsendende Arbeitgeber als auch der entsendete Arbeitnehmer ein Interesse daran, die steuerliche Belastung der während der Entsendung vom Arbeitnehmer bezogenen Vergütungen möglichst gering zu halten.

Um die Entsendebedingungen steuerlich vorteilhaft gestalten zu können, muss zunächst geklärt werden, unter welchen Voraussetzungen in den an der Entsendung beteiligten Staaten eine Besteuerung der Vergütungen erfolgt. In welchen Fällen besteuert der Entsendestaat bzw. der Tätigkeitsstaat und wann erfolgt gar in beiden Staaten eine Besteuerung? Zu ermitteln ist also der jeweilige Ort (Staat) der Besteuerung. Dabei ist danach zu differenzieren, ob zwischen Deutschland und dem Staat, aus dem bzw. in den ein Arbeitnehmer entsandt wird, ein Abkommen zur Vermeidung der Doppelbesteuerung (Doppelbesteuerungsabkommen, DBA) besteht. Liegt ein Doppelbesteuerungsabkommen vor, so regelt dieses, welcher Staat die Arbeitnehmervergütung besteuern darf und auf welchem Wege eine Doppelbesteuerung zu

---

[1] Es werden nachfolgend ausschließlich Arbeitnehmer betrachtet, d.h. Personen, die im Rahmen eines Dienstverhältnisses eine nichtselbständige Arbeit ausführen. Die grenzüberschreitende Tätigkeit von selbständig Tätigen ist also nicht Gegenstand dieser Ausführungen. Ein Dienstverhältnis liegt vor, wenn eine Person einem Arbeitgeber seine Arbeitskraft schuldet, d.h. wenn diese Person unter der Leitung des Arbeitgebers steht oder den Weisungen des Arbeitgebers zu folgen verpflichtet ist (§ 1 Abs. 1, 2 LStDV). Wesentliche Merkmale für das Vorliegen einer nichtselbständigen Arbeit sind beispielsweise auch die Eingliederung in den Betrieb des Arbeitgebers, die Fortzahlung der Bezüge im Krankheitsfall sowie das Fehlen von Unternehmerrisiko, Unternehmerinitiative und Kapitaleinsatz (siehe auch H 67 LStR).

[2] Weichen Auslandssteuer und Inlandssteuer voneinander ab, so kann dies in den Gehaltsvereinbarungen bei Entsendungsfällen auf verschiedene Weise berücksichtigt werden. Bei einem echten Steuerausgleich (tax equalization) wird der Arbeitnehmer steuerlich wie bei einer Inlandstätigkeit belastet, d.h. der Arbeitgeber trägt sowohl im Ausland eintretende Mehrbelastungen; ihm kommt jedoch auch der Vorteil aus einer ggf. niedrigeren Auslandssteuer zugute. Im Unterschied dazu werden bei einem Steuerschutzprogramm (tax protection) eventuelle Steuervorteile durch eine niedrigere Auslandssteuer dem Arbeitnehmer überlassen; d.h. der Arbeitnehmer wird bei der Entsendung gegenüber einer Besteuerung bei Inlandstätigkeit gleich oder besser gestellt. Bei Laissez faire-Methoden schließlich trägt der Arbeitnehmer sowohl das bei einer Entsendung vorhandene Risiko einer höheren Steuer als auch die Chance einer geringeren Steuer. Siehe hierzu auch Jacobs, Internationale Unternehmensbesteuerung, 5. Auflage, München 2002, S. 1302; Heise, Entsendung, 1997, S. 158.

vermeiden ist. Ohne Doppelbesteuerungsabkommen werden die Fragen des Besteuerungsrechtes und der Vermeidung einer Doppelbesteuerung dagegen durch die nationalen Besteuerungsvorschriften von Entsendestaat und Tätigkeitsstaat geregelt.

Welchem Staat durch das Doppelbesteuerungsabkommen bzw. die nationalen Besteuerungsvorschriften von Entsende- und Tätigkeitsstaat das Besteuerungsrecht zugewiesen wird, kann wiederum von der Form der Vergütung abhängig sein. In der Praxis sind neben dem sofort ausgezahlten, in Geld bestehenden Arbeitsentgelt weitere Formen der Arbeitnehmervergütung anzutreffen. So kann der Arbeitgeber den Arbeitnehmer nicht nur durch Geldleistungen, sondern auch mittels Realleistungen (fringe benefits) entlohnen. Denkbar ist beispielsweise, dass der Arbeitgeber dem Arbeitnehmer im Tätigkeitsstaat eine Wohnung oder ein Auto zur Verfügung stellt oder er ihm Anteile am Unternehmen (Mitarbeiterbeteiligungen) gewährt. Neben Geld- bzw. Sachleistungen, auf die der Arbeitnehmer sofort zugreifen kann, kann die Vergütung auch Elemente enthalten, die erst in der Zukunft zu einer Auszahlung führen (deferred compensation). Hierzu gehört die Gewährung von Ansprüchen auch betriebliche Altersvorsorge oder auch die Gutschrift von Vergütungsansprüchen auf einem Arbeitszeitkonto. Schließlich können dem Arbeitnehmer auch Optionsrechte auf den Erwerb von Beteiligungen am Unternehmen des Arbeitgebers (oder beispielsweise auch an dessen Muttergesellschaft) eingeräumt werden.

Ist für die einzelnen in Frage kommenden Ausgestaltungen der Entsendebedingungen geklärt, in welchem Staat bzw. welchen Staaten eine Besteuerung erfolgt, kann in einem zweiten Schritt für die einzelnen Alternativen die konkrete Höhe der steuerlichen Belastung der Arbeitnehmervergütung ermittelt werden. Die Höhe der Besteuerung richtet sich - sowohl im DBA-Fall als auch im Nicht-DBA-Fall - nach den nationalen steuerlichen Rechtsvorschriften des besteuernden Staates bzw. der besteuernden Staaten. Allerdings kann - im DBA-Fall - die Höhe des Besteuerungsrechts durch das jeweilige DBA begrenzt sein.

Mit dieser Kenntnis der konkreten steuerlichen Belastung der Arbeitnehmervergütungen in den einzelnen Szenarien kann dann entschieden werden, welche (ökonomisch sinnvolle)[3] Ausgestaltung der Entsendebedingungen am günstigsten ist und daher gewählt werden sollte.

---

[3] Bei der Ausgestaltung der Entsendebedingungen sollten steuerliche Aspekte zwar berücksichtigt werden. Allerdings ist das Ziel der Steuerminimierung dem eigentlichen Ziel der Entsendung unterzuordnen. Verdeutlicht sei dies am Beispiel der 183-Tage-Regelung des Art. 15 Abs. 2 OECD-MA (siehe hierzu ausführlich Abschnitt 3.1). Ist ursprünglich geplant, einen Arbeitnehmer langfristig ins Ausland zu entsenden - beispielsweise zur Mitarbeit an einem mehrjährigen Projekt -, macht es keinen Sinn, die Entsendedauer allein aus steuerlichen Gründen auf 183 Tage zu begrenzen oder im umgekehrten Fall - einer eigentlich kurzfristi-

Zusammenfassend kann somit festgehalten werden, dass für eine steueroptimale Ausgestaltung der Entsendebedingungen insbesondere zwei Fragen für die einzelnen Gestaltungsalternativen geklärt werden müssen:

- Wo (in welchem Staat) erfolgt eine Besteuerung?
- Wie erfolgt diese Besteuerung?

Diesen Fragen widmen sich die nachfolgenden Ausführungen.

Zunächst wird auf die Frage eingegangen, in welchem der an einer Entsendung beteiligten Staaten eine Besteuerung der Arbeitnehmervergütungen erfolgt und wie eine Doppelbesteuerung vermieden bzw. gemindert wird. Dabei wird danach differenziert, ob zwischen Entsendestaat und Tätigkeitsstaat ein Doppelbesteuerungsabkommen besteht. Zuerst wird in Abschnitt 2 der Fall betrachtet, dass kein Doppelbesteuerungsabkommen vorliegt. Daran anschließend beschäftigt sich Abschnitt 3 mit dem Fall der Entsendung aus einem bzw. in einen Staat, mit dem Deutschland ein Doppelbesteuerungsabkommen geschlossen hat. Hinsichtlich der Art der Arbeitnehmervergütung wird in diesen Abschnitten davon ausgegangen, dass der Arbeitnehmer durch eine sofort ausgezahlte Geldleistung entlohnt wird. Auf Besonderheiten bei Sonderformen der Vergütung (Sachbezüge, aufgeschobene Vergütungselemente, stock options) wird in Abschnitt 4 näher eingegangen.

Die Frage, wie - d.h. insbesondere wann und in welcher Höhe - die Besteuerung dann tatsächlich erfolgt, kann im Rahmen dieses Werkes nicht in vollem Umfang beantwortet werden, da die konkrete Besteuerung ja davon abhängt, aus welchem Staat bzw. in welchen Staat der Arbeitnehmer entsendet wird. Eine detaillierte Beschreibung der Besteuerung von Arbeitnehmervergütungen in einzelnen Staaten würde jedoch den Rahmen dieses Werkes überschreiten. Aus diesem Grund beschränken sich die Ausführungen des Abschnittes A darauf, internationale Besteuerungsgrundsätze und -probleme für die o.g. Sonderformen der Vergütung darzustellen. Eingegangen wird insbesondere auf die Fragen des Zeitpunktes und der Höhe der Besteuerung sowie Probleme im Bezug auf die Vermeidung bzw. Minderung einer drohenden Doppelbesteuerung.

---

gen Aufgabe im Ausland (beispielsweise der Wartung/Reparatur einer Anlage) - die Entsendedauer allein aus steuerlichen Gründen auf über 183 Tage auszudehnen.

2 Besteuerung bei Vorliegen keines Doppelbesteuerungsabkommens

Besteht zwischen dem Entsende- und dem Tätigkeitsstaat kein Doppelbesteuerungsabkommen, so sind die Fragen, ob eine Besteuerung im Entsende- oder/und Tätigkeitsstaat erfolgt und wie eine gegebenenfalls auftretende Doppelbesteuerung vermieden bzw. gemindert werden soll, allein nach den nationalen Rechtsvorschriften von Entsende- und Tätigkeitsstaat zu entscheiden. Im Rahmen dieser Ausführungen werden die diesbezüglichen Rechtsvorschriften Deutschlands dargestellt.

Es wird nachfolgend unterschieden zwischen Entsendungen aus Deutschland in einen Staat, mit dem kein Doppelbesteuerungsabkommen existiert (Abschnitt 2.1) und Entsendungen aus einem solchen Staat nach Deutschland (Abschnitt 2.2).

2.1 Entsendung aus Deutschland

Wird ein Arbeitnehmer aus Deutschland entsendet, ist zunächst zu klären, ob für diesen Arbeitnehmer weiterhin die Tatbestandsmerkmale für eine unbeschränkte Steuerpflicht in Deutschland erfüllt sind. Der Arbeitnehmer unterliegt weiterhin in Deutschland der unbeschränkten Steuerpflicht, wenn er in Deutschland einen Wohnsitz oder seinen gewöhnlichen Aufenthalt[4] hat (§ 1 Abs. 1 S. 1 EStG). Dies ist beispielsweise bei Grenzpendlern der Fall, d.h. wenn der Arbeitnehmer zwar außerhalb Deutschlands arbeitet, er jedoch täglich nach Arbeitsschluss nach Deutschland zurückkehrt und somit (nur) innerhalb Deutschlands wohnt. Allerdings werden häufig auch Arbeitnehmer, die während der Entsendung im Ausland wohnen, im Inland einen Wohnsitz aufrechterhalten - beispielsweise wenn die Familie des entsendeten Arbeitnehmers in Deutschland bleibt oder wenn der Arbeitnehmer nur für eine relativ kurze Dauer ins Ausland entsendet wird.

Beispiele:

Ein Arbeitnehmer wird nach Liechtenstein entsendet; er kehrt jedoch täglich nach Arbeitsschluss in seine in Deutschland belegene Wohnung zurück (Grenzpendler).

Ein Arbeitnehmer wird nach Peru entsendet; er behält jedoch aufgrund einer nur kurzen Entsendedauer seine Wohnung in Deutschland.

---

[4] Für eine ausführlichere Erläuterung der Tatbestandsmerkmale „Wohnsitz" und „gewöhnlicher Aufenthalt" siehe beispielsweise Jacobs (FN 2), S. 1281 ff.; Wellisch, Besteuerung von Erträgen, München 2002, S. 41 ff., Brockmeyer/Klein, Abgabenordnung - Kommentar, 8. Auflage, München 2003, §§ 8, 9 AO; Pahlke/König, Köster, Abgabenordnung, München 2004, §§ 8, 9 AO.

Ein Arbeitnehmer wird für mehrere Jahre in den Iran entsendet; seine Familie bleibt jedoch in der bisherigen Wohnung in Deutschland.

In allen drei Fällen behält der Arbeitnehmer seinen inländischen Wohnsitz. Er erfüllt damit die Voraussetzung des § 1 Abs. 1 S. 1 EStG für eine unbeschränkte Steuerpflicht in Deutschland.

2.1.1 Unbeschränkte Steuerpflicht in Deutschland

Sind die Tatbestandsmerkmale für eine unbeschränkte Steuerpflicht in Deutschland weiterhin gegeben, so wird der Arbeitnehmer mit seinem Welteinkommen - und somit auch mit seinen im Rahmen der Entsendung erzielten Einkünften aus nichtselbständiger Arbeit - der Besteuerung in Deutschland unterworfen (§ 2 Abs. 1 S. 1 i.V.m. § 19 EStG). Zudem unterliegt der Arbeitnehmer mit dem im Tätigkeitsstaat erzielten Arbeitseinkommen regelmäßig der beschränkten Steuerpflicht[5] im Tätigkeitsstaat. Auch eine unbeschränkte Steuerpflicht im Tätigkeitsstaat ist möglich - beispielsweise dann, wenn der Arbeitnehmer (auch) im Tätigkeitsstaat einen Wohnsitz begründet und die unbeschränkte Steuerpflicht im Tätigkeitsstaat am Innehaben eines Wohnsitzes in diesem Staat anknüpft[6].

Beispiel:

Ein Arbeitnehmer wird nach Peru entsendet. Er hält seinen Wohnsitz in Deutschland aufrecht und begründet zudem einen Wohnsitz in Peru.

Der Arbeitnehmer ist sowohl in Deutschland als auch in Peru unbeschränkt steuerpflichtig.

Unterliegt der Arbeitnehmer mit diesen Einkünften in Deutschland der unbeschränkten Steuerpflicht und zudem im Tätigkeitsstaat einer Besteuerung, so kommt es zu einer Doppelbesteuerung. Diese kann in Deutschland gemildert bzw. beseitigt werden durch

- eine Anrechnung der ausländischen Steuer auf die deutsche Steuer (§ 34c Abs. 1 EStG),

---

[5] Ebenso wie in Deutschland (siehe hierzu ausführlich Abschnitt 2.1.2) unterliegen grundsätzlich auch in anderen Staaten Einkünfte aus nichtselbständiger Arbeit (von nicht unbeschränkt steuerpflichtigen Arbeitnehmern) der beschränkten Steuerpflicht, wenn diese nichtselbständige Arbeit in diesem Staat ausgeübt wird. Eine Ausübung der Tätigkeit in diesem Staat ist bei einer Entsendung in diesen Staat regelmäßig gegeben.
[6] Ebenso wie in Deutschland knüpft auch in vielen anderen Staaten die unbeschränkte Steuerpflicht an das Vorliegen eines Wohnsitzes oder des gewöhnlichen Aufenthaltes in diesem Staat an. Anzutreffen ist jedoch

- einen Abzug der ausländischen Steuer bei der Ermittlung der in Deutschland zu besteuernden Einkünfte (§ 34c Abs. 2, 3 EStG),

- eine Freistellung der ausländischen Einkünfte von der deutschen Besteuerung (Auslandstätigkeitserlass)[7].

Für die Anrechnung nach § 34c Abs. 1 EStG und den Abzug nach § 34c Abs. 2 EStG muss eine Reihe von Voraussetzungen erfüllt sein. Hinsichtlich der anzurechnenden bzw. abzuziehenden Steuer wird gefordert, dass diese in dem Staat erhoben wird, aus dem die Einkünfte stammen, und sie der deutschen Einkommensteuer entspricht[8]. Ausgeschlossen werden damit zum einen Steuern, die in einem Drittland zu zahlen sind, und zum anderen Steuern, die nicht auf das Einkommen, sondern beispielsweise auf das Vermögen oder den Umsatz erhoben werden.

Beispiel:

Ein Arbeitnehmer wird aus Deutschland nach Paraguay entsendet. Dabei behält er seinen Wohnsitz in Deutschland und begründet einen weiteren Wohnsitz in Paraguay. Zudem verfügt er über einen Wohnsitz in Kolumbien.

Unter die Anrechnung bzw. den Abzug nach § 34c Abs. 1, 2 EStG fällt nur die in Paraguay (= Staat, aus dem die Einkünfte stammen (Tätigkeitsstaat)) auf die Arbeitnehmervergütungen erhobene Einkommensteuer (impuesto a la renta). Die in Kolumbien auf diese Vergütungen zu zahlende Einkommensteuer (impuesto sobre la renta) ist dagegen von der Anrechnung bzw. dem Abzug nach § 34c Abs. 1, 2 EStG ausgeschlossen. Diese Steuer ist jedoch nach § 34c Abs. 3 EStG abzugsfähig[9].

Bedingungen werden jedoch nicht nur an die ausländischen Steuern geknüpft, sondern auch an die Einkünfte, auf welche diese ausländischen Steuern erhoben werden. Begünstigt nach § 34c Abs. 1, 2 EStG sind nur die in § 34d EStG genannten Einkünfte. Die Einkünfte aus nichtelbständiger Arbeit gehören zu diesen Einkünften, sofern die nichtselbständige Arbeit in einem ausländischen Staat ausgeübt oder - ohne in Deutschland ausgeübt zu werden - im

---

auch - beispielsweise in den USA - die unbeschränkte Steuerpflicht aufgrund des Innehabens der Staatsbürgerschaft dieses Landes.

[7] Zu Steueranrechnung und -abzug in Deutschland siehe auch bspw. Jacobs (FN 2), S. 39 ff. Zum Auslandstätigkeitserlass siehe auch bspw. Jacobs (FN 2), S. 1259 ff.; Flick/Wassermeyer/Baumhoff, Außensteuerrecht: Kommentar, Köln 1999, Stand: 57. Ergänzungslieferung, Anhang zu § 34c Abs. 5 EStG.

[8] Ein Verzeichnis der ausländischen Steuern in Nicht-DBA-Staaten, die der deutschen Einkommensteuer entsprechen, findet sich in Anlage 6 der Einkommensteuerrichtlinien.

[9] Siehe hierzu die nachfolgenden Ausführungen.

Ausland verwertet wird bzw. worden ist (§ 34d Nr. 5 EStG). Wird beispielsweise ein ins Ausland entsendeter Arbeitnehmer während dieser Entsendung kurzfristig wieder zurück nach Deutschland entsendet, so handelt es sich bei den Einkünften, die der Arbeitnehmer für die in Deutschland ausgeübte (und verwertete) Tätigkeit bezieht, nicht um ausländische Einkünfte im Sinne von § 34d EStG. Folglich können ausländische Steuern, die auf diese Einkünfte entfallen, nicht nach § 34c Abs. 1, 2 EStG angerechnet oder abgezogen werden.

Zudem sind die Anrechnung nach § 34c Abs. 1 EStG und der Abzug nach § 34c Abs. 2 EStG nur möglich, soweit die ausländischen Steuern auf ausländische Einkünfte entfallen, die in dem Veranlagungszeitraum erzielt werden, in dem die ausländischen Steuern erhoben werden.

Bei der Anrechnung nach § 34c Abs. 1 EStG wird die festgesetzte und gezahlte und keinem Ermäßigungsanspruch mehr unterliegende ausländische Steuer auf die deutsche Einkommensteuer angerechnet, die auf die ausländischen Einkünfte entfällt, auf die die anzurechnende Steuer erhoben wurde. Zur Ermittlung der auf diese ausländischen Einkünfte entfallenden deutschen Einkommensteuer (= Anrechnungshöchstbetrag) ist die gesamte deutsche Einkommensteuer im Verhältnis dieser ausländischen Einkünfte zu den gesamten Einkünften (Summe der Einkünfte) zu teilen.

Beispiel:

Ein Arbeitnehmer bezieht insgesamt Einkünfte in Höhe von 80.000 €. Dabei wurden 16.000 € aus einer Auslandstätigkeit in Chile bezogen. Auf die Einkünfte von 80.000 € sei in Deutschland Einkommensteuer in Höhe von 25.000 € zu zahlen.

Die auf die ausländischen (chilenischen) Einkünfte entfallende deutsche Einkommensteuer beträgt (25.000 € * 16.000 €/80.000 € =) 5.000 €, d.h. die ausländische (chilenische) Steuer könnte auf die deutsche Steuer angerechnet werden, soweit diese 5.000 € nicht übersteigt.

Werden aus mehreren ausländischen Staaten Einkünfte bezogen, ist für die Anrechnung der Steuern dieser einzelnen Staaten jeweils ein eigener Anrechnungshöchstbetrag zu ermitteln (per-country-limitation).

Beispiel:

In Abwandlung des obigen Beispiels resultieren die ausländischen Einkünfte (16.000 €) in Höhe eines Teilbetrages von 12.000 € aus einer Auslandstätigkeit in Chile und in Höhe eines Teilbetrages von 4.000 € aus einer Auslandstätigkeit in Saudi-Arabien.

Nun kann die chilenische Steuer bis zu einem Betrag von (25.000 € * 12.000 €/80.000 € =) 3.750 € auf die deutsche Einkommensteuer angerechnet werden. Die saudi-arabische Steuer ist bis zu einem Betrag von (25.000 € * 4.000 €/80.000 € =) 1.250 € anrechenbar.

Die Höhe der ausländischen Einkünfte bestimmt sich dabei jeweils nach den deutschen Rechtsvorschriften und nicht etwa nach den Vorschriften des Staates, aus dem diese Einkünfte bezogen werden. Differenzen in der Höhe der ausländischen Einkünfte nach inländischem Steuerrecht einerseits und ausländischem Steuerrecht andererseits können insbesondere bei (den in Abschnitt 4 behandelten) Sonderformen der Vergütung auftreten. Beispielsweise werden Sachbezüge - wie die Bereitstellung eines betrieblichen Kraftfahrzeugs für private Zwecke[10] - international häufig mit unterschiedlichen Werten angesetzt. Ähnliches gilt für Betriebsrenten ausländischer Vorsorgeträger - in der Regel stellen diese Renten im Ausland in voller Höhe zu versteuernde Einkünfte dar, in Deutschland dagegen nur in Höhe des Ertragsanteils.

Beim Abzug nach § 34c Abs. 2 EStG wird die festgesetzte und gezahlte und keinem Ermäßigungsanspruch mehr unterliegende ausländische Steuer bei der Ermittlung der in Deutschland zu besteuernden Einkünfte abgezogen. Die Höhe der Einkünfte in der jeweiligen Einkunftsart (bei Entsendungen regelmäßig Einkünfte aus nichtselbständiger Arbeit) ergibt sich dann als Differenz zwischen den steuerpflichtigen Einnahmen einerseits und den mit diesen Einnahmen im Zusammenhang stehenden Werbungskosten sowie den abzuziehenden ausländischen Steuern andererseits.

Beispiel:

Für einen Arbeitnehmer, der während des Veranlagungszeitraumes nach Chile entsandt war, beträgt der Überschuss der Einnahmen über die Werbungskosten 80.000 €. Auf die während der Entsendung bezogenen Vergütungen hat er in Chile Steuern in Höhe von 6.000 € gezahlt.

---

[10] Siehe hierzu auch die Ausführungen in Abschnitt 4.1.2.

Bei Inanspruchnahme des Steuerabzugs nach § 34c Abs. 2 EStG werden der deutschen Einkommensbesteuerung Einkünfte in Höhe von (80.000 € - 6.000 € =) 74.000 € zugrunde gelegt.

In der Regel ist die Anrechnung günstiger als der Abzug, da bei Anrechnung unmittelbar die Einkommensteuer gemindert wird, beim Abzug dagegen nur die Bemessungsgrundlage der Einkommensteuer. Daher erfolgt von Gesetzes wegen - sofern die oben erläuterten Voraussetzungen erfüllt sind - stets die Steueranrechnung. Wünscht der Steuerpflichtige dagegen den Steuerabzug, so hat er dies zu beantragen. Der Abzug ist nur dann günstiger, wenn sich keine (oder keine genügend hohe) deutsche Einkommensteuer ergibt, auf die die ausländische Steuer angerechnet werden könnte - also beispielsweise dann, wenn zwar positive ausländische Einkünfte erzielt werden, die Summe der gesamten Einkünfte jedoch negativ ist. In diesem Fall liefe eine Steueranrechnung völlig ins Leere; der Steuerabzug würde dagegen zu einer weiteren Minderung der steuerlichen Bemessungsgrundlage und damit zu einer Erhöhung des steuerlichen Verlustvortrags bzw. -rücktrags führen.

Ein Steuerabzug erfolgt auch dann, wenn eine Anrechnung nach § 34c Abs. 1 EStG nicht möglich ist, weil die ausländische Steuer nicht der deutschen Einkommensteuer entspricht oder sie in einem Drittstaat erhoben wird oder weil in dem Jahr, in dem die ausländische Steuer erhoben wird, nach deutschem Steuerrecht keine ausländischen Einkünfte vorliegen (§ 34c Abs. 3 EStG). Allerdings wird der Abzug dann nicht auf Antrag des Steuerpflichtigen vorgenommen, sondern er erfolgt von Amts wegen. Dabei wird die Steuer insoweit abgezogen, wie sie auf Einkünfte entfällt, die der deutschen Einkommensteuer unterliegen.

Beispiel:

Ein in Deutschland ansässiger (ehemaliger) Arbeitnehmer erhält für eine frühere im Ausland ausgeübte nichtselbständige Arbeit eine Kapitalleistung aus einem ausländischen Pensionsfonds in Höhe von 20.000 € und eine Gehaltsnachzahlung in Höhe von 10.000 €. Es sei angenommen, dass beide Zahlungen im Ausland besteuert werden.

Die Gehaltsnachzahlung wird in Deutschland besteuert (§ 19 Abs. 2 EStG). Liegen die - oben erläuterten - Voraussetzungen des § 34c Abs. 1 EStG vor, kann der auf die Gehaltsnachzahlung entfallende Teil der ausländischen Steuer auf die deutsche Einkommensteuer angerechnet werden. Sind die Voraussetzungen des § 34c Abs. 1 EStG nicht gegeben, kann diese ausländische Steuer nach § 34c Abs. 3 EStG abgezogen werden.

Die Kapitalleistung des Pensionsfonds unterliegt dagegen nicht der deutschen Besteuerung[11]. Folglich kann auch die auf diese Leistung entfallende ausländische Steuer weder auf die deutsche Einkommensteuer angerechnet noch bei der Ermittlung der in Deutschland zu versteuernden Einkünfte abgezogen werden.

Liegen die - nachfolgend zu erläuternden - Voraussetzungen des Auslandstätigkeitserlasses[12] vor, so erfolgt weder eine Steueranrechnung noch ein Steuerabzug. Vielmehr werden die im Ausland erzielten Einkünfte aus nichtselbständiger Tätigkeit von der deutschen Besteuerung freigestellt. In diesem Fall unterliegen diese Einkünfte im Ergebnis nur noch der im Tätigkeitsstaat erhobenen Steuer. Für die Freistellung von der deutschen Besteuerung werden sowohl an die Art der Tätigkeit als auch an deren Dauer Voraussetzungen geknüpft. Danach muss die Auslandstätigkeit mindestens über einen Zeitraum von drei Monaten ununterbrochen ausgeübt werden und im Zusammenhang stehen mit

- der Planung, Errichtung, Einrichtung, Inbetriebnahme, Erweiterung, Instandsetzung, Modernisierung, Überwachung oder Wartung von Fabriken, Bauwerken oder ähnlichen Anlagen,

- dem Einbau, der Aufstellung oder Instandsetzung sonstiger Wirtschaftsgüter,

- dem Aufsuchen oder der Gewinnung von Bodenschätzen,

- der Beratung ausländischer Arbeitgeber oder Organisationen im Hinblick auf die oben genannten Vorhaben oder

- der deutschen öffentlichen Entwicklungshilfe.

Ausreichend ist dabei bereits eine mittelbare Mitwirkung bei einer der genannten Tätigkeiten.

Ausdrücklich von der Begünstigung ausgeschlossen sind dagegen insbesondere die finanzielle Beratung (außer im Rahmen der deutschen öffentlichen Entwicklungshilfe), das Einholen von Aufträgen (ausgenommen die Beteiligung an Ausschreibungen) und die Tätigkeit von Leih-

---

[11] Dies gilt (grundsätzlich) für Versicherungsverträge, die vor dem Jahr 2005 abgeschlossen wurden (§ 52 Abs. 36 S. 5 EStG i.V.m. § 20 Abs. 1 Nr. 6 EStG a.F.). Hiervon sei in diesem Beispiel ausgegangen. Bei einem Vertragsabschluss nach dem Jahr 2004 erfolgt in Deutschland eine Besteuerung der Kapitalleistung (siehe hierzu FN 96), was zur Folge hat, dass in Deutschland eine Anrechnung bzw. ein Abzug dieser ausländischen Steuer möglich ist..

[12] Schreiben betr. steuerliche Behandlung von Arbeitnehmereinkünften bei Auslandstätigkeiten (Auslandstätigkeitserlass) vom 31.10.1983, BStBl. I 1983, S. 470.

arbeitnehmern, für deren Arbeitgeber der Unternehmenszweck in der Arbeitnehmerüberlassung besteht.

Beispiel:

Ein Ingenieur wird nach Jemen entsandt, um dort bei der Errichtung eines Chemiewerkes mitzuwirken. Er wird dabei von einer Sekretärin begleitet, welche dort für ihn tätig ist.

Da die Errichtung von Anlagen unter den Katalog der begünstigten Tätigkeiten fällt, werden die während der Entsendung bezogenen Einkünfte des Ingenieurs - sofern die sonstigen Voraussetzungen des Auslandstätigkeitserlasses vorliegen - von der deutschen Besteuerung freigestellt.

Da für die Anwendbarkeit des Auslandstätigkeitserlasses bereits eine mittelbare Mitwirkung bei einer der o.g. Tätigkeiten ausreicht, ist auch die Tätigkeit der Sekretärin begünstigt.

Bestünde die Tätigkeit des Ingenieurs dagegen in der Betriebsführung eines bereits errichteten Chemiewerkes oder in der Akquisition von Aufträgen zur Errichtung von Chemiewerken, so wäre weder die Tätigkeit des Ingenieurs noch die Tätigkeit der für ihn arbeitenden Sekretärin begünstigt.

Zudem wird gefordert, dass die Auslandstätigkeit auf einem gegenwärtigen Dienstverhältnis bei einem inländischen Arbeitgeber beruht. Es muss also auch während der Entsendung ein (nicht ruhender) Arbeitsvertrag mit einem deutschen Arbeitgeber bestehen.

Sind die genannten Voraussetzungen erfüllt, wird der im Ausland erzielte Arbeitslohn - allerdings unter Progressionsvorbehalt[13] - von der deutschen Besteuerung freigestellt. Hierzu ist vom Arbeitgeber oder Arbeitnehmer beim Betriebsstättenfinanzamt der Verzicht auf die Besteuerung im Steuerabzugsverfahren (Freistellungsbescheinigung) zu beantragen. Diese Freistellungsbescheinigung ist dann als Beleg zum Lohnkonto des Arbeitnehmers zu nehmen.

Zum begünstigten Arbeitslohn gehören dabei auch Zulagen, Prämien, Weihnachts- und Urlaubsgeld, wobei jedoch eine Aufteilung im Verhältnis der Kalendertage vorzunehmen ist, soweit diese Zuwendungen nicht ausschließlich für die Auslandstätigkeit gewährt werden.

---

[13] Zum Progressionsvorbehalt siehe beispielsweise Wellisch (FN 4), S. 73 ff., Heinicke in Schmidt, EStG 2005, § 32b Rz. 25.

Die Freistellung von der deutschen Besteuerung erfolgt unabhängig davon, ob im Tätigkeitsstaat eine Besteuerung dieses Arbeitslohnes erfolgt. Denn die Vorschrift des § 50d Abs. 8 EStG, wonach eine Freistellung der Einkünfte in Deutschland nur erfolgt, soweit der Arbeitnehmer nachweist, dass diese Einkünfte im Tätigkeitsstaat besteuert werden, gilt nur in DBA-Fällen[14].

2.1.2 Keine unbeschränkte Steuerpflicht in Deutschland

Besitzt der ins Ausland entsendete Arbeitnehmer in Deutschland weder einen Wohnsitz noch seinen gewöhnlichen Aufenthalt, so entfällt in Deutschland die unbeschränkte Steuerpflicht im Sinne von § 1 Abs. 1 EStG.

Der im Rahmen der Entsendung erzielte Arbeitslohn unterliegt jedoch als inländische Einkünfte aus nichtselbständiger Tätigkeit der beschränkten Steuerpflicht, sofern die Voraussetzungen des § 49 Abs. 1 Nr. 4 EStG erfüllt sind. Dies ist insbesondere dann der Fall, wenn die Tätigkeit im Inland ausgeübt oder verwertet wird bzw. worden ist (§ 49 Abs. 1 Nr. 4 Buchst. a EStG)[15].

Eine Ausübung im Inland scheidet bei Entsendungen ins Ausland (in der Regel) aus, so dass eine Steuerpflicht in Deutschland vom Vorliegen des Tatbestandes der „Verwertung im Inland" abhängig ist. Rechtsprechung[16] und Finanzverwaltung[17] definieren „Verwertung" als die Zuführung eines durch den Arbeitnehmer im Ausland ausgeführten Arbeitsprodukts an den inländischen Arbeitgeber. Entscheidend ist dabei, dass die Nutzbarmachung des Produkts im Inland erfolgen muss.

Beispiel:

Ein Arbeitnehmer wird zu Marktforschungszwecken nacheinander in mehrere afrikanische (Nicht-DBA-)Staaten entsendet. Auf Grundlage der zu liefernden Marktanalyseberichte will das entsendende Unternehmen seine Produkte an die speziellen Bedürfnisse in diesen Staaten anpassen und damit den dortigen Absatz steigern.

---

[14] Siehe hierzu beispielsweise auch Grotherr, IWB, Gruppe 3, 1395.
[15] Unabhängig vom Ort der Ausübung bzw. Verwertung der Tätigkeit fallen Vergütungen für eine Tätigkeit als Geschäftsführer, Prokurist oder Vorstandsmitglied einer Gesellschaft mit Geschäftsleitung in Deutschland unter die beschränkte Steuerpflicht (§ 49 Abs. 1 Nr. 4 Buchst. c EStG).
[16] BFH v. 12.11.1986, BStBl. 1987 II, 377, 379, 381, 383.
[17] H 125 LStR, Stichwort „Verwertungstatbestand im Sinne des § 49 Abs. 1 Nr. 4 EStG".

Die Lieferung von Marktanalyseberichten, welche die Grundlage für Entscheidungen im Inland bilden, stellt eine Verwertung im Inland im Sinne von § 49 Abs. 1 Nr. 4 EStG dar[18]. Der Arbeitnehmer unterliegt daher mit seinem während der Entsendung erzielten Arbeitseinkommen der beschränkten Steuerpflicht in Deutschland.

Ob die Vergütung für den Arbeitnehmer durch einen inländischen Arbeitgeber gezahlt wird, ist dagegen für das Vorliegen des Tatbestandes der inländischen Verwertung bedeutungslos. Liegen die Voraussetzungen für eine beschränkte Steuerpflicht in Deutschland vor, so sind dieser Besteuerung auch die Vergütungselemente zu unterwerfen, die dem Arbeitnehmer durch einen ausländischen Arbeitgeber gezahlt werden.

Jedoch verzichtet Deutschland bei beschränkt Steuerpflichtigen unter bestimmten Voraussetzungen auf die Besteuerung von Einkünften aus Tätigkeiten, die im Ausland ausgeübt und im Inland verwertet werden. Dies ist zum einen dann der Fall, wenn die oben erläuterten Voraussetzungen für die Anwendung des Auslandstätigkeitserlasses vorliegen (R 125 Abs. 2 Nr. 2 Satz 2 LStR). Das heißt, der Auslandstätigkeitserlass findet nicht nur bei der Auslandstätigkeit von unbeschränkt steuerpflichtigen Arbeitnehmern Anwendung, sondern auch bei der inländischen Verwertung der Auslandstätigkeit von beschränkt steuerpflichtigen Arbeitnehmern. Wie bei unbeschränkt steuerpflichtigen Arbeitnehmern[19], ist auch bei beschränkt steuerpflichtigen Arbeitnehmern zum Verzicht auf den Lohnsteuerabzug beim zuständigen Betriebsstättenfinanzamt eine entsprechende Freistellungsbescheinigung zu beantragen.

Zum anderen werden diese Einkünfte auch dann von der deutschen Besteuerung freigestellt, wenn die Voraussetzungen des Auslandstätigkeitserlasses zwar nicht vorliegen, der Arbeitnehmer jedoch nachweisen oder glaubhaft machen kann, dass auf diese Einkünfte im Tätigkeitsstaat eine der deutschen Einkommensteuer entsprechende Steuer tatsächlich erhoben wurde (R 125 Abs. 2 Nr. 2 Satz 1 LStR). Dabei ist die Höhe der im Tätigkeitsstaat gezahlten Steuer ohne Bedeutung[20], d.h. diese Steuer muss nur nach ihrer Art, nicht jedoch nach ihrer Höhe der deutschen Einkommensteuer entsprechen. Durch diese Regelung wird ausgeschlossen, dass es bei einer beschränkten Steuerpflicht in Deutschland und einer gleichzeitigen (beschränkten oder unbeschränkten) Steuerpflicht im Tätigkeitsstaat zu einer Doppelbesteuerung kommt. Für den Nachweis der Besteuerung im Tätigkeitsstaat sind keine einheitlichen Krite-

---

[18] Siehe hierzu auch BFH v. 12.11.1986, BStBl. II 1987, 379.
[19] Vgl. Abschnitt 2.1.1.
[20] FinMin NRW v. 8.12.1982, DB 1983, 151.

rien für eine bestimmte Form festgeschrieben[21]. Die Besteuerung im Tätigkeitsstaat gilt als nachgewiesen, wenn sie nach dem Ermessen des zuständigen Finanzamtes glaubhaft gemacht wird. Ist es dem Arbeitnehmer aufgrund besonderer Verhältnisse in seinem Fall nicht zuzumuten, jedes Jahr erneut einen Nachweis für die ausländische Besteuerung zu erbringen, so kann ein einmaliger Nachweis für einen Zeitraum von bis zu drei Jahren als ausreichend angesehen werden.

Beispiel:

Bei dem zu Marktforschungszwecken nach Afrika entsendeten Arbeitnehmer aus dem obigen Beispiel werden die während der Auslandstätigkeit durch die Verwertung in Deutschland erzielten Einkünfte nur dann von der deutschen Besteuerung (im Rahmen der beschränkten Steuerpflicht) freigestellt, wenn der Arbeitnehmer nachweist, dass diese Einkünfte in den jeweiligen afrikanischen Staaten einer der deutschen Einkommensteuer entsprechenden Steuer unterliegen. Denn die Marktforschung gehört nicht zu den Tätigkeiten, die durch den Auslandstätigkeitserlass begünstigt werden.

2.2 Entsendung nach Deutschland

Auch im umgekehrten Entsendungsfall - der Entsendung aus einem Staat, mit dem Deutschland kein Doppelbesteuerungsabkommen abgeschlossen hat, nach Deutschland - ist zunächst festzustellen, ob der entsendete Arbeitnehmer die Voraussetzungen des § 1 Abs. 1 S. 1 EStG für eine unbeschränkte Steuerpflicht in Deutschland erfüllt. Es ist also zu prüfen, ob er in Deutschland einen Wohnsitz oder seinen gewöhnlichen Aufenthalt begründet. Dabei ist die Frage, ob ein Wohnsitz vorliegt, nur bei Entsendungen mit einer Entsendedauer von nicht mehr als 6 Monaten zu klären. Denn bei längeren Entsendungen wird die unbeschränkte Steuerpflicht bereits durch die Begründung des gewöhnlichen Aufenthaltes ausgelöst (§ 1 Abs. 1 S. 1 EStG i.V.m. § 9 S. 2 AO).

2.2.1 Unbeschränkte Steuerpflicht in Deutschland

Ist der Arbeitnehmer in Deutschland unbeschränkt steuerpflichtig, so unterliegt er mit seinem Welteinkommen der deutschen Einkommensteuer. Wird das in Deutschland erzielte Arbeitseinkommen auch im Entsendestaat besteuert, so kann die daraus resultierende Doppelbesteuerung durch deutsche Vorschriften nur gemindert werden, indem die ausländische

---

[21] FinMin Rheinland-Pfalz v. 2.2.1984, StEK EStG § 39d EStG Nr. 15; vgl. auch Förster/Heidenreich/Heuser, Auslandsentsendung und Beschäftigung ausländischer Arbeitnehmer, Neuwied 2002, S. 148.

Steuer bei der Ermittlung der in Deutschland zu besteuernden Einkünfte abgezogen wird (§ 34c Abs. 3 EStG). Eine Anrechnung der ausländischen Steuer auf die deutsche Steuer nach § 34c Abs. 1 EStG oder eine Freistellung dieser Einkünfte von der deutschen Besteuerung nach dem Auslandstätigkeitserlass[22] sind nicht möglich, da hierfür jeweils ausländische Einkünfte[23] vorausgesetzt werden. Im vorliegenden Fall ist der entsendete Arbeitnehmer jedoch im Inland tätig und er erzielt inländische Einkünfte.

2.2.2 Keine unbeschränkte Steuerpflicht in Deutschland

Soll die unbeschränkte Steuerpflicht in Deutschland vermieden werden, darf der Arbeitnehmer weder einen Wohnsitz noch seinen gewöhnlichen Aufenthalt in Deutschland haben. Ein Wohnsitz in Deutschland liegt beispielsweise dann in der Regel nicht vor, wenn der Arbeitnehmer während seines Aufenthaltes in Deutschland in einem gemieteten Hotelzimmer oder einem (fahrbaren) Wohnwagen lebt[24]. Um einen gewöhnlichen Aufenthalt in Deutschland nicht zu begründen, darf sich der Arbeitnehmer insbesondere nicht mehr als 6 Monate zusammenhängend in Deutschland aufhalten (§ 9 S. 2 AO).

Sind die Voraussetzungen für die unbeschränkte Steuerpflicht nicht gegeben, so unterliegt das Arbeitseinkommen des Arbeitnehmers in Deutschland der beschränkten Steuerpflicht, sofern die Tätigkeit des Arbeitnehmers in Deutschland ausgeübt oder verwertet wird (§ 1 Abs. 4 i.V.m. § 49 Abs. 1 Nr. 4 Buchst. a EStG)[25]. Von wem der Arbeitnehmer vergütet wird, ist für die Frage der beschränkten Steuerpflicht dagegen ohne Bedeutung.

Eine Tätigkeit wird grundsätzlich dann in Deutschland ausgeübt, wenn der Arbeitnehmer persönlich im Inland tätig wird[26], d.h. wenn er zur Tätigkeitsausübung in Deutschland physisch anwesend ist[27]. Somit wird bei Entsendungen nach Deutschland eine Ausübung der Tätigkeit in Deutschland - und damit die beschränkte Steuerpflicht des Arbeitseinkommens des Arbeitnehmers in Deutschland - regelmäßig gegeben sein. Zu dem in Deutschland steuerpflichtigen

---

[22] Vgl. Abschnitt 2.1.
[23] Der Auslandstätigkeitserlass findet auch Anwendung bei inländischen Einkünften aus der im Inland erfolgenden Verwertung einer im Ausland ausgeübten Tätigkeit, vgl. Abschnitt 2.1 für den Fall der beschränkten Steuerpflicht in Deutschland. Jedoch ist auch dies im vorliegenden Fall nicht gegeben.
[24] Vgl. auch Heinicke in Schmidt (FN 13), § 1 Rz. 21.
[25] Siehe jedoch auch FN 15.
[26] BFH, BStBl 1987 II, 372 unter 3.
[27] Besteht die Arbeitsleistung in einem Sich-zur-Verfügung-Halten, ohne dass es zu einer Tätigkeit kommt, gilt die Arbeitsleistung grundsätzlich als dort erbracht, wo sich der Arbeitnehmer während der Dauer dieser Leistungsverpflichtung tatsächlich aufhält, vgl. BFH, BStBl. II, 1969, 579; BStBl. II 1970, 867. Besteht die Leistung in der Einhaltung eines Konkurrenz- bzw. Wettbewerbsverbots, ist auf den Ort abzustellen, an dem die zu unterlassende Handlung bei Verstoß gegen das bestehende Verbot vermutlich ausgeführt werden

Einkommen gehören dabei nicht nur Vergütungen, die durch einen inländischen Arbeitgeber gewährt werden, sondern auch Vergütungen von einem ausländischen Arbeitgeber. Zu denken wäre hier beispielsweise an eine Übernahme der ausländischen Sozialversicherungsbeiträge durch den ausländischen Arbeitgeber.

Werden diese Einkünfte auch im Entsendestaat des Arbeitnehmers besteuert, so droht eine Doppelbesteuerung. Diese kann nur im Entsendestaat des Arbeitnehmers gemildert bzw. beseitigt werden. In Deutschland ist auch der - im Falle der unbeschränkten Steuerpflicht zulässige[28] - Steuerabzug nach § 34c Abs. 3 EStG nicht möglich, da die Vorschrift des § 34c EStG bei beschränkt Steuerpflichtigen keine Anwendung findet.

2.2.3 Fiktive unbeschränkte Steuerpflicht in Deutschland

Hingewiesen werden soll an dieser Stelle auf die Vorschriften von § 1 Abs. 3 S. 1, 2 EStG und § 1a EStG. Danach können nach Deutschland entsendete Arbeitnehmer unter bestimmten Voraussetzungen auch dann als unbeschränkt steuerpflichtig behandelt werden, wenn sie in Deutschland weder einen Wohnsitz noch ihren gewöhnlichen Aufenthalt haben (fiktive unbeschränkte Steuerpflicht).

Nach § 1 Abs. 3 S. 1, 2 EStG wird ein Arbeitnehmer, der in Deutschland weder einen Wohnsitz noch den gewöhnlichen Aufenthalt hat, auf Antrag in Deutschland als unbeschränkt steuerpflichtig behandelt, wenn seine Einkünfte im Kalenderjahr zu mindestens 90% der deutschen Einkommensteuer unterliegen oder die nicht der deutschen Einkommensteuer unterliegenden Einkünfte im Kalenderjahr nicht mehr als 6.136 € betragen. Für einen typischen Arbeitnehmer, der während des gesamten Kalenderjahres in Deutschland tätig ist, wird diese Bedingung regelmäßig erfüllt sein.

Stellt der Arbeitnehmer den Antrag nach § 1 Abs. 3 S. 1, 2 EStG auf Behandlung als unbeschränkt Steuerpflichtiger, so unterliegt er weiterhin nur mit seinen Einkünften im Sinne von § 49 EStG, nicht mit seinem Welteinkommen, der deutschen Besteuerung. Allerdings unterliegen die Einkünfte, die zu seinem Welteinkommen, nicht jedoch zu den Einkünften im Sinne von § 49 EStG gehören, dem Progressionsvorbehalt (§ 32b Abs. 1 Nr. 3 Alt. 2 EStG), d.h. sie werden bei der Ermittlung des für die Besteuerung anzuwendenden Steuersatzes berücksichtigt.

---

würde, vgl. BFH, BStBl. II 1970, 867. Könnte an jedem beliebigen Ort gegen dieses Verbot verstoßen werden, ist auf den Aufenthaltsort des Arbeitnehmers abzustellen.
[28] Vgl. Abschnitt 2.2.1.

Die Behandlung als unbeschränkt Steuerpflichtiger hat den Vorteil, dass im Rahmen der Veranlagung die persönlichen Verhältnisse des Arbeitnehmers stärker berücksichtigt werden als bei beschränkt Steuerpflichtigen. So ist nach § 50 Abs. 1 S. 4 EStG bei beschränkt Steuerpflichtigen die Anwendung des Splittingtarifs nicht möglich und der Abzug von Freibeträgen, Sonderausgaben sowie außergewöhnlichen Belastungen nahezu vollständig ausgeschlossen. Optiert der Arbeitnehmer nach § 1 Abs. 3 S. 1, 2 EStG zur unbeschränkten Steuerpflicht, so kann er sämtliche Steuervergünstigungen in Anspruch nehmen, die auch einem Arbeitnehmer gewährt werden, der aufgrund eines Wohnsitzes oder seines gewöhnlichen Aufenthaltes in Deutschland unbeschränkt steuerpflichtig ist. So hat ein Arbeitnehmer mit Kindern beispielsweise auch Anspruch auf Kindergeld nach Abschnitt X EStG bzw. die Freibeträge für Kinder nach § 32 Abs. 6 EStG (§ 62 Abs. 1 Nr. 2 Buchst. b EStG). Die Gewährung von Kindergeld wird allerdings dann ausgeschlossen, wenn das Kind weder einen Wohnsitz noch seinen gewöhnlichen Aufenthalt in einem Mitgliedstaat der Europäischen Union (EU)[29] oder des Europäischen Wirtschaftsraumes (EWR)[30] hat (§ 63 Abs. 1 S. 3 EStG). In diesem Fall können die Kinder nur durch die Freibeträge nach § 32 Abs. 6 EStG steuerlich berücksichtigt werden[31].

Allerdings setzen die Anwendung des Splitting-Tarifs sowie der Sonderausgabenabzug von Unterhaltsleistungen an geschiedene oder dauernd getrennt lebende Ehegatten grundsätzlich voraus, dass auch der Ehegatte des entsendeten Arbeitnehmers in Deutschland unbeschränkt steuerpflichtig ist (bzw. nach § 1 Abs. 3 S. 1, 2 EStG als unbeschränkt steuerpflichtig behandelt wird). Eine Ausnahme hiervon gilt jedoch für Arbeitnehmer, die Staatsangehörige eines Mitgliedsstaates der Europäischen Union oder des Europäischen Wirtschaftsraumes sind. Sofern diese die oben genannten Voraussetzungen des § 1 Abs. 3 EStG erfüllen und in Deutschland nach § 1 Abs. 1 EStG unbeschränkt steuerpflichtig sind bzw. nach § 1 Abs. 3 EStG als unbeschränkt steuerpflichtig behandelt werden, können die Vorschriften zum Sonderausgabenabzug von Unterhaltsleistungen an geschiedene oder dauernd getrennt lebende Ehegatten (§ 10 Abs. 1 Nr. 1 EStG) und zur Anwendung des Splittingtarifs (§ 26 Abs. 1 S. 1 EStG) auch dann angewendet werden, wenn der Ehegatte seinen Wohnsitz oder gewöhnlichen Aufenthalt im Hoheitsgebiet eines Staates der Europäischen Union oder des Europäischen Wirtschaftsraumes hat (§ 1a EStG). Die unbeschränkte Steuerpflicht (nach § 1 Abs. 1 EStG oder § 1 Abs. 3 EStG) des anderen Ehegatten ist damit nicht erforderlich.

---

[29] EU-Staaten sind derzeit Belgien, Niederlande, Luxemburg, Deutschland, Frankreich, Italien, Großbritannien, Irland, Spanien, Portugal, Griechenland, Dänemark, Finnland, Schweden, Österreich, Polen, Tschechien, Ungarn, Slowenien, Malta, Estland, Lettland, Litauen, Slowakei und Zypern.

Beispiel:

Ein griechischer Arbeitnehmer wird für mehrere Jahre nach Deutschland entsendet. Seine türkische Ehefrau bleibt während dieser Entsendung in Griechenland zurück. Von den Einkünften, die der Arbeitnehmer und seine Ehefrau erzielen, unterliegen weniger als 10% bzw. (2 * 6.136 € =) 12.272 € nicht der deutschen Einkommensteuer.

Der Splittingtarif nach § 1a Abs. 1 Nr. 2 EStG ist anwendbar, da der Arbeitnehmer (aufgrund seines gewöhnlichen Aufenthaltes) in Deutschland unbeschränkt steuerpflichtig ist, er die Voraussetzungen des § 1 Abs. 3 EStG erfüllt, Staatsangehöriger eines EU-Mitgliedstaates ist und seine Ehefrau in einem Staat der Europäischen Union (Griechenland) ihren Wohnsitz/gewöhnlichen Aufenthalt hat. Ohne Bedeutung ist, dass seine Ehefrau in Deutschland weder unbeschränkt noch beschränkt steuerpflichtig ist und dass sie keine Staatsangehörige eines Mitgliedstaates der Europäischen Union oder des Europäischen Wirtschaftsraumes ist.

---

[30] EWR-Staaten sind derzeit Island, Norwegen und Liechtenstein.
[31] Vgl. auch Glanegger in Schmidt (FN 13), § 32 Rz. 2; Weber-Grellet in Schmidt, (FN 13), § 63 Rz. 4.

3 Besteuerung bei Vorliegen eines Doppelbesteuerungsabkommens

Wurde zwischen dem Entsende- und dem Tätigkeitsstaat ein Doppelbesteuerungsabkommen geschlossen, so regelt dieses Doppelbesteuerungsabkommen, in welchem der beiden Staaten eine Besteuerung erfolgen darf und auf welchem Wege gegebenenfalls auftretende Doppelbesteuerungen zu vermeiden bzw. vermindern sind.

Hierbei wird zunächst geklärt, in welchem der beiden Vertragsstaaten der entsendete Arbeitnehmer im Sinne des Doppelbesteuerungsabkommens als ansässig gilt. Dabei bestimmt sich die Ansässigkeit zunächst nach den nationalen Rechtsvorschriften der Vertragsstaaten. Er gilt in dem Vertragsstaat als ansässig, in dem er aufgrund seines Wohnsitzes, ständigen Aufenthaltes oder eines anderen ähnlichen Merkmals der (unbeschränkten) Steuerpflicht unterliegt (Art. 4 Abs. 1 S. 1 OECD-Musterabkommen (OECD-MA)). Gelangt man zu dem Ergebnis, dass der Arbeitnehmer hiernach in keinem der beiden Staaten ansässig ist, so genießt er keinen Abkommensschutz, d.h. das Besteuerungsrecht und die Vermeidung von Mehrfachbesteuerungen werden nicht durch das Doppelbesteuerungsabkommen geregelt. Ergibt sich dagegen eine doppelte Ansässigkeit - beispielsweise bei Vorliegen je einer Wohnung in beiden Staaten -, so entscheidet eine sog. „tie breaker rule" über die Ansässigkeit im Sinne des Doppelbesteuerungsabkommens (Art. 4 Abs. 2 OECD-MA).

Nach dieser „tie breaker rule"[32] wird zuerst auf das Vorhandensein einer ständigen Wohnstätte abgestellt. Ist diese in beiden Staaten gegeben, gilt der Staat als Ansässigkeitsstaat, zu dem der Arbeitnehmer engere persönliche und wirtschaftliche Beziehungen hat, d.h. der Mittelpunkt der Lebensinteressen ist entscheidend. Verfügt der Arbeitnehmer in keinem der Staaten über eine ständige Wohnstätte oder ist der Mittelpunkt der Lebensinteressen nicht bestimmbar, so gilt der Staat als Ansässigkeitsstaat des Arbeitnehmers, dessen Staatsangehörigkeit er besitzt. Ist auch hiernach keine Entscheidung möglich, regeln die zuständigen Behörden der Vertragsstaaten die Frage des Ansässigkeitsstaates im gegenseitigen Einvernehmen.

Entspricht der sich ergebende Ansässigkeitsstaat dem Tätigkeitsstaat, so besitzt dieser das Besteuerungsrecht. Ist dies nicht der Fall, d.h. ist ein Staat Ansässigkeitsstaat und ein anderer Staat Tätigkeitsstaat, so regeln die weiteren Vorschriften des Doppelbesteuerungsabkommens,

---

[32] Die konkrete Ausgestaltung dieser „tie breaker rule" kann in dem für die jeweilige Entsendung maßgeblichen Doppelbesteuerungsabkommen von der - nachfolgend dargestellten - Ausgestaltung im OECD-Musterabkommen abweichen.

welcher Staat besteuern darf. Das Doppelbesteuerungsabkommen bestimmt jedoch nicht, ob in dem Staat, dem das Besteuerungsrecht zugewiesen wird, tatsächlich eine Besteuerung erfolgt und wie hoch diese Besteuerung ist. Dies wird allein durch die nationalen Rechtsvorschriften des jeweiligen Staates geregelt. Das heißt, nachdem nach den Vorschriften des Doppelbesteuerungsabkommens ermittelt wurde, welcher Staat besteuern darf, bestimmt sich allein nach den nationalen Rechtsvorschriften dieses Staates, ob (und inwieweit) der Arbeitnehmer als unbeschränkt oder beschränkt Steuerpflichtiger behandelt wird und die von ihm erzielten Einkünfte der Besteuerung unterliegen.

Wie im Falle der Entsendung aus bzw. in Nicht-DBA-Staaten[33] soll auch nachfolgend wieder unterschieden werden zwischen Entsendungen aus Deutschland in einen Staat, mit dem ein Doppelbesteuerungsabkommen verabschiedet wurde (Abschnitt 3.1) und Entsendungen aus einem solchen Staat nach Deutschland (Abschnitt 3.2). Abgestellt wird dabei auf das OECD-Musterabkommen.

3.1 Entsendung aus Deutschland

Gilt ein ins Ausland entsendeter Arbeitnehmer nach dem Doppelbesteuerungsabkommen weiterhin in Deutschland als ansässig, so wird dennoch grundsätzlich dem Staat ein Besteuerungsrecht zugewiesen, in dem die Arbeit ausgeübt wird[34], d.h. dem Tätigkeitsstaat (Arbeitsortsprinzip[35] nach Art. 15 Abs. 1 OECD-MA)[36].

Im Ansässigkeitsstaat Deutschland wird der Arbeitslohn - unter Progressionsvorbehalt[37] - von der Besteuerung freigestellt[38] (Art. 23A Abs. 1, 3 OECD-MA; § 32b Abs. 1 Nr. 3 EStG). Dabei ist der Progressionsvorbehalt nur von Bedeutung, sofern der Arbeitnehmer - neben den

---

[33] Vgl. Abschnitt 2.
[34] Zur Frage, wo eine Tätigkeit ausgeübt wird, die im Sich-zur-Verfügung-Halten oder in der Einhaltung eines Konkurrenz- bzw. Wettbewerbsverbotes besteht, siehe FN 27.
[35] Entscheidendes Tatbestandsmerkmal für die Bestimmung des Arbeitsortes ist die körperliche Anwesenheit.
[36] Für Künstler und Sportler existiert eine eigenständige Abkommensvorschrift (Art. 17 OECD-MA). Auch nach dieser Vorschrift wird dem Staat, in dem die Tätigkeit ausgeübt wird, ein Besteuerungsrecht eingeräumt. Während das Besteuerungsrecht des Tätigkeitsstaates nach Art. 15 Abs. 1 OECD-MA nur dann besteht, wenn die (nachfolgend erläuterten) Voraussetzungen des Art. 15 Abs. 2 OECD-MA (183-Tage-Regelung) nicht erfüllt sind, besitzt nach Art. 17 OECD-MA der Tätigkeitsstaat in jedem Fall ein Besteuerungsrecht.
[37] Siehe FN 13.
[38] Nach dem OECD-Musterabkommen kann die Doppelbesteuerung durch die Freistellungsmethode (Art. 23A OECD-MA) oder durch die Anrechnungsmethode (Art. 23B OECD-MA) vermieden bzw. gemindert werden. Da Deutschland jedoch bei den Einkünften aus nichtselbständiger Arbeit nach den meisten Doppelbesteuerungsabkommen die Freistellungsmethode anwendet (vgl. Vogel/Lehner, DBA, Art. 23, Rz. 16), soll an dieser Stelle auch nur auf diese eingegangen werden.

freizustellenden Arbeitseinkünften - weitere Einkünfte erzielt, die in Deutschland der Besteuerung unterliegen.

Bis zum Jahr 2003 erfolgte diese Steuerfreistellung in Deutschland grundsätzlich unabhängig davon, ob im Tätigkeitsstaat tatsächlich eine Besteuerung erfolgte. Nur wenn das jeweils zugrunde zu legende Doppelbesteuerungsabkommen eine subject-to-tax-Klausel enthielt - was insbesondere bei den jüngeren Doppelbesteuerungsabkommen der Fall ist[39] -, wurde die Freistellung davon abhängig gemacht, dass die freizustellenden Einkünfte im Tätigkeitsstaat tatsächlich steuerpflichtig sind.

Mit dem Steueränderungsgesetz 2003[40] wurde jedoch in das Einkommensteuergesetz eine Vorschrift (§ 50d Abs. 8 EStG) aufgenommen, nach welcher die Freistellung ab dem Jahr 2004 in jedem Fall nur noch dann gewährt wird, wenn die freizustellenden Einkünfte im Tätigkeitsstaat tatsächlich in die steuerliche Bemessungsgrundlage einbezogen wurden oder der Tätigkeitsstaat auf sein Besteuerungsrecht verzichtet hat[41]. Der Nachweis hierfür ist durch den Arbeitnehmer zu erbringen. Mit dieser Neuregelung soll verhindert werden, dass die Einkünfte nicht besteuert werden, weil der Arbeitnehmer diese im Tätigkeitsstaat pflichtwidrig nicht erklärt.

Weiterhin unerheblich ist jedoch, ob im Tätigkeitsstaat auf diese Arbeitseinkünfte tatsächlich Steuern anfallen. Erhöhen diese Einkünfte zwar die Bemessungsgrundlage für die ausländische Steuer, beträgt jedoch die im Ausland auf diese Einkünfte zu zahlende Steuer - beispielsweise aufgrund von Freibeträgen oder Verlustvorträgen - Null, so gilt dies dennoch als Versteuerung im Ausland mit der Folge, dass Deutschland diese Einkünfte von der Besteuerung freistellt[42].

Eine Einschränkung erfährt das Arbeitsortprinzip des Art. 15 Abs. 1 OECD-MA durch die 183-Tage-Regelung des Art. 15 Abs. 2 OECD-MA. Danach verbleibt das alleinige Besteuerungsrecht beim Ansässigkeitsstaat des entsendeten Arbeitnehmers, wenn sich dieser innerhalb eines Zeitraums von 12 Monaten[43] nicht länger als 183 Tage im Tätigkeitsstaat aufhält

---

[39] So enthalten beispielsweise die Doppelbesteuerungsabkommen mit Dänemark, Großbritannien, Italien, Luxemburg, Norwegen, Österreich, Schweden, der Schweiz und den USA eine subject-to-tax-Klausel.
[40] Zweites Gesetz zur Änderung steuerlicher Vorschriften (Steueränderungsgesetz 2003 - StÄndG 2003), BGBl. 2003, 2645 (2651).
[41] Siehe hierzu auch Grotherr (FN 14), Harder-Buschner, NWB, Fach 6, 4469, 4493.
[42] Vgl. auch Harder-Buschner (FN 41).
[43] Bis zum Jahr 1992 wurde nach Art. 15 Abs. 2 OECD-MA nicht auf einen (beliebigen) Zeitraum von 12 Monaten abgestellt, sondern auf das Steuerjahr. Dies führte bei Entsendungen von knapp 6 Monaten im ersten Steuerjahr und von weiteren knapp 6 Monaten im folgenden Steuerjahr nicht zu einem Wechsel des Besteuerungsrechts zum Tätigkeitsstaat, was von einigen OECD-Mitgliedern als Missbrauchsmöglichkeit

(Art. 15 Abs. 2 Buchst. a OECD-MA) und folgende weitere (kumulativ zu erfüllende) Voraussetzungen vorliegen: Die Vergütungen des entsendeten Arbeitnehmers dürfen

- nicht von einem oder für einen Arbeitgeber gezahlt werden, der im Tätigkeitsstaat ansässig ist (Art. 15 Abs. 2 Buchst. b OECD-MA) und

- nicht von einer Betriebsstätte getragen werden, die der entsendende Arbeitgeber im Tätigkeitsstaat unterhält (Art. 15 Abs. 2 Buchst. c OECD-MA).

Bei der Bestimmung des Arbeitgebers im Sinne von Art. 15 Abs. 2 Buchst. b OECD-MA ist nicht von einem rechtlichen, sondern von einem wirtschaftlichen Arbeitgeberbegriff auszugehen, d.h. Arbeitgeber in diesem Sinne ist immer derjenige, der die Vergütung wirtschaftlich trägt[44]. Somit darf nach Art. 15 Abs. 2 Buchst. b OECD-MA das Unternehmen, das die Vergütungen des Arbeitnehmers wirtschaftlich trägt, nicht im Tätigkeitsstaat ansässig sein, damit das Besteuerungsrecht beim Ansässigkeitsstaat verbleiben kann.

Die Zahlung der Vergütungen kann dabei zum einen durch den wirtschaftlichen Arbeitgeber selbst (auf eigene Rechnung) erfolgen (Zahlung von einem Arbeitgeber). Zum anderen können die Vergütungen jedoch auch durch ein anderes Unternehmen (auf eigene Rechnung oder Rechnung des wirtschaftlichen Arbeitgebers) ausgezahlt werden (Zahlung für einen Arbeitgeber). Jedoch auch im letztgenannten Fall ist für die Zuweisung des Besteuerungsrechts nach Art. 15 Abs. 2 Buchst. b OECD-MA allein die Ansässigkeit des wirtschaftlichen Arbeitgebers entscheidend. Ohne Bedeutung ist dagegen die Ansässigkeit des auszahlenden Unternehmens. Das heißt, die Ansässigkeit des wirtschaftlichen Arbeitgebers im Tätigkeitsstaat ist für den Verbleib des Besteuerungsrechts im Ansässigkeitsstaat auch dann schädlich, wenn die Aus-

---

empfunden wurde, vgl. auch Debatin/Wassermeyer, Art. 15 MA, Rz. 95. Zudem konnte es bei Entsendungen aus bzw. in Staaten mit einem vom Kalenderjahr abweichenden Steuerjahr zu Qualifikationskonflikten im Hinblick auf die Anwendung der 183-Tage-Regelung kommen. Ein vom Kalenderjahr abweichendes Steuerjahr haben Australien (01.07.-30.06.), Großbritannien (06.04.-05.04.), Indien (01.04.-31.03.), Iran (21.03.-20.03.), Irland (06.04.-05.04.), Mauritius (01.07.-30.06.), Neuseeland (01.04.-31.03.), Pakistan (01.07.-30.06.), Simbabwe (01.04.-31.03.), Sri Lanka (01.04.-31.03.) und Südafrika (01.03.-28.02.). Wurde beispielsweise ein Arbeitnehmer vom 01.01. bis zum 31.07. eines Jahres von Deutschland in einen Staat mit einem Steuerjahr 06.04.-05.04. entsendet, so hat sich der Arbeitnehmer aus deutscher Sicht innerhalb eines Steuerjahres zu mehr als 183 Tage im Tätigkeitsstaat aufgehalten; aus Sicht des Tätigkeitsstaates dagegen nicht. Dies wiederum könnte dazu führen, dass aus deutscher Sicht dem Tätigkeitsstaat das Besteuerungsrecht zugewiesen wird; aus Sicht des Tätigkeitsstaates dagegen Deutschland - mit der Folge, dass im Ergebnis überhaupt keine Besteuerung erfolgt. Wird dagegen auf einen (beliebigen) Zwölfmonatszeitraum abgestellt, so wird das Besteuerungsrecht sowohl aus Sicht Deutschlands als auch aus Sicht des Tätigkeitsstaates nach Art. 15 Abs. 2 OECD-MA dem Tätigkeitsstaat zugewiesen. Die Umstellung der 183-Tage-Regel vom Steuerjahr auf einen (beliebigen) Zwölfmonatszeitraum dient also der Beseitigung von Missbrauchsmöglichkeiten und Qualifikationskonflikten.

[44] Dies entspricht sowohl der jüngeren Auslegung des Arbeitgeberbegriffs durch Rechtsprechung und Finanzverwaltung als auch der herrschenden Literaturmeinung, vgl. BFH vom 21.8.1985, BStBl. 1986 II, 4;

zahlung der Vergütungen durch ein Unternehmen im Ansässigkeitsstaat erfolgt. Wird beispielsweise ein Arbeitnehmer von einem deutschen Unternehmen in eine ausländische Tochterkapitalgesellschaft entsendet und trägt diese Tochtergesellschaft die während der Entsendung an den Arbeitnehmer zu leistenden Vergütungen, so wird das Besteuerungsrecht für diese Vergütungen nach Art. 15 Abs. 2 Buchst. b OECD-MA auch dann dem ausländischen Tätigkeitsstaat zugewiesen, wenn die Auszahlung der Vergütungen auch während der Entsendung durch die in Deutschland ansässige Muttergesellschaft erfolgt.

Nach einer Vielzahl von deutschen Doppelbesteuerungsabkommen ist es für das Besteuerungsrecht Deutschlands unschädlich, wenn der (wirtschaftliche) Arbeitgeber in einem Drittstaat, d.h. weder im Ansässigkeitsstaat des Arbeitnehmers noch im Tätigkeitsstaat, ansässig ist[45]. Nur nach einigen älteren Doppelbesteuerungsabkommen[46] muss der Arbeitgeber in Deutschland - und damit dem Ansässigkeitsstaat des Arbeitnehmers - ansässig sein, damit Deutschland besteuern darf.

Eine besondere Problematik hinsichtlich der Bestimmung des Arbeitgebers im Sinne von Art. 15 Abs. 2 Buchst. b OECD-MA ergibt sich beim Verleih von Arbeitnehmern[47]. Hierbei stellt der Arbeitgeber die zu beschäftigenden Arbeitnehmer nicht selbst ein, sondern leiht sei von einem Verleiher. Die Arbeitnehmer haben Arbeitsverträge nur mit dem Verleiher abgeschlossen, welcher auch über Dauer, Form und Ort ihres Einsatzes entscheidet. Die Vergütungen der Arbeitnehmer werden vom Verleiher gezahlt und regelmäßig auch wirtschaftlich von diesem getragen. Dies gilt selbst dann, wenn der Verleiher seine Leistung - d.h. die an die verliehenen Arbeitnehmer gezahlten Vergütungen zuzüglich weiterer Kosten und einem Gewinnanteil - dem entleihenden Unternehmen in Rechnung stellt. Denn diese in Rechnung gestellten Leistungen stellen keine bloße Weiterbelastung der Löhne und Gehälter, d.h. keine durchlaufenden Posten dar, sondern sind vielmehr Erlöse aus dem Gegenstand des Unterneh-

---

vom 27.4.2000, IStR 2000, S.568; vom 29.1.1986, BStBl. 1986 II, 442; OFD Nürnberg vom 12.9.1989, DStR 1990, 39; Debatin/Wassermeyer (FN 43), Art. 15 MA, Rz. 122 m.w.N.

[45] Dies gilt beispielsweise nach den Doppelbesteuerungsabkommen mit Dänemark, Griechenland, Großbritannien, Irland, Island, den Niederlanden, Polen, der Schweiz, Tunesien, Ungarn und Zypern.

[46] Ein Beispiel hiefür ist das Doppelbesteuerungsabkommen mit Norwegen.

[47] Einige von Deutschland abgeschlossene Doppelbesteuerungsabkommen enthalten Sonderreglungen für Arbeitnehmerverleihungen: Die Doppelbesteuerungsabkommen mit Dänemark, Finnland, Kasachstan, Korea, Rumänien und Schweden schließen bei gewerbsmäßiger Arbeitnehmerüberlassung die Anwendbarkeit von Art. 15 Abs. 2 OECD-MA aus. Die Vermeidung der Doppelbesteuerung erfolgt hier auf dem Wege eines besonderen Verständigungsverfahrens. Nach den Doppelbesteuerungsabkommen mit Frankreich, Italien und Norwegen kann bei Leiharbeitsverhältnissen sowohl der Tätigkeitsstaat als auch der Ansässigkeitsstaat besteuern, wobei der Ansässigkeitsstaat die Steuer des Tätigkeitsstaates anrechnet. Das Doppelbesteuerungsabkommen mit Österreich erklärt bei Arbeitnehmerüberlassungen Art. 15 Abs. 2 Buchst. b OECD-MA für nicht anwendbar. Im Doppelbesteuerungsabkommen mit der Türkei wird klargestellt, dass der Entleiher als Arbeitgeber anzusehen ist. Siehe hierzu auch Prokisch in Vogel/Lehner (FN 38), Art. 15, Rz. 92 ff.

mens des Verleihers[48]. Damit ist der Verleiher Arbeitgeber im Sinne von Art. 15 Abs. 2 Buchst. b OECD-MA[49]. Folglich bleibt bei einer Entsendung von weniger als 183 Tagen über einen Verleiher, der im Wohnsitzstaat der entsendeten Arbeitnehmer ansässig ist, das Besteuerungsrecht grundsätzlich bei diesem Wohnsitzstaat[50]. Allerdings ergeben sich hierdurch Missbrauchs- bzw. Umgehungsmöglichkeiten in der Form, dass nur formal eine im Wohnsitzstaat der Arbeitnehmer ansässige Person als Entleiher zwischengeschaltet wird, um eine Besteuerung im Tätigkeitsstaat zu vermeiden. Deshalb soll nach dem Musterkommentar zum OECD-Musterabkommen in diesen (Umgehungs-)Fällen der Arbeitgeberbegriff dahingehend ausgelegt werden, dass derjenige als Arbeitgeber einzustufen ist, der ein Recht auf das Arbeitsergebnis der Leiharbeiter hat und die damit zusammenhängenden Verantwortlichkeiten und Risiken trägt[51]. Dies wird in der Regel das entleihende Unternehmen sein. Für die Beurteilung des entleihenden Unternehmens als Arbeitgeber soll nach dem Musterkommentar zudem das Vorliegen der folgenden Umstände sprechen:

- der Entleiher hat das Recht, den Arbeitnehmern Weisungen zu erteilen;

- die Arbeit vollzieht sich in einer Einrichtung, die unter Kontrolle und Verantwortung des Entleihers steht;

- der Verleiher berechnet die Vergütung auf Grundlage der Leihzeit oder es besteht eine sonstige Verbindung zwischen dieser Vergütung und den von den Leiharbeitern bezogenen Löhnen und Gehältern;

- die Werkzeuge und das Material werden dem Arbeitnehmer im wesentlichen vom Entleiher zur Verfügung gestellt;

- die Zahl und Qualifikation der Leiharbeiter wird nicht ausschließlich durch den Verleiher bestimmt.

Hiernach würde beim internationalen Arbeitnehmerverleih grundsätzlich der Entleiher als Arbeitgeber anzusehen sein. Allerdings ist diese im Musterkommentar vorgeschlagene Auslegung des Arbeitgeberbegriffs umstritten. So folgt beispielsweise in Deutschland die Verwaltungsauffassung[52] dem Musterkommentar; die Rechtsprechung[53] dagegen nicht - hiernach

---

[48] Vgl. auch Debatin/Wassermeyer (FN 43), Art. 15 MA, Rz. 117.
[49] Vgl. Kempermann, DStZ 1982, 143; Vogelgesang in Becker/Höppner/Grotherr/Kroppen, DBA-Kommentar, OECD-MA, Art. 15 Rz. 203ff.; Debatin/Wassermeyer (FN 43), Art. 15 MA, Rz. 117.
[50] Vgl. FG München, IStR 2002, 28; Hessisches FG, EFG 2001, 508.
[51] Musterkommentar zu Art. 15, Rz. 8.
[52] BMF v. 5.4.1994, BStBl. I 1994, 11.

besteht bei Arbeitnehmerüberlassungen aus steuerlicher Sicht in der Regel kein Arbeitsverhältnis zwischen Entleiher und Leiharbeiter mit der Folge, dass der Entleiher nicht als Arbeitgeber angesehen werden kann.

Zur Vorschrift des Art. 15 Abs. 2 Buchst. c OECD-MA ist zu sagen, dass die Vergütungen dann von der Betriebsstätte im Tätigkeitsstaat getragen werden, wenn die Aufwendungen für diese Vergütungen von dem Unternehmen im Entsendestaat auf diese Betriebsstätte verrechnet werden. Diese Verrechnung der Vergütungsaufwendungen setzt voraus, dass die Entsendung des Arbeitnehmers im wirtschaftlichen Interesse der ausländischen Betriebsstätte erfolgt. Diese Vorschrift ist entsprechend anzuwenden, wenn die Arbeitnehmervergütungen zu Lasten einer im Tätigkeitsstaat befindlichen Tochterpersonengesellschaft gezahlt werden, da die Personengesellschaft als Betriebsstätte eines jeden ihrer Gesellschafter behandelt wird.

Ziel der Vorschriften des Art. 15 Abs. 2 Buchst. b und c OECD-MA ist es, dass die Vergütungen beim Arbeitnehmer in dem Staat besteuert werden, in dem sie als Betriebsausgaben den Unternehmensgewinn gemindert haben. Dabei ist Art. 15 Abs. 2 Buchst. b OECD-MA in den Fällen einschlägig, in denen die Entsendung in ein rechtlich selbständiges Unternehmen im Ausland erfolgt; Art. 15 Abs. 2 Buchst. c OECD-MA dagegen bei Entsendungen in eine ausländische (rechtlich unselbständige) Betriebsstätte.

Eine weitere Ausnahme vom Grundsatz des Arbeitsortprinzips stellen die in den Doppelbesteuerungsabkommen mit Frankreich, Österreich und der Schweiz enthaltenen Grenzgängerregelungen dar.[54] Danach besitzt der Ansässigkeitsstaat für Grenzgänger grundsätzlich das alleinige Besteuerungsrecht. Als Grenzgänger werden in der Regel Personen behandelt, die ihren Wohnsitz in einem Staat nahe der Grenze haben, im anderen Staat nahe der Grenze arbeiten und täglich zu ihrem Wohnort zurückkehren. Diese Personen werden damit den Arbeitnehmern gleichgestellt, die in ihrem Ansässigkeitsstaat beschäftigt sind.

Im Zusammenhang mit der zwischen Deutschland und der Schweiz bestehenden Grenzgängerregelung sei auf zwei Besonderheiten hingewiesen. Zum einen wird für die Beurteilung als Grenzpendler keine Grenznähe von Wohnsitz und Arbeitsstätte gefordert; entscheidend ist allein die tägliche Rückkehr zum Wohnort. Zum anderen darf nach dieser Grenzgängerrege-

---

[53] BFH v. 5.10.1977, BStBl. II 1978, 205; v. 2.4.1982, BStBl. II 1982, 502; v. 24.3.1999, BFH/NV 2000, 362; v. 5.9.2001, IStR 2002, 164.
[54] Im OECD-Musterabkommen sowie in den Doppelbesteuerungsabkommen mit den anderen Nachbarstaaten Deutschlands - Dänemark, Niederlande, Luxemburg, Polen und Tschechische Republik - sind derartige Sonderregelungen für Grenzgänger dagegen nicht enthalten. Das Doppelbesteuerungsabkommen mit Belgien enthielt bis zum Jahr 2003 eine Grenzgängerregelung.

lung auch der Tätigkeitsstaat eine Abzugssteuer erheben - und zwar in Höhe von bis zu 4,5%. Eine Doppelbesteuerung wird durch Deutschland und die Schweiz auf verschiedene Weise gemindert/vermieden: Ist Deutschland Ansässigkeitsstaat, wird die schweizerische Steuer auf die deutsche Steuer angerechnet. Ist dagegen die Schweiz Ansässigkeitsstaat, so stellt diese ein Fünftel der Vergütungen des Arbeitnehmers von der schweizerischen Besteuerung frei.

Erhält Deutschland nach dem jeweiligen DBA kein Besteuerungsrecht, d.h. ist der Arbeitslohn in Deutschland von der Besteuerung freizustellen, so erteilt das Betriebsstättenfinanzamt auf Antrag des Arbeitnehmers oder Arbeitgebers eine entsprechende Bescheinigung[55] (§ 39b Abs. 6 S. 1 EStG). Diese Freistellungsbescheinigung ist - im Gegensatz zur Freistellungsbescheinigung nach dem Auslandstätigkeitserlass[56] - zwar keine materiell-rechtliche Voraussetzung für das Unterlassen des Lohnsteuer-Abzuges. Ohne diese Bescheinigung trägt der Arbeitgeber jedoch das Haftungsrisiko, wenn er zu unrecht Arbeitslohn aufgrund eines DBA als steuerfrei ansieht[57].

3.2 Entsendung nach Deutschland

Im umgekehrten Entsendungsfall, der Entsendung aus einem DBA-Staat nach Deutschland, sind die im vorangegangenen Abschnitt 3.1 dargestellten Regelungen entsprechend anzuwenden. Somit darf Deutschland als Tätigkeitsstaat des Arbeitnehmers besteuern, wenn keine Grenzgängerregelung greift und

- die Entsendedauer innerhalb eines Zeitraums von 12 Monaten 183 Tage überschreitet oder

- die an den entsendeten Arbeitnehmer gezahlten Vergütungen von einem oder für einen in Deutschland ansässigen Arbeitgeber gezahlt werden oder

- diese Vergütungen von einer in Deutschland befindlichen Betriebsstätte des ausländischen Arbeitgebers getragen werden.

---

[55] Bis zum Jahr 2003 konnten nur inländische Arbeitgeber eine solche Bescheinigung beanspruchen. Nicht berücksichtigt wurden insbesondere ausländische Arbeitnehmer-Verleiher, was die Frage nach einem Verstoß gegen Art. 49 EG-Vertrag aufwarf. Seit dem Jahr 2004 können alle zum Lohnsteuerabzug verpflichteten Arbeitgeber - und somit auch ausländische Verleiher - die Freistellungsbescheinigung nach § 39b Abs. 6 EStG beantragen. Siehe auch BT-Drs. 15/1562, S. 35; Hartmann, INF 2004, 96.
[56] Siehe hierzu Abschnitt 2.
[57] Vgl. auch Trzaskalik in Kirchhof/Söhn, Einkommensteuergesetz, Kommentar, § 39b Rdnr. G4; Thürmer in Blümich, EStG/KStG/GewStG, Kommentar, § 39b Rz. 121.

In diesen Fällen ist das während der Entsendung erzielte Arbeitseinkommen des entsendeten Arbeitnehmers im Entsendestaat von der Besteuerung freizustellen bzw. die deutsche Steuer auf die Steuer des Entsendestaates anzurechnen (Art. 23A Abs. 1, 23B Abs. 1 OECD-MA).

In Deutschland kann der Arbeitnehmer mit diesen Arbeitseinkommen der unbeschränkten Steuerpflicht (§ 1 Abs. 1 EStG) oder der beschränkten Steuerpflicht (§ 1 Abs. 4 EStG) unterliegen - je nachdem, ob die in Abschnitt 2 erläuterten Voraussetzungen für eine unbeschränkte bzw. beschränkte Steuerpflicht erfüllt sind. Sind die Voraussetzungen für eine unbeschränkte Steuerpflicht nach § 1 Abs. 1 EStG nicht gegeben, so kann der Arbeitnehmer - sofern er seine Einkünfte ausschließlich bzw. nahezu ausschließlich in Deutschland erzielt - zur Behandlung als unbeschränkt Steuerpflichtiger optieren (§§ 1 Abs. 3, 1a EStG). Wie bereits in Abschnitt 2.2.3 dargestellt wurde, werden durch die Ausübung dieser Option die persönlichen Verhältnisse der Arbeitnehmers in gleichem Maße steuerlich berücksichtigt wie bei einem unbeschränkt Steuerpflichtigen im Sinne von § 1 Abs. 1 EStG. Bei beschränkt Steuerpflichtigen bleiben die persönlichen Verhältnisse dagegen steuerlich weitgehend unberücksichtigt.

Nur wenn keine der drei oben genannten Bedingungen erfüllt ist (oder eine Grenzgängerregelung Anwendung findet), muss Deutschland auf eine Besteuerung verzichten[58], da dann der Entsendestaat das alleinige Besteuerungsrecht besitzt. In diesem Fall stellt sich auch nicht die Frage, ob die Vergütungen des Arbeitnehmers in Deutschland der unbeschränkten (§ 1 Abs. 1 EStG bzw. §§ 1 Abs. 3, 1a EStG) oder der beschränkten Steuerpflicht unterliegen würden, da Deutschland weder nach den Vorschriften für die unbeschränkte Steuerpflicht noch nach denen für die beschränkte Steuerpflicht besteuern darf.

Die Vorschriften der §§ 1 Abs. 3, 1a EStG haben also nur dann Bedeutung, wenn das Doppelbesteuerungsabkommen keine Grenzgängerregelung enthält und Deutschland besteuern darf. In diesem Fall scheidet ein Besteuerungsrecht des Ansässigkeitsstaates für die Vergütungen, die der Arbeitnehmer für seine Tätigkeit in Deutschland erhält, aus. Bezieht der Arbeitnehmer neben diesen Vergütungen keine weiteren Einkünfte, so kann er in seinem Ansässigkeitsstaat keine persönlichen Vergünstigungen steuerlich geltend machen. Nach den Vorschriften der §§ 1 Abs. 3, 1a EStG können seine persönlichen Verhältnisse dann jedoch bei der Besteuerung in Deutschland berücksichtigt werden.

---

[58] In diesem Fall kann wiederum eine Freistellungsbescheinigung nach § 39b Abs. 6 EStG beantragt werden, vgl. hierzu Abschnitt 3.1.

4 Besonderheiten bei Sonderformen der Vergütung

In den Ausführungen der Abschnitte 2 und 3 wurde davon ausgegangen, dass es sich bei den Arbeitnehmervergütungen um sofort gezahlte Geldleistungen handelt. Diese sofortigen Geldzahlungen stellen in der Regel zwar den Großteil der Arbeitnehmervergütung dar. Insbesondere bei internationalen Mitarbeiterentsendungen sind jedoch häufig weitere Vergütungselemente anzutreffen. Nachfolgend soll auf Besonderheiten bei Sachbezügen (Abschnitt 4.1), stock options (Abschnitt 4.2), Ansprüchen auf betriebliche Altersversorgung (Abschnitt 4.3) und Guthaben auf Arbeitszeitkonten (Abschnitt 4.4) eingegangen werden.

Liegt ein Doppelbesteuerungsabkommen vor, stellt sich bei all diesen Vergütungsformen zunächst die Frage, unter welchen Artikel dieses Doppelbesteuerungsabkommens sie subsumiert werden und welchem Staat hiernach das Besteuerungsrecht zugewiesen wird.

Eine besondere Problematik ergibt sich bei den drei letztgenannten Vergütungsformen, da bei diesen der Arbeitnehmer meist erst Monate oder Jahre nach Entstehung des Vergütungsanspruchs tatsächlich über diese Vergütungen verfügen kann. Stock options-Programme haben regelmäßig eine relativ lange Laufzeit, d.h. von der Gewährung der stock options bis zur (Möglichkeit der) Veräußerung bzw. Ausübung dieser Optionen liegt meist ein Zeitraum von mehreren Jahren. Ebenso fallen bei Arbeitszeitkonten der Zeitraum, in dem ein Guthaben aufgebaut wird, und der Zeitraum bzw. Zeitpunkt, in dem dieses Guthaben zur Auszahlung gelangt, in der Regel auseinander. Und auch bei der Vergütung in Form von Ansprüchen auf betriebliche Altersversorgung erfolgt die Gewährung dieser Ansprüche oftmals viele Jahre vor der tatsächlichen Auszahlung der Versorgungsleistungen.

Hieraus resultiert zum einen die Frage, die Verhältnisse welches Zeitraumes für die Zuweisung des Besteuerungsrechts nach dem Doppelbesteuerungsabkommen maßgeblich sind. In Frage käme zum einen der (Veranlagungs-)Zeitraum der Erbringung der Arbeitsleistung, für welche die Vergütung gewährt wird. Zum anderen käme der (Veranlagungs-)Zeitraum bzw. Zeitpunkt in Betracht, in dem der Arbeitnehmer über diese Vergütungen verfügen kann (Auszahlungszeitraum bzw. -zeitpunkt[59]). Ist beispielsweise bei den Einkünften aus nichtselbständiger Arbeit für den Verbleib des Besteuerungsrechts beim Ansässigkeitsstaat nach der

---

[59] Bei stock options gibt es mangels Auszahlung auch keinen Auszahlungszeitraum/-zeitpunkt (Ausnahme: stock appreciation rights). Hier könnten neben dem Zeitraum der Arbeitsleistung, für die die stock options gewährt werden (bzw. dem Zeitpunkt der Gewährung der stock options) beispielsweise der Zeitpunkt der erstmaligen Ausübung, der Zeitpunkt der tatsächlichen Ausübung oder der Zeitpunkt des Verkaufs der durch

183-Tage-Regelung[60] auf das Jahr abzustellen, in dem die Arbeitsleistung, für welche diese Vergütungen gewährt werden, erbracht wurde, oder auf das Jahr der Auszahlung dieser Vergütungen[61]? Dies ist natürlich insbesondere in den Fällen von Bedeutung, in denen im Zeitraum der Auszahlung der Vergütungen ein anderer Staat Tätigkeitsstaat bzw. Ansässigkeitsstaat ist als im Zeitraum der Erbringung der maßgeblichen Arbeitsleistungen.

Ist geklärt, welcher Staat diese Vergütungen nach dem Doppelbesteuerungsabkommen besteuern darf, stellt sich zum anderen die Frage, ob und insbesondere in welchem der oben genannten Zeitpunkte dieser Staat eine Besteuerung vornimmt.

Schließlich ist zu klären, ob sich die Besteuerung dieser Vergütungsformen in dem besteuernden Staat nach denselben Vorschriften richtet wie die Besteuerung der sofort ausgezahlten Geldleistungen. Denkbar wäre beispielsweise, dass diese Vergütungen nicht unter die Einkünfte aus nichtselbständiger Arbeit, sondern unter eine andere Einkunftsart subsumiert werden oder dass für diese Vergütungen Besonderheiten bezüglich ihres Wertansatzes existieren.

Im Rahmen dieses Abschnitts soll für die genannten Sonderformen der Vergütung zum einen die Zuweisung des Besteuerungsrechts nach dem OECD-Musterabkommen dargestellt werden.

Zum anderen wird nachfolgend erläutert, welche Besonderheiten bei der Besteuerung dieser Vergütungsformen zu beachten sind. Dabei wird insbesondere auf die steuerliche Behandlung in Deutschland eingegangen. Es soll aber auch ein Überblick über die Besteuerung in anderen Staaten vermittelt werden. Hinsichtlich der Besteuerung von Sachbezügen werden insbesondere die für Entsendungen wichtigen Fälle betrachtet, dass es sich bei diesen Sachbezügen um Aktienbeteiligungen, um die Bereitstellung einer Unterkunft/Wohnung und um die private Nutzung eines betrieblichen Kraftfahrzeugs handelt.

Während die Fragen nach dem jeweils maßgeblichen DBA-Artikel und nach dessen Auslegung nur bei Entsendungen aus bzw. in DBA-Staaten Relevanz besitzen, sind die Fragen, ob, wann und in welcher Höhe besteuert wird, ebenso im Nicht-DBA-Fall von Bedeutung. Die steuerliche Behandlung dieser Vergütungen nach den nationalen Rechtsvorschriften ist grundsätzlich unabhängig vom Vorliegen eines Doppelbesteuerungsabkommens. Die nachfolgen-

---

Ausübung der Optionen erworbenen Aktien maßgeblich sein für die Zuweisung des Besteuerungsrecht bzw. die tatsächliche Besteuerung. Siehe hierzu auch Abschnitt 4.2.1.
[60] Vgl. Abschnitt 3.1.
[61] Zu stock options siehe FN 59.

den Ausführungen zu Höhe und Zeitpunkt der jeweiligen Besteuerung gelten deshalb grundsätzlich sowohl im DBA-Fall als auch im Nicht-DBA-Fall.

Eingegangen werden soll im Folgenden auch auf Besonderheiten, die sich bei den einzelnen Vergütungsformen hinsichtlich der Steueranrechnung nach § 34c Abs. 1 EStG ergeben. Dabei besitzt die Vorschrift des § 34c Abs. 1 EStG im Zusammenhang mit Mitarbeiterentsendungen fast ausschließlich dann Bedeutung, wenn kein Doppelbesteuerungsabkommen vorliegt. Denn nach nahezu allen von Deutschland abgeschlossenen Doppelbesteuerungsabkommen wird von Deutschland auf Einkünfte aus nichtselbständiger Arbeit nicht die Anrechnungsmethode, welche zu einer entsprechenden Anwendung von § 34c Abs. 1 EStG führen würde, sondern die Freistellungsmethode praktiziert[62].

Der Anwendungsbereich des § 34c EStG wird darüber hinaus noch dahingehend eingeschränkt, dass diese Vorschrift auch dann keine Anwendung findet, wenn die Voraussetzungen des Auslandstätigkeitserlasses gegeben sind[63]. Denn auch in diesem Fall erfolgt eine Freistellung der Einkünfte von der deutschen Besteuerung. Den Nicht-Anwendungsbereich des Auslandstätigkeitserlasses - und damit den Anwendungsbereich von § 34c EStG - stellen somit insbesondere die Fälle dar, in denen die Auslandstätigkeit über einen Zeitraum von weniger als 3 Monaten erfolgt, keine nach dem Auslandstätigkeitserlass begünstigte Tätigkeit vorliegt[64] oder die Auslandstätigkeit nicht auf einem Arbeitsverhältnis bei einem inländischen Arbeitgeber beruht. Dabei ist bei den einzelnen Vergütungsformen jeweils darauf abzustellen, ob die genannten Voraussetzungen im Zeitraum der Ausübung der Tätigkeit, für welche die Vergütungen gewährt werden, vorliegen. Die Verhältnisse im Zeitpunkt der Vergütungszahlung sind dagegen ohne Bedeutung.

4.1 Sachbezüge

4.1.1 Maßgeblicher DBA-Artikel und Besonderheiten bei Anwendung der DBA-Vorschriften

Gegenstand von Art. 15 des OECD-Musterabkommens, welcher das Besteuerungsrecht für Einkünfte aus unselbständiger Arbeit regelt, sind „Gehälter, Löhne und ähnliche Vergütungen, die eine ... Person aus unselbständiger Arbeit bezieht". Dabei besteht unter den OECD-Mitgliedstaaten dahingehend Einigkeit, dass der Ausdruck „Gehälter, Löhne und ähnliche

---
[62] Vgl. FN 38.
[63] Siehe hierzu Abschnitt 2.1.
[64] Siehe hierzu Abschnitt 2.1.

Vergütungen", so allgemein zu verstehen ist, dass hierunter auch Sachzuwendungen des Arbeitgebers an den Arbeitnehmer fallen[65]. Der OECD-Musterkommentar nennt als Beispiele für solche Sachzuwendungen die Nutzung eines Wohnhauses oder Kraftfahrzeugs, die Übernahme von Beiträgen zu Kranken- oder Lebensversicherungen oder die Finanzierung von Vereinsmitgliedschaften.

Das Besteuerungsrecht ergibt sich damit auch für Sachbezüge nach den Vorschriften des Art. 15 OECD-MA. Da der Arbeitnehmer über die Sachbezüge - im Gegensatz zu den anderen hier näher betrachteten Sonderformen der Vergütung - in der Regel sofort verfügen kann, ergeben sich bei der Anwendung dieser Vorschriften auf Sachbezüge keine Besonderheiten gegenüber der Anwendung auf sofort ausgezahlte Geldleistungen. Es kann daher für die Bestimmung des Besteuerungsrechts für Sachbezüge auf die Ausführungen in Abschnitt 3 verwiesen werden. Für Sachbezüge besitzt also der Staat das Besteuerungsrecht, der auch die Vergütungen besteuern darf, die (parallel zur Gewährung der Sachbezüge) als sofort ausgezahlte Geldleistungen erbracht werden.

Kann der Arbeitnehmer über die gewährten Sachbezüge nicht sofort verfügen - beispielsweise bei Mitarbeiterbeteiligungen mit Veräußerungssperre -, ergibt sich eine ähnliche Problematik wie bei stock options. Es sei deshalb an dieser Stelle für eine ausführliche Darstellung auf die Ausführungen in Abschnitt 4.2.1 verwiesen. Wie bei stock options ist auch bei Beteiligungen mit Veräußerungssperre die Zuordnung zu einem bestimmten DBA-Artikel vom Zeitpunkt der Besteuerung abhängig. Als Besteuerungszeitpunkt kommen hier insbesondere der Zeitpunkt der Gewährung der Beteiligung, der Zeitpunkt der erstmaligen Veräußerbarkeit der Beteiligung und der Zeitpunkt der tatsächlichen Veräußerung in Frage. Während sich das Besteuerungsrecht in den beiden erstgenannten Zeitpunkten regelmäßig nach Art. 15 OECD-MA (Einkünfte aus unselbständiger Arbeit) bestimmt, kommt beim letztgenannten Zeitpunkt auch eine Anwendung von Artikel 13 OECD-MA (Gewinne aus der Veräußerung von Vermögen) in Betracht, nach welchem das alleinige Besteuerungsrecht dem Ansässigkeitsstaat des Arbeitnehmers zugewiesen wird.

Bestehen die Sachbezüge in Mitarbeiterbeteiligungen, so ergibt sich eine weitere Besonderheit. Für den Verbleib des Besteuerungsrechts beim Ansässigkeitsstaat nach der 183-Tage-Regelung des Art. 15 Abs. 2 OECD-MA wird unter anderem gefordert, dass die Vergütungen nicht von einer Betriebsstätte getragen werden, die der entsendende Arbeitgeber im Tätigkeitsstaat unterhält (Art. 15 Abs. 2 Buchst. c OECD-MA). Im Umkehrschluss erhält der

---

[65] Vgl. OECD-Musterkommentar, Art. 15, Rz. 2.1.

Tätigkeitsstaat auch bei Entsendungen mit einer Dauer von nicht mehr als 183 Tagen das Besteuerungsrecht, wenn die Vergütungen von einer solchen Betriebsstätte getragen werden. Es stellt sich nun die Frage, wann Vergütungen, die in Beteiligungen bestehen, durch die Betriebsstätte getragen werden. Bei Beteiligungen, die am Markt erworben wurden bzw. werden, ist dies dann der Fall, wenn die Aufwendungen für den Erwerb dieser Beteiligungen auf die Betriebsstätte verrechnet werden. Dies wiederum setzt voraus, dass die Entsendung im wirtschaftlichen Interesse dieser Betriebsstätte erfolgt. Insoweit ergeben sich also keine Besonderheiten gegenüber Vergütungen, die in sofort ausgezahlten Geldleistungen bestehen[66]. Eine andere Situation kann sich jedoch ergeben, wenn es sich bei den Beteiligungen um Aktien am Unternehmen des Arbeitgebers im Entsendestaat handelt und diese Aktien nicht am Markt erworben, sondern durch eine Kapitalerhöhung aufgebracht werden. Entsteht dem Unternehmen im Entsendestaat durch diese Kapitalerhöhung kein steuerlicher Aufwand - wie dies in Deutschland gegenwärtig der Fall ist[67] - wird die Last der Arbeitnehmervergütung von den (bisherigen) Anteilseignern - in Form der Verwässerung ihrer Anteile - getragen. Wenn dem entsendenden Unternehmen kein steuerlicher Aufwand entsteht, kann auch kein Aufwand auf die ausländische Betriebsstätte verrechnet werden. Folglich können diese Vergütungen nicht durch die ausländische Betriebsstätte getragen werden. Hieraus folgt wiederum, dass bei Entsendungen aus Deutschland in eine ausländische Betriebsstätte und einer Entsendedauer von nicht mehr als 183 Tagen eine Besteuerung im Tätigkeitsstaat nicht erreicht werden kann. Eine analoge Problematik ergibt sich im Zusammenhang mit der Voraussetzung des Art. 15 Abs. 2 Buchst. b OECD-MA. Die Vergütung in Form einer Beteiligung, die durch eine Kapitalerhöhung finanziert wurde, kann nicht durch das ausländische Unternehmen getragen werden, wenn es sich um eine Beteiligung am inländischen Unternehmen handelt. Die Beteiligung würde nur dann durch die ausländische Gesellschaft (bzw. deren Gesellschafter) wirtschaftlich getragen, wenn es sich um eine Beteiligung an dieser ausländischen Gesellschaft handelt.

Abschließend sei darauf hingewiesen, dass die Sachbezüge natürlich nur in dem Zeitpunkt als Einkünfte aus unselbständiger Arbeit behandelt werden, in dem sie dem Arbeitnehmer vom Arbeitgeber zugewendet werden. Erzielt der Arbeitnehmer aus der späteren Nutzung oder Veräußerung dieser Sachbezüge Einkünfte, so handelt es sich hierbei nicht um Einkünfte aus unselbständiger Tätigkeit. Erhält ein Arbeitnehmer von seinem Arbeitgeber beispielsweise Beteiligungen (Aktien), die er später veräußert, so bestimmt sich das Besteuerungsrecht für

---

[66] Vgl. hierzu Abschnitt 3.1.

einen resultierenden Veräußerungsgewinn nicht nach der DBA-Vorschrift für Einkünfte aus unselbständiger Arbeit (Art. 15 OECD-MA), sondern nach der DBA-Vorschrift für Gewinne aus der Veräußerung von Vermögen (Art. 13 OECD-MA). Die Aktien befinden sich im Privatvermögen des Arbeitnehmers. Der Gewinn aus der Veräußerung dieser Aktien darf daher nach Art. 13 Abs. 5 OECD-MA nur im Ansässigkeitsstaat des Arbeitnehmers besteuert werden, selbst wenn es sich um Beteiligungen an einem Unternehmen im (früheren) Tätigkeitsstaat handelt.

4.1.2 Zeitpunkt und Höhe der Besteuerung

Soweit nach den Ausführungen der Abschnitte 2 und 3 in Deutschland eine Besteuerung der Einkünfte aus nichtselbständiger Arbeit erfolgt, werden von dieser Besteuerung nicht nur Einnahmen erfasst, die in Geld bestehen, sondern auch Sachbezüge (§ 8 Abs. 1 EStG). Die steuerliche Behandlung der Sachbezüge folgt also der steuerlichen Behandlung der in Geld bestehenden Einnahmen - die Sachbezüge unterliegen als Einkünfte aus nichtselbständiger Arbeit (§ 19 EStG) der Besteuerung.

Die Sachleistungen gelten - international einheitlich - in dem Veranlagungszeitraum als zugeflossen, in dem der Arbeitnehmer darüber verfügen kann. Beispielsweise ist dies bei zur Verfügung gestellten Kraftfahrzeugen oder Wohnungen der Zeitraum, in dem der Arbeitnehmer diese nutzt, oder bei Mitarbeiterbeteiligungen der Veranlagungszeitraum, in dem der Arbeitnehmer diese erhält.

Auch wenn dem Arbeitnehmer Beteiligungen gewährt werden, die er erst nach Ablauf einer Sperrfrist (Veräußerungssperre) veräußern darf, so gilt in Deutschland der Vorteil aus diesen Beteiligungen dennoch bereits im Zeitpunkt der Gewährung dieser Beteiligungen als zugeflossen und nicht erst nach Ablauf dieser Sperrfrist. Denn der Arbeitnehmer kann die Beteiligungen vor Ablauf der Sperrfrist zwar noch nicht veräußern, jedoch bereits durch Verpfändung, Stimmrechtsausübung und Dividendenanspruch über sie verfügen[68]. Auch in den meisten anderen Staaten - beispielsweise in den USA, in Kanada, in der Schweiz und in den Niederlanden - erfolgt die Besteuerung trotz Veräußerungssperre bereits im Zeitpunkt der Gewährung der Beteiligungen. In China wird dagegen erst im Zeitpunkt des Wegfalls der Restriktionen besteuert.

---

[67] Allerdings ist auch in Deutschland die steuerliche Nichtabzugsfähigkeit umstritten, vgl. Simons, WPg 2001, 90.
[68] BFH, BStBl 1985 II, 136; siehe hierzu auch Heinicke in Schmidt (FN 13), § 11 Rz. 30, Stichwort "Belegschaftsaktien".

Im Gegensatz zu Geldleistungen stellt sich bei Sachbezügen die Frage, mit welchem Wert diese für Zwecke der Einkommensbesteuerung anzusetzen sind. Grundsätzlich werden die Sachbezüge - international einheitlich - mit dem Marktwert angesetzt.

So wird für Deutschland in § 8 Abs. 2, 3 EStG geregelt, dass Sachbezüge mit dem üblichen Endpreis am Abgabeort - unter Berücksichtigung üblicher Preisnachlässe - anzusetzen sind. Dabei gilt eine Freigrenze von 44 € pro Kalendermonat, d.h. die Sachbezüge bleiben bei der Ermittlung der Einkünfte aus nichtselbständiger Arbeit außer Ansatz, sofern sie 44 € im Kalendermonat nicht übersteigen. Höhere Sachbezüge sind nicht nur in Höhe des 44 € übersteigenden Betrages, sondern in voller Höhe steuerpflichtig.

Erhält der Arbeitnehmer Waren oder Dienstleistungen, die der Arbeitgeber selbst herstellt bzw. erbringt, so sind diese in Deutschland mit dem um 4% geminderten Preis anzusetzen, zu dem der Arbeitgeber diese Waren bzw. Dienstleistungen an Endverbraucher veräußert. Für diese Waren und Dienstleistungen wird ein jährlicher Rabatt-Freibetrag in Höhe von 1.080 € gewährt.

Beispiel:

Einem Arbeitnehmer werden in Deutschland im Kalenderjahr 2005 vom Arbeitgeber hergestellte Waren überlassen, die zum Preis von 2.000 € an Endkunden verkauft würden.

Unter Berücksichtigung des 4%igen Wertabschlages und des Rabatt-Freibetrages von 1.080 € ist beim Arbeitnehmer für diesen Bezug von Waren ein Betrag in Höhe von (2.000 € * (1 - 0,04) - 1.080 € =) 840 € zu versteuern.

Werden dem Arbeitnehmer Mitarbeiterbeteiligungen in Form von Aktien (am Unternehmen des Arbeitgebers oder auch an der Muttergesellschaft des Arbeitgebers) gewährt, so sind diese in Deutschland mit dem Marktwert (= Börsenkurs) im Zuwendungszeitpunkt zu bewerten. Für Vorteile aus der Gewährung solcher Beteiligungen wird ein jährlicher Freibetrag in Höhe des halben Beteiligungswertes, höchstens jedoch in Höhe von 135 €, gewährt (§ 19a Abs. 1 EStG). Bei der Ermittlung der Höhe des Vorteils ist der Marktwert der Beteiligung ggf. um den Betrag zu mindern, den der Arbeitnehmer für diese Beteiligung zahlen muss.

Beispiel:

Ein Arbeitnehmer erhält im Kalenderjahr 2005 Aktien am Unternehmen des Arbeitgebers mit einem Marktwert von 400 € für einen Betrag von 100 €.

Der Vorteil beträgt (400 € - 100 € =) 300 € und zu versteuern sind (300 € - Min(0,5 * 400 €; 135 €) = 300 € - 135 € =) 165 €.

Veräußert der Arbeitnehmer die erhaltenen Aktien, unterliegt ein ggf. resultierender Veräußerungsgewinn keiner Besteuerung im Rahmen der Einkünfte aus nichtselbständiger Arbeit. In Frage käme jedoch eine Besteuerung im Rahmen der Einkünfte aus privaten Veräußerungsgeschäften (§ 23 EStG) - falls der Arbeitnehmer die Aktien im Veräußerungszeitpunkt nicht länger als ein Jahr gehalten hat - oder eine Besteuerung im Rahmen der Einkünfte aus Gewerbebetrieb (§ 17 EStG) - sofern die Beteiligung des Arbeitnehmers zu einem Zeitpunkt innerhalb der letzten 5 Jahre mindestens 1% betragen hat.

Besteuerungsgrundlage für eine Besteuerung nach den §§ 17, 23 EStG ist zunächst jeweils der Unterschiedsbetrag zwischen dem erzielten Veräußerungspreis (ggf. abzüglich Veräußerungskosten) und den ursprünglichen Anschaffungskosten (ggf. einschließlich Anschaffungsnebenkosten). Als Anschaffungskosten gelten dabei die gesamten Aufwendungen, die zum Erwerb der Beteiligungen getätigt wurden, d.h. für den hier betrachteten Fall sowohl die Aufwendungen des Arbeitnehmers als auch die des Arbeitgebers.

Beispiel:

Im obigen Beispiel betragen die Anschaffungskosten damit nicht nur 100 €, sondern 400 €. Wären als Anschaffungskosten nur 100 € anzusetzen, würde ein Betrag in Höhe von (400 € - 100 € =) 300 € zweimal besteuert - zunächst im Zeitpunkt der Gewährung der Beteiligung und später bei Veräußerung der Beteiligung.

Nach dem Halbeinkünfteverfahren, welchem auch die Einkünfte im Sinne der §§ 17, 23 EStG unterliegen, wird jedoch die Hälfte des Veräußerungspreises steuerfrei gestellt und die Hälfte der Anschaffungs- und Veräußerungskosten vom Abzug ausgeschlossen (§ 3 Nr. 40 Buchst. c, j, 3c Abs. 2 EStG).

Beispiel:

Werden die Aktien aus dem obigen Beispiel im Jahr 2005 für 1.000 € veräußert, so unterliegt ein Gewinn in Höhe von (0,5 * 1.000 € - 0,5 * 400 € =) 300 € der Besteuerung nach § 23 EStG.

Allerdings bleiben Gewinne aus privaten Veräußerungsgeschäften (§ 23 EStG) steuerfrei, sofern sie im Kalenderjahr weniger als 512 € (Freigrenze) betragen (§ 23 Abs. 3 S. 6 EStG).

Beispiel:

Im obigen Beispiel beträgt der Gewinn nur 300 € und damit weniger als 512 €. Er wird deshalb nach § 23 Abs. 3 S. 6 EStG in vollem Umfang von der Besteuerung freigestellt.

Würde der Gewinn dagegen 600 € betragen, so würde er nicht nur in Höhe des die Freigrenze übersteigenden Betrages (600 € - 512 € = 88 €), sondern in voller Höhe besteuert.

Für Gewinne im Sinne des § 17 EStG wird ein Freibetrag in Höhe von 9.060 € gewährt, welcher allerdings einer doppelten Abschmelzungsregelung unterliegt (§ 17 Abs. 3 EStG). Zum einen gilt dieser Betrag für die Veräußerung einer 100%igen Beteiligung, d.h. bei der Veräußerung einer Beteiligung von 10% beträgt er beispielsweise nur 906 €. Zum anderen ermäßigt sich der Freibetrag um den Betrag, um den der Veräußerungsgewinn den Teil von 36.100 € übersteigt, der dem veräußerten Anteil entspricht, d.h. bei einer Veräußerung einer 10%igen Beteiligung mindert sich der Freibetrag, soweit der Veräußerungsgewinn 3.610 € übersteigt.

Beispiel:

Bei der Veräußerung einer 10%igen Beteiligung wird ein Gewinn in Höhe von 4.000 € erzielt.

Der Freibetrag nach § 17 Abs. 3 EStG beträgt (0,1 * 9.060 € - (4.000 € - 0,1 * 36.100 €) =) 516 € und es sind damit (4.000 € - 516 € =) 3.484 € zu versteuern.

Im Rahmen der beschränkten Steuerpflicht erfolgt in Deutschland nur dann eine Besteuerung nach §§ 17, 23 EStG, wenn die Kapitalgesellschaft, deren Anteile veräußert werden, ihre Geschäftsleitung oder ihren Sitz im Inland hat und wenn der Arbeitnehmer zu einem Zeitpunkt innerhalb der letzten 5 Jahre zu mindestens 1% an dieser Gesellschaft beteiligt war (§ 49 Abs. 1 Nr. 2 Buchst. e, Nr. 8 EStG).

Für die private Nutzung betrieblicher Kraftfahrzeuge ist in Deutschland pro Kalendermonat 1 v.H. des inländischen Bruttolistenpreises des Kraftfahrzeugs im Zeitpunkt der Erstzulassung anzusetzen (§ 8 Abs. 2 S. 2 i.V.m. § 6 Abs. 1 Nr. 4 S. 2 EStG). Kann das Fahrzeug auch für die Wege zwischen Wohnung und Arbeitsstätte genutzt werden, erhöht sich dieser Wert pro Kalendermonat um 0,03 v.H. des Listenpreises für jeden Kilometer der Entfernung zwischen Wohnung und Arbeitsstätte (§ 8 Abs. 2 S. 3 EStG)[69]. Alternativ zu dieser pauschalen Bewer-

---

[69] Besteuert wird im Ergebnis nur der Unterschiedsbetrag zwischen diesem geldwerten Vorteil und den ansetzbaren Werbungskosten. Für die Wege zwischen Wohnung und Arbeitsstätte kann der Arbeitnehmer

tung des Vorteils aus der privaten Nutzung eines betrieblichen Kraftfahrzeugs kann dieser Vorteil auch mit den tatsächlichen Aufwendungen für dieses Kraftfahrzeug angesetzt werden, wenn die Aufwendungen für das Kraftfahrzeug durch Belege und das Verhältnis zwischen den privaten Fahrten und den Fahrten zwischen Wohnung und Arbeitsstätte einerseits und den übrigen Fahrten andererseits durch ein Fahrtenbuch nachgewiesen werden (§ 8 Abs. 2 S. 4 EStG).

Stellt der Arbeitgeber dem Arbeitnehmer unentgeltlich eine Unterkunft oder Wohnung zur Verfügung, so bestimmt sich deren Wertansatz in Deutschland nach der Sachbezugsverordnung (§ 8 Abs. 2 S. 6, 7 EStG i.V.m. § 17 Abs. 1 Nr. 3 SGB IV i.V.m. §§ 3, 4 SachBezV). Hiernach ist für eine freie Unterkunft ein Betrag von monatlich 194,20 € anzusetzen. Dieser Wert mindert sich jedoch bei Mehrfachbelegung der Unterkunft, beispielsweise um 50% bei Belegung mit drei Beschäftigten (§ 3 Abs. 1, 2 SachBezV). Wird dem Arbeitnehmer eine Wohnung zur Nutzung überlassen, ist diese mit dem ortsüblichen Mietpreis zu bewerten. Ist eine Feststellung des ortsüblichen Mietpreises außergewöhnlich schwierig, kann die Wohnung bei normaler Ausstattung monatlich mit 3,35 € je Quadratmeter bewertet werden (§ 4 SachBezV).

Auch in anderen Staaten existieren für bestimmte Leistungen - insbesondere für die Bereitstellung von Verpflegung, Wohnung und Kraftfahrzeugen - häufig Vorschriften zur Ermittlung pauschaler Wertansätze.

Beispiel:

Bewertung des geldwerten Vorteils der privaten Kfz-Nutzung:

NDL: 25% des Bruttolistenpreises im Zeitpunkt der Erstzulassung

SUI: planmäßige AfA über betriebsgewöhnliche Nutzungsdauer

USA: 3 alternativ anwendbare pauschale Bewertungsmethoden

CAN: 0,12 CAN-$ pro km zzgl. USt (= Betriebskosten) plus 2% der Anschaffungskosten (= Bereitstellungskosten)

Zudem bestehen - wie in Deutschland - auch in anderen Staaten oftmals Freibeträge bzw. Freigrenzen oder es erfolgt eine vollständige Freistellung von der Besteuerung. So sind bei-

---

Werbungskosten in Höhe von 0,30 € für jeden vollen Kilometer der Entfernung zwischen Wohnung und Arbeitsstätte geltend machen (§ 9 Abs. 1 Nr. 4 S. 1 EStG).

spielsweise in China Sachleistungen - insbesondere die Bereitstellung von Wohnung und Dienstwagen, Umzug, Verpflegung, Ausbildung/Unterricht der Kinder und Sprachkurse - in voller Höhe (oder bis zu einem von der lokalen Steuerbehörde festgelegten Höchstbetrag) steuerfrei. Daher sollte bei Entsendungen von Arbeitnehmern nach China, bei denen China ein Besteuerungsrecht erhält, die Entlohnung verstärkt über Sachleistungen erfolgen.

4.1.3 Besonderheiten bei Steueranrechnung nach § 34c Abs. 1 EStG

Im Zusammenhang mit der Anrechnung nach § 34c EStG besteht bei Sachbezügen insbesondere die Gefahr der Entstehung von Anrechnungsüberhängen. Ist im Ausland die Bemessungsgrundlage für die Besteuerung der Sachbezüge und/oder der Steuersatz höher als in Deutschland, so unterliegen diese Sachbezüge im Ausland einer höheren Steuer als in Deutschland. Folglich kann nur ein Teil der ausländischen Steuer auf die deutsche Einkommensteuer angerechnet werden.

Beispiel:

Ein in Deutschland unbeschränkt steuerpflichtiger Arbeitnehmer wird in einen Staat entsendet, mit dem Deutschland kein Doppelbesteuerungsabkommen geschlossen hat. Die Voraussetzungen für die Anwendung des Auslandstätigkeitserlasses[70] seien nicht gegeben. Betrachtet sei nur die Besteuerung der privaten Nutzung eines Kfz mit einem Bruttolistenpreis (bei Erstzulassung) in Höhe von 20.000 €. Bemessungsgrundlage der Besteuerung sind in Deutschland 12% und im Tätigkeitsstaat 25% dieses Bruttolistenpreises. In Deutschland betrage der Steuersatz 40%, im Tätigkeitsstaat

a) 40%,   b) 50%.

Die auf die Pkw-Nutzung im Tätigkeitsstaat erhobene Steuer beträgt:

a)   25%*20.000 €*40% = 2.000 €,   b) 25%*20.000 €*50% = 3.125 €.

In Deutschland sind jeweils ausländische Steuern in Höhe von 12%*20.000 €*40% = 960 € anrechenbar.

Es ergibt sich ein Anrechnungsüberhang von

a)   2.000 € - 960 € = 1.040 €,   b) 3.125 € - 960 € = 2.165 €.

---

[70] Vgl. Abschnitt 2.1.1.

4.2 Stock options

4.2.1 Maßgeblicher DBA-Artikel und Besteuerungszeitpunkt

Die Frage, nach welchem Artikel des OECD-Musterabkommens das Besteuerungsrecht für Vorteile aus stock options zu ermitteln ist, kann nicht pauschal beantwortet werden. Dies resultiert zum einen daraus, dass die Zuordnung der Vorteile aus stock options zu einem speziellen DBA-Artikel vom Zeitpunkt der Besteuerung dieser Vorteile abhängt. Der Zeitpunkt dieser Besteuerung ist jedoch international nicht einheitlich. Als mögliche Zeitpunkte einer Besteuerung der aus der Gewährung von stock options resultierenden Vorteile kommen insbesondere in Frage:

- die Gewährung der Option,

- der Eintritt der freien Verfügbarkeit des Arbeitnehmers über die Option (vesting),

- die Ausübung der Option (oder auch die Veräußerung der Option),

- der Eintritt der freien Verfügbarkeit des Arbeitnehmers über die durch Ausübung der Option erworbenen Aktien und

- der Verkauf der durch Ausübung der Option erworbenen Aktien.

So sind beispielsweise in Deutschland Vermögensvorteile aus nicht handelbaren Optionsrechten nach Auffassung von Rechtsprechung und Finanzverwaltung erst im Zeitpunkt der Ausübung des Optionsrechts der Steuer zu unterwerfen[71]. Dagegen besteuern die Schweiz im Zeitpunkt der Optionsgewährung, die Niederlande erstmals im Zeitpunkt des vesting oder der Optionsausübung/-veräußerung (Wahlrecht) und Frankreich im Zeitpunkt der Veräußerung der Aktien, die durch die Optionsausübung erworben wurden. Erfolgt die Besteuerung in Entsende- und Tätigkeitsstaat zu unterschiedlichen Zeitpunkten, kann dies zur Doppel- oder Minder-/Nichtbesteuerung führen.

---

[71] Bei Optionen, die nach Ablauf der Sperrfrist auch an Dritte veräußert werden können (handelbare Optionen), lässt die Rechtsprechung des BFH auch dahingehend Raum für Diskussionen, ob hier eine Besteuerung bereits nach Ablauf der Sperrfrist erfolgen soll.

Beispiel:

Ein Arbeitnehmer wird für 2 Jahre in die Schweiz entsandt und mit Beginn der Entsendung in ein 3jähriges Optionsprogramm aufgenommen. Der Arbeitnehmer übt die Optionen nach seiner Rückkehr nach Deutschland mit Ablauf der dreijährigen Sperrfrist aus.

In der Schweiz erfolgt im Zeitpunkt der Optionsgewährung eine Besteuerung des Optionswertes.

In Deutschland wird im Ausübungszeitpunkt 1/3 des Ausübungsgewinns besteuert, da der Arbeitnehmer während eines Drittels der Laufzeit des Optionsprogramms in Deutschland tätig war.

Im Ergebnis werden der (volle) Optionswert im Zeitpunkt der Optionsgewährung und 1/3 des Ausübungsgewinns besteuert.

Abwandlung: Die Entsendung erfolgt aus der Schweiz nach Deutschland.

Im Zeitpunkt der Optionsgewährung erfolgt keine Besteuerung.

Im Zeitpunkt der Optionsausübung besteuert Deutschland 2/3 des Ausübungsgewinns.

Im Ergebnis werden somit nur 2/3 des Ausübungsgewinns besteuert.

Zum anderen ist international auch nicht unumstritten, welcher DBA-Artikel in den einzelnen (möglichen) Besteuerungszeitpunkten maßgeblich ist.

In Frage kommt eine Behandlung als Einkünfte aus unselbständiger Arbeit (Art. 15 OECD-MA) oder als Gewinne aus der Veräußerung von Vermögen (Art. 13 OECD-MA). Für die erstgenannte Alternative spricht, dass die stock options einen Teil der Entlohnung des Arbeitnehmers für dessen unselbständige Arbeit darstellen. Eine Behandlung als Veräußerungsgewinn stellt dagegen den Investitionsaspekt von stock options in den Vordergrund, d.h. die Entscheidung des Arbeitnehmers, wie lange er die Optionen sowie die durch ihre Ausübung erworbenen Aktien hält. Zur Abgrenzung zwischen diesen beiden Einkunftsarten schlägt das OECD Committee on Fiscal Affairs[72] vor, dass die bis zur Ausübung der Option erlangten

---

[72] Nachfolgend kurz OECD.

Vorteile durch Art. 15 OECD-MA erfasst werden und alle nach diesem Zeitpunkt erlangten Vorteile durch Art. 13 OECD-MA[73].[74]

Beispiel:

In Deutschland wird besteuert

- im Ausübungszeitpunkt die Differenz zwischen dem Börsenkurs der durch die Optionsausübung erworbenen Aktien und dem vom Arbeitnehmer zu zahlenden Basispreis und

- (in den Fällen der §§ 17, 23 EStG) im Zeitpunkt der Aktienveräußerung die Differenz zwischen den Börsenkursen im Veräußerungszeitpunkt und im Erwerbszeitpunkt (= Zeitpunkt der Optionsausübung).

Nach OECD-Auffassung soll sich das Besteuerungsrecht für die Besteuerung im Ausübungszeitpunkt nach Art. 15 OECD-MA richten, für die Besteuerung bei Veräußerung der Aktien dagegen nach Art. 13 OECD-MA.

Ausnahmsweise soll jedoch nach den Vorschlägen der OECD Art. 15 OECD-MA auch nach der Ausübung der Optionen anzuwenden sein, wenn der Arbeitnehmer über die durch Optionsausübung erworbenen Aktien nicht uneingeschränkt verfügen kann, wenn also beispielsweise die Veräußerung dieser Aktien erst nach Ablauf einer weiteren Sperrfrist möglich ist. In diesem Fall soll Art. 13 OECD-MA erst ab dem Zeitpunkt anwendbar sein, in dem auch die die Aktien betreffenden Verfügungsbeschränkungen entfallen.

Werden Vorteile aus stock options von einem Staat als Einkünfte im Sinne von Art. 15 OECD-MA beurteilt und vom anderen Staat als Einkünfte im Sinne von Art. 13 OECD-MA, kann dies zur Doppel- oder Minder-/Nichtbesteuerung führen.

---

[73] Vgl. OECD, A public discussion draft, Cross-border Income Tax Issues Arising from Employee Stock-Option Plans, im Internet unter: www.oecd.org/dataoecd/39/50/2069901.pdf (22.11.2005), Rz. 23.

[74] In der Literatur wird der von der OECD vorgeschlagene Abgrenzungszeitpunkt kritisiert und stattdessen vorgeschlagen, dass die aus den stock options erzielten Vorteile bereits ab dem Zeitpunkt unter Art. 13 OECD-MA subsumiert werden, ab dem der Arbeitnehmer hinsichtlich der Option eine gesicherte Rechtsposition hat, d.h. ab dem Zeitpunkt, ab dem er über die Option frei verfügen kann (vesting). Begründet wird dies - richtigerweise - unter anderem damit, dass bereits ab diesem Zeitpunkt kein hinreichender Zusammenhang mehr besteht zwischen den Einkünften aus der Option und der Arbeitsleistung, vgl. Gassner/Lang/Lechner/Schuch/Staringer (Hrsg.), Arbeitnehmer im Recht der Doppelbesteuerungsabkommen, Wien 2003, S. 280 f.; Burgstaller, IStR 2004, 149, 150.

Beispiel:

Ein Arbeitnehmer wird für drei Jahre ins Ausland entsendet und mit Beginn dieser Entsendung in ein Optionsprogramm aufgenommen, wobei der Arbeitnehmer nach 2 Jahren frei über die Optionen verfügen kann. Der Arbeitnehmer übt die Optionen nach seiner Rückkehr im Entsendestaat aus. Der Entsendestaat subsumiert alle Vorteile aus dem Optionsprogramm bis zur Optionsausübung unter Art. 15 OECD-MA, der Tätigkeitsstaat dagegen nur die Vorteile bis zum vesting-Zeitpunkt.

Vorteile, die im Zeitraum zwischen vesting und Ausübung entstehen, fallen

- aus Sicht des Entsendestaates unter Art. 15 OECD-MA mit der Folge eines Besteuerungsrechts für den Tätigkeitsstaat.

- aus Sicht des Tätigkeitsstaates unter Art. 13 OECD-MA mit der Folge des alleinigen Besteuerungsrechts des Entsendestaates.

Im Ergebnis würden diese Vorteile - bei Anwendung der Freistellungsmethode ohne Rückfallklausel - nicht besteuert.

Im umgekehrten Fall käme es zu einer Doppelbesteuerung: Der Entsendestaat beurteilt diese Vorteile nach Art. 13 OECD-MA und besteuert sie. Der Tätigkeitsstaat subsumiert diese Vorteile unter Art. 15 OECD-MA und besteuert sie ebenfalls.

4.2.2 Besonderheiten bei Anwendung der DBA-Vorschriften

Ist geklärt, nach welcher Vorschrift das Besteuerungsrecht zu ermitteln ist, stellt sich insbesondere im Zusammenhang mit Art. 15 OECD-MA die Frage, wie diese Vorschrift anzuwenden ist.

Bei Art. 15 OECD-MA ist für die Ermittlung des Besteuerungsrechts auf den Zeitraum abzustellen, für den die stock options gewährt werden. Hierzu ist zunächst zu klären, ob die Optionen vergangenheitsbezogen oder zukunftsbezogen gewährt werden, d.h. stellen die Optionen eine Belohnung für bereits geleistete Dienste oder einen Ansporn/Anreiz für noch zu leistende Dienst dar? Diese Frage ist nach den Grundsätzen der OECD einzelfallbezogen zu beantworten, d.h. zur Feststellung, für welche Dienste die Optionen gewährt wurden, ist auf die konkrete Vereinbarung abzustellen[75].

Wurde ermittelt, für welchen Zeitraum die Optionen gewährt wurden, ist im nächsten Schritt festzustellen, welchem Staat für diesen Zeitraum das Besteuerungsrecht nach Art. 15 OECD-MA zugewiesen wird. Zur Bestimmung des Besteuerungsrechts nach Art. 15 OECD-MA kann auf die Ausführungen in Abschnitt 3 verwiesen werden.

Beispiel:

Ein Arbeitnehmer wird für 3 Jahre aus Deutschland ins Ausland entsendet und mit Beginn dieser Entsendung in ein Optionsprogramm mit einer Dauer von 2 Jahren aufgenommen.

Der ausländische Tätigkeitsstaat kann die Vorteile aus der Ausübung oder Veräußerung dieser Optionen besteuern. Denn die Optionen werden dem Arbeitnehmer für seine Tätigkeit im Ausland gewährt und für Vergütungen aus einer unselbständigen Tätigkeit, die im Ausland ausgeübt wird, besitzt der ausländische Staat das Besteuerungsrecht (Art. 15 Abs. 1 OECD-MA).

Ist der Arbeitnehmer während der Dauer des Optionsprogramms in mehreren Staaten tätig, so ist der Vorteil aus der Ausübung bzw. Veräußerung der Optionen - nach den Vorschlägen der OECD[76] - im Verhältnis der Dauer der Tätigkeiten in den einzelnen Staaten aufzuteilen und den Tätigkeiten in den einzelnen Staaten zuzuordnen. Anschließend ist für jede dieser Vergütungen das Besteuerungsrecht nach Art. 15 OECD-MA zu bestimmen.

Beispiel:

Ein Arbeitnehmer wird für 3 Jahre aus Deutschland ins Ausland entsendet und mit Beginn dieser Entsendung in ein Optionsprogramm mit 5jähriger Dauer aufgenommen. Der Arbeitnehmer übt die Optionen unmittelbar nach Ablauf der 5-Jahres-Frist aus.

Drei Fünftel des Vorteils aus der Optionsausübung sind der Tätigkeit im Ausland zuzurechnen und zwei Fünftel der Tätigkeit in Deutschland. Folglich besitzt nach Art. 15 OECD-MA der ausländische Staat ein Besteuerungsrecht für drei Fünftel der erzielten Vorteile, Deutschland besitzt für zwei Fünftel das alleinige Besteuerungsrecht.

---

[75] Vgl. OECD, A public discussion draft, Cross-border Income Tax Issues Arising from Employee Stock-Option Plans, im Internet unter: www.oecd.org/dataoecd/39/50/2069901.pdf (22.11.2005), Rz. 28.

Abwandlung: Der Arbeitnehmer wird bei einer Dauer des Optionsprogramms von 24 Monaten nur für einen Zeitraum von 5 Monaten ins Ausland entsendet.

Der Auslandstätigkeit werden zwar 5/24 des Vorteils aus der Optionsausübung zugerechnet. Allerdings erhält Deutschland nicht nur das Besteuerungsrecht für 19/24 des Vorteils, sondern für den gesamten Vorteil, da Deutschland nach der 183-Tage-Regelung des Art. 15 Abs. 2 OECD-MA auch die auf die Auslandstätigkeit entfallenden Einkünfte besteuern darf. (Dabei wurde unterstellt, dass auch die Bedingungen nach Art. 15 Abs. 2 Buchst. b, c OECD-MA erfüllt sind.)

Die Auslegung der Bedingungen des Art. 15 Abs. 2 Buchst. b, c OECD-MA ist im Zusammenhang mit stock options grundsätzlich unproblematisch. Eine Besonderheit kann sich dann ergeben, wenn es sich bei den an den Arbeitnehmer zu liefernden Aktien um Anteile am entsendenden Unternehmen handelt und diese Anteile nicht am Markt erworben, sondern durch eine Kapitalerhöhung aufgebracht werden. Diese Problematik wurde bereits in Abschnitt 4.1.1 für den Fall abgehandelt, dass dem Arbeitnehmer unmittelbar Mitarbeiterbeteiligungen gewährt werden. Auf diese Ausführungen sei an dieser Stelle verwiesen. Man gelangt für Entsendungen aus Deutschland zu dem Ergebnis, dass es in diesem Fall nicht möglich ist, dass die Vergütungen (stock options bzw. unmittelbare Beteiligungen) durch das ausländische Unternehmen bzw. die ausländische Betriebsstätte getragen werden.

Soweit die Vorschriften über Gewinne aus der Veräußerung von Vermögen (Art. 13 OECD-MA) anzuwenden sind, bereitet die Bestimmung des Besteuerungsrechts keine Probleme, da nach Art. 13 Abs. 5 OECD-MA das Besteuerungsrecht stets dem Staat zugewiesen wird, in dem der Veräußerer ansässig ist.

Insoweit wie einem Staat das Besteuerungsrecht für Vorteile aus stock options zugewiesen wird, sind diese Vorteile im anderen Staat von der Besteuerung freizustellen (Freistellungsmethode nach Art. 23A OECD-MA) bzw. es sind die vom erstgenannten Staat auf diese Vorteile erhobenen Steuern auf die Steuer des anderen Staates anzurechnen (Anrechnungsmethode nach Art. 23B OECD-MA). Die OECD hat hierzu noch einmal klargestellt, dass die Anwendung dieser Methoden der Vermeidung der Doppelbesteuerung in zeitlicher Hinsicht nicht beschränkt ist[77], d.h. die Entlastung von der Doppelbesteuerung ist in dem Staat ohne

---

[76] Vgl. OECD, A revised public discussion draft, Cross-border Income Tax Issues Arising from Employee Stock-Option Plans, im Internet unter: www.oecd.org/dataoecd/46/34/4357310.pdf (22.11.2005), Vorschlag zur Ergänzung des OECD-MK zu Art. 15, Rz. 12.14.
[77] Vgl. OECD (FN 76), Vorschlag zur Ergänzung des OECD-MK zu Art. 23A, 23B, Rz. 32.8.

Besteuerungsrecht unabhängig davon zu gewähren, ob die Besteuerung des Vorteils aus stock options in den beiden Staaten im gleichen Zeitpunkt oder zu jeweils unterschiedlichen Zeitpunkten erfolgt bzw. erfolgen würde.

Beispiel:

Vorteile aus stock options werden im Tätigkeitsstaat im Zeitpunkt der Optionsgewährung und im Ansässigkeitsstaat im Ausübungszeitpunkt besteuert. Der Tätigkeitsstaat besitzt ein Besteuerungsrecht. Der Ansässigkeitsstaat wählt die
a) Freistellungsmethode,   b) Anrechnungsmethode.

Der Ansässigkeitsstaat kann im Fall a) die Freistellung der erzielten Vorteile im Ausübungszeitpunkt nicht mit der Begründung verweigern, dass der Tätigkeitsstaat in diesem Zeitpunkt keine Besteuerung vornimmt. Vielmehr muss er diese Vorteile (auch) im Ausübungszeitpunkt von der Besteuerung freistellen.

Im Fall b) kann der Ansässigkeitsstaat im Ausübungszeitpunkt die Anrechnung der im Tätigkeitsstaat erhobenen Steuern nicht deshalb ablehnen, weil diese in einem anderen Zeitpunkt/Veranlagungszeitraum erhoben wurden. Der Ansässigkeitsstaat muss die im Tätigkeitsstaat erhobene Steuer - unabhängig vom Zeitpunkt der Besteuerung - auf die eigene Steuer anrechnen.

Allerdings wird in den Fällen, in denen Einkünfte in den jeweiligen Vertragsstaaten in unterschiedlichen Veranlagungszeiträumen besteuert werden, die Vermeidung der Doppelbesteuerung oftmals an den nationalen Rechtsvorschriften scheitern.

Die bisherigen Ausführungen gelten grundsätzlich auch für die Bestimmung des Besteuerungsrechts bei stock appreciation rights, d.h. bei Optionen, bei denen der Arbeitnehmer im Ausübungszeitpunkt keine Aktien erhält, sondern stattdessen den Differenzbetrag zwischen dem Börsenkurs der den Optionen zugrunde liegenden Aktien und dem Basispreis ausgezahlt bekommt. Da durch die Optionsausübung keine Aktien erworben werden, kommt allerdings - im Unterschied zu „normalen" Optionen - der Zeitpunkt der Veräußerung der durch Optionsausübung erworbenen Aktien als Besteuerungszeitpunkt nicht in Frage. Aus dem gleichen Grund ergibt sich bei stock appreciation rights auch nicht der oben diskutierte Sonderfall, dass die Vergütung nicht durch das ausländische Unternehmen bzw. die ausländische Betriebsstätte getragen werden kann, wenn die Finanzierung der an den Arbeitnehmer gelieferten Beteiligung am inländischen Unternehmen durch eine Kapitalerhöhung erfolgt.

4.2.3 Höhe der Besteuerung

Die Bemessungsgrundlage der Besteuerung von Vorteilen aus stock options-Programmen ist vom jeweiligen Besteuerungszeitpunkt abhängig.

So errechnet sich die steuerliche Bemessungsgrundlage bei der in Deutschland erfolgenden Besteuerung im Zeitpunkt der Optionsausübung als Unterschiedsbetrag zwischen dem Wert der (durch Ausübung der Option erworbenen) Aktien im Ausübungszeitpunkt und dem Basispreis bei Ausübung[78]. Der erzielte Vorteil ist nach h. M. den Einkünften aus nichtselbständiger Arbeit (§ 19 EStG) zuzuordnen[79][80].

Bei einer Besteuerung im Zeitpunkt der Optionsgewährung wird dagegen der Optionswert besteuert (z.b. in der Schweiz). Bei Besteuerung im Zeitpunkt der Veräußerung der durch Optionsausübung erworbenen Aktien kann die Differenz zwischen den Marktpreisen der Aktien im Veräußerungs- und Erwerbszeitpunkt (z.b. in Deutschland[81]) oder die Differenz zwischen dem Marktpreis der Aktien im Veräußerungszeitpunkt und den Aufwendungen des Arbeitnehmers bei Erwerb/Ausübung der Option (z.b. in Frankreich) steuerliche Bemessungsgrundlage sein.

4.3 Ansprüche auf betriebliche Altersversorgung

Werden dem Arbeitnehmer Ansprüche auf spätere Leistungen aus der betrieblichen Altersvorsorge gewährt, so ist bezüglich der Zuweisung des Besteuerungsrechts und der tatsächlichen Besteuerung zu differenzieren zwischen der Zahlung von Altersvorsorgebeiträgen bzw. der Gewährung von Versorgungsansprüchen einerseits und der späteren Auszahlung der Versorgungsleistungen andererseits.

---

[78] Dies gilt auch für die Besteuerung von stock appreciation rights. Besteuert wird bei Optionsausübung der in diesem Zeitpunkt an den Arbeitnehmer gezahlte Betrag, welcher der Differenz zwischen dem Börsenkurs der den Optionen zugrunde liegenden Aktien und dem Basispreis entspricht.
[79] Vgl. Jacobs (FN 2), S. 1291 m.w.N.
[80] Ist der Arbeitnehmer bei Optionsausübung in Deutschland nicht unbeschränkt steuerpflichtig, so unterliegt er mit dem Teil des Ausübungsgewinns, der einer Tätigkeit in Deutschland zuzurechnen ist, der beschränkten Steuerpflicht nach § 49 Abs. 1 Nr. 4 Buchst. a EStG. Es handelt sich hierbei um (ggf. nachträgliche) Einkünfte aus einer nichtselbständigen Arbeit, die im Inland ausgeübt (oder verwertet) wird bzw. worden ist. Für die Beurteilung als Einkünfte aus nichtselbständiger Arbeit ist es also ohne Bedeutung, ob der Arbeitnehmer im Ausübungszeitpunkt noch in Deutschland tätig ist.
[81] Gewinne aus der Veräußerung der durch Ausübung der Optionen erworbenen Aktien können in Deutschland als Einkünfte aus privaten Veräußerungsgeschäften (§ 23 EStG) oder als gewerbliche Einkünfte (§ 17 EStG) besteuert werden. Auf die Besteuerung nach den §§ 17, 23 EStG wurde bereits in Abschnitt 4.1.2 eingegangen. Hierauf sei an dieser Stelle verwiesen.

4.3.1 Maßgeblicher DBA-Artikel und Besonderheiten bei Anwendung der DBA-Vorschriften

Zahlt der Arbeitgeber für den Arbeitnehmer Altersvorsorgebeiträge an einen Versorgungsträger oder gewährt er ihm Ansprüche auf Leistungen aus einer Direktzusage, so richtet sich das Besteuerungsrecht für den hierdurch erlangten Vorteil nach den Abkommensvorschriften für Einkünfte aus unselbständiger Arbeit (Art. 15 OECD-MA). Es kann daher auf die Ausführungen in Abschnitt 3 verwiesen werden. Dies gilt unabhängig davon, ob die Finanzierung dieser Beiträge durch den Arbeitgeber oder durch den Arbeitnehmer (Entgeltumwandlung) erfolgt.

Bei betrieblicher Altersvorsorge über einen externen Versorgungsträger besteht der Unterschied zu den in Abschnitt 3 behandelten Geldzahlungen darin, dass die Vergütungen nun nicht an den Arbeitnehmer, sondern an einen Versorgungsträger gezahlt werden. Für die Anwendung der Vorschriften des Art. 15 OECD-MA ergeben sich damit keine Besonderheiten.

Dagegen kann es bei unternehmensinterner Durchführung der betrieblichen Altersvorsorge problematisch sein, festzustellen, ob überhaupt Arbeitnehmervergütungen im Sinne von Art. 15 OECD-MA vorliegen und wer ggf. diese Vergütungen trägt (Art. 15 Abs. 2 Buchst. b und c OECD-MA) - insbesondere dann, wenn weder eine Zahlung erfolgt (beispielsweise an einen Anlagefonds) noch eine Rückstellung gebildet wird bzw. werden darf.

Für Leistungen im Rahmen der betrieblichen Altersversorgung bestimmt sich das Besteuerungsrecht regelmäßig nach den Vorschriften über Ruhegehälter (Art. 18 OECD-MA). Danach wird dem Ansässigkeitsstaat des Empfängers dieser Leistungen das alleinige Besteuerungsrecht zugewiesen. Entscheidend für eine Klassifikation als Ruhegehälter im Sinne von Art. 18 OECD-MA ist zum einen, dass diese Leistungen für eine frühere unselbständige Arbeit gezahlt werden, und zum anderen, dass die Leistungen der Versorgung des Arbeitnehmers nach dessen Eintritt in den Ruhestand dienen[82].

Durch die Forderung, dass die Leistungen für eine frühere unselbständige Arbeit gezahlt werden, scheiden insbesondere auch alle die Leistungen aus dem Anwendungsbereich des Art. 18 OECD-MA aus, die sich als Gegenleistung für Beiträge erweisen, die in der Vergangenheit in eine Versicherung eingezahlt wurden. Damit ist speziell bei der Qualifikation der Leistungen von Pensionskassen und Versicherungen darauf abzustellen, ob der Leistungsempfänger die wirtschaftliche Last für die an diese Einrichtungen gezahlten Beiträge getragen hat, d.h. ob diese Beiträge im Zeitpunkt ihrer Zahlung beim Leistungsempfänger als Lohn bzw. Gehalt erfasst wurden. Ist dies der Fall, d.h. führte die Zahlung der Altersvorsorgebeiträge beim Leistungsempfänger zu einem Lohnzufluss, so sind die aus diesen Beiträgen resultierenden Leistungen nicht als Ruhegehälter im Sinne von Art. 18 OECD-MA zu qualifizieren. Stattdessen sind diese Leistungen als Versicherungsleistungen und damit als Andere Leistungen im Sinne von Art. 21 OECD-MA zu beurteilen[83].

Beispiel:

In Deutschland werden Beitragszahlungen an Pensionskassen und Direktversicherungen beim Arbeitnehmer als Arbeitslohn erfasst.

Deshalb ist das Besteuerungsrecht für Leistungen aus diesen Durchführungswegen nach Art. 21 OECD-MA zu bestimmen[84].

Dagegen kommt es bei einer betrieblichen Altersvorsorge über Unterstützungskassen in der Ansparphase nicht zu einem Lohnzufluss beim Arbeitnehmer. Leistungen aus Unterstützungskassen stellen daher Ruhegehälter im Sinne des Art. 18 OECD-MA dar[85].

Materiell ist es jedoch ohne Bedeutung, ob die Leistungen unter die Ruhegehälter (Art. 18 OECD-MA) oder die Anderen Einkünfte (Art. 21 OECD-MA) subsumiert werden, da auch für die Leistungen im Sinne des Art. 21. OECD-MA der Ansässigkeitsstaat des Leistungsempfängers das alleinige Besteuerungsrecht besitzt. Die fehlende materielle Auswirkung mag auch ein Grund dafür sein, dass Deutschland bei ausländischen Versorgungsleistungen - aus Vereinfachungsgründen - nicht danach differenziert, ob die den Versorgungsleistungen zugrunde liegenden Beiträge beim Arbeitnehmer als Lohn erfasst wurden. In zahlreichen Staaten differenziert die steuerliche Behandlung der Altersvorsorgebeiträge danach, ob diese Beiträge vom Arbeitnehmer oder vom Arbeitgeber aufgebracht werden. Vielfach werden Arbeitnehmerbeiträge als Lohn erfasst, Arbeitgeberbeiträge dagegen nicht. Folglich müssten in diesen Fällen Altersleistungen, die aus Arbeitgeberbeiträgen resultieren, als Ruhegehälter (Art. 18 OECD-MA) klassifiziert werden; Altersleistungen, die durch Arbeitnehmerbeiträge finanziert wurden, dagegen als Andere Einkünfte (Art. 21 OECD-MA). In der Praxis werden ausländische Altersleistungen aus deutscher Sicht jedoch in der Regel einheitlich als Ruhegehälter beurteilt.

---

[82] Vgl. auch Vogel, DBA, 3. Auflage, München 1996, Art. 15 Rz. 10a, Art. 18 Rz. 11; Wassermeyer in Debatin/Wassermeyer (FN 43), MA Art. 18 Rzn. 16, 17.
[83] Vgl. Wassermeyer in Debatin/Wassermeyer (FN 43), MA Art. 18 Rz. 16.
[84] Vgl. Wassermeyer in Debatin/Wassermeyer (FN 43), MA Art. 18 Rz. 23.
[85] Vgl. Wassermeyer in Debatin/Wassermeyer (FN 43), MA Art. 18 Rz. 24.

Mit der zweiten wesentlichen Voraussetzung für eine Klassifikation als Ruhegehälter im Sinne von Art. 18 OECD-MA, dem Zweck der Versorgung des Arbeitnehmers nach dessen Eintritt in den Ruhestand, erfolgt insbesondere eine Abgrenzung gegenüber den Gehältern, Löhnen und ähnlichen Vergütungen im Sinne des Art. 15 OECD-MA (Einkünfte aus unselbständiger Arbeit). So gehören Leistungen, die vor dem Eintritt in den Ruhestand erbracht werden - beispielsweise Auszahlungen aus Arbeitszeitkonten während einer Phase der Freistellung[86] - zu den Einkünften im Sinne des Art. 15 OECD-MA. Gleiches gilt für Leistungen, die zwar nach dem Eintritt in den Ruhestand, jedoch nicht zum Zwecke der Versorgung des Arbeitnehmers erbracht werden - beispielsweise nachträgliche Tantiemezahlungen. Im Gegensatz zur Differenzierung zwischen Einkünften im Sinne von Art. 18 OECD-MA und im Sinne von Art. 21 OECD-MA ist die Unterscheidung zwischen Einkünften im Sinne von Art. 18 OECD-MA und im Sinne von Art. 15 OECD-MA auch materiell von Bedeutung, da für Einkünfte im Sinne des Artikel 15 OECD-MA auch dem Tätigkeitsstaat das Besteuerungsrecht zugewiesen werden kann[87]. Qualifikationskonflikte, die die Abgrenzung zwischen Einkünften im Sinne von Art. 18 OECD-MA und im Sinne von Art. 15 OECD-MA betreffen, können beispielsweise auftreten, wenn auf Arbeitszeitkonten angesammelte Guthaben umgewandelt werden in Altervorsorgebeiträge bzw. Ansprüche auf betriebliche Altersversorgung. Hierbei stellt sich die Frage, ob die spätere Auszahlung der Leistungen der betrieblichen Altersversorgung nach Art. 15 OECD-MA oder nach Art. 18 OECD-MA zu beurteilen ist. Dieses Beispiel wird in Abschnitt 4.4.1 im Rahmen der Ausführungen zu Guthaben auf Arbeitszeitkonten noch einmal aufgegriffen.

4.3.2 Zeitpunkt und Höhe der Besteuerung

International erfolgt im Rahmen der betrieblichen Altersvorsorge überwiegend eine nachgelagerte Besteuerung. Das heißt, im Zeitpunkt der Beitragszahlung bzw. Anspruchsgewährung erfolgt keine Besteuerung und auch die mit dem Altersvorsorgekapital erwirtschafteten Erträge werden im Zeitpunkt ihrer Entstehung nicht besteuert.

Allerdings ist die Höhe der steuerfreien/nicht steuerbaren bzw. steuerlich abzugsfähigen Beiträge oftmals begrenzt. Auch werden in einigen Staaten nur Altersvorsorgebeiträge des Arbeitgebers beim Arbeitnehmer nicht besteuert. Die Beiträge des Arbeitnehmers sind dagegen aus versteuertem Einkommen zu leisten.

---

[86] Siehe hierzu auch Abschnitt 4.4.1.
[87] Siehe hierzu Abschnitt 3.

Beispiele:

In Deutschland können Beiträge in Höhe von bis zu 4 v.H. der Beitragsbemessungsgrenze der Rentenversicherung der Arbeiter und Angestellten[88] steuerfrei an Pensionsfonds, Pensionskassen und Direktversicherungen gezahlt werden (§ 3 Nr. 63 EStG)[89]. Zudem werden Beiträge an diese drei Durchführungswege bis zu einem Betrag von 1.050 €[90] durch Sonderausgabenabzug oder Altersvorsorgezulage gefördert (Riester-Förderung nach §§ 10a, 79 ff. EStG)[91].[92] Bei einer betrieblichen Altersvorsorge über Direktzusagen oder Unterstützungskassen führen die während der Ansparphase geleisteten Altersvorsorgebeiträge - unabhängig von ihrer Höhe - beim Arbeitnehmer nicht zu einem Lohnzufluss und werden deshalb nicht besteuert[93].[94]

In den Niederlanden ist die Summe der geförderten Altersvorsorgebeiträge (Summe aus Arbeitgeber- und Arbeitnehmerbeiträgen) auf 2% bis 2,25%[95] des Einkommens des jeweiligen Arbeitnehmers begrenzt. Bis zu diesem Betrag sind Arbeitgeberbeiträge beim Arbeitnehmer steuerfrei und Arbeitnehmerbeiträge steuerlich abzugsfähig.

---

[88] Im Jahr 2005 beträgt die Beitragsbemessungsgrenze in der Rentenversicherung der Arbeiter und Angestellten 62.400 € (63.000 € im Jahr 2006). Folglich können in 2005 Altersvorsorgebeiträge in Höhe von 2.496 € (2.520 € in 2006) steuerfrei eingezahlt werden.
[89] Für Versorgungszusagen, die nach dem 31.12.2004 erteilt werden, wird ein zusätzlicher Steuerfreibetrag von 1.800 € gewährt.
[90] Der Betrag von 1.050 € gilt für das Jahr 2005. In den Jahren 2006 und 2007 beträgt der Höchstbetrag des Sonderausgabenabzugs 1.575 € und ab dem Jahr 2008 jährlich 2.100 €.
[91] Die späteren Altersleistungen unterliegen in voller Höhe der Besteuerung nach § 22 Nr. 5 EStG, soweit sie auf Beiträge zurückzuführen sind, die steuerfrei geleistet oder durch Sonderausgabenabzug bzw. Altersvorsorgezulage gefördert wurden.
[92] Bei beschränkt Steuerpflichtigen unterliegen Altersleistungen aus Pensionskassen, Direktversicherungen und Pensionsfonds nur dann der deutschen Besteuerung, wenn diese unter die Ertragsanteilsbesteuerung des § 22 Nr. 1 S. 3 Buchst. a EStG fallen. Einkünfte im Sinne des § 22 Nr. 5 EStG unterliegen dagegen nach § 49 EStG bei beschränkt Steuerpflichtigen nicht der Besteuerung in Deutschland.
[93] Die resultierenden Versorgungsleistungen aus Direktzusagen und Unterstützungskassen unterliegen in voller Höhe der Besteuerung nach § 19 Nr. 2 EStG.
[94] Bei beschränkt Steuerpflichtigen unterliegen Altersleistungen aus Direktzusagen und Unterstützungskassen einer Besteuerung in Deutschland, sofern sie aus einer Tätigkeit resultieren, die im Inland ausgeübt oder verwertet wurde (§ 49 Abs. 1 Nr. 4 Buchst. a i.V.m. § 19 Abs. 1 Nr. 2 EStG EStG). Erwirbt also beispielsweise ein aus einem Nicht-DBA-Staat nach Deutschland entsendeter Arbeitnehmer während der Entsendung Ansprüche aus einer Direktzusage oder Unterstützungskasse und erfolgt die Auszahlung dieser Ansprüche erst nach seiner Rückkehr in den Entsendestaat, so unterliegen diese Leistungen in Deutschland der beschränkten Steuerpflicht. Erfolgt die Entsendung dagegen aus einem Staat, mit welchem ein Doppelbesteuerungsabkommen besteht, das für Ruhegehälter eine analoge Regelung wie das OECD-Musterabkommen vorsieht, so erfolgt in Deutschland keine Besteuerung, da in diesem Fall der Entsendestaat (= Ansässigkeitsstaat) das alleinige Besteuerungsrecht besitzt.
[95] Die Höchstgrenze von 2% des Einkommens gilt für Versorgungszusagen, deren Leistungen sich am Endeinkommen des Arbeitnehmers orientieren; die Höchstgrenze von 2,25% dagegen für Versorgungszusagen, deren Leistungen sich am Durchschnittseinkommen des Arbeitnehmers orientieren.

In Kanada sind Altersvorsorgebeiträge (Summe aus Arbeitgeber- und Arbeitnehmerbeiträgen) an money purchase provisions nur bis zur Höhe von 18.000 $ (Wert für 2005) bei der Ermittlung des Einkommens des Arbeitnehmers abzugsfähig.

In den USA gehören Arbeitgeberbeiträge an defined contribution plans bis zur Höhe von 42.000 $ (Wert für 2005) nicht zum gross income des Arbeitnehmers. Arbeitnehmerbeiträge an 401(k) plans werden bis zu einem Betrag von 14.000 $ (Wert für 2005) nicht ins gross income einbezogen.

Werden an den jeweiligen Versorgungsträger (auch) Beiträge gezahlt, die nicht steuerfrei bzw. nicht steuerlich abzugsfähig sind, kann sich dies international in verschiedener Weise auf die Besteuerung der aus diesen Beiträgen resultierenden Versorgungsleistungen auswirken:

- Die Leistungen sind in der Höhe steuerfrei, in der Beiträge geleistet wurden, die nicht steuerfrei bzw. nicht steuerlich abzugsfähig waren (Beispiel: USA).

- Die Leistungen werden dennoch in voller Höhe besteuert (Beispiel: Schweiz).

- Soweit die Leistungen aus nicht geförderten Beiträgen resultieren, werden sie als Kapitalzahlung nicht besteuert[96] bzw. als Rentenzahlung in Höhe des Ertragsanteils besteuert (Beispiel: Deutschland).

Die steuerliche Behandlung der Altersvorsorgebeiträge und der daraus resultierenden Versorgungsleistungen ist international nicht aufeinander abgestimmt. Folglich kann es zu Mehrfach- oder Minderbesteuerungen kommen, wenn für einen ins Ausland entsandten Arbeitnehmer während dieser Entsendung Altersvorsorgebeiträge an einen im Tätigkeitsstaat ansässigen Versorgungsträger gezahlt werden und die Auszahlung der Versorgungsleistungen erst nach Rückkehr des Arbeitnehmers in den Entsendestaat erfolgt.

So können beispielsweise durch die in Deutschland erfolgende Ertragsanteilsbesteuerung Steuervorteile erzielt werden: Renten aus Pensionskassen, Pensionsfonds und Direktversicherungen werden in Deutschland nur dann in voller Höhe besteuert, wenn sie aus Beiträgen resultieren, die in Deutschland steuerlich (nach §§ 3 Nr. 63, 10a, 79 ff. EStG) gefördert wur-

---

[96] Diese Steuerfreiheit für Einmalzahlungen gilt nur, wenn der zugrunde liegende Versicherungsvertrag vor dem 1.1.2005 abgeschlossen wurde. Bei Versicherungsverträgen, die nach dem 31.12.2004 angeschlossen wurden, erfolgt eine Besteuerung des Unterschiedsbetrages zwischen der ausgezahlten Versicherungsleistung und der Summe der Beiträge, d.h. eine Besteuerung der Erträge (§ 20 Abs. 1 Nr. 6 EStG). Wird die Versiche-

den (§ 22 Nr. 5 EStG). Renten aus Beiträgen, die in Deutschland nicht steuerlich gefördert wurden, werden nur in Höhe des Ertragsanteils besteuert (§ 22 Nr. 1 S. 3 Buchst. a Doppelbuchst. bb EStG). Zur Ertragsanteilsbesteuerung kommt es somit auch dann, wenn die Leistungen aus Beiträgen resultieren, die in anderen Staaten steuerfrei/steuerlich abzugsfähig waren. Werden also Beiträge im Ausland steuerfrei bzw. steuerlich abzugsfähig eingezahlt und erfolgt die Auszahlung der späteren Leistungen in Deutschland, so werden im Ergebnis nur die während der Rentenphase anfallenden Erträge[97] besteuert.

Beispiel:

Ein Arbeitnehmer wird für mehrere Jahre aus Deutschland in die USA entsandt. Während dieser Entsendung leistet der Arbeitgeber für diesen Arbeitnehmer Beiträge an einen amerikanischen Pensionsfonds. Im Ruhestand ist der Arbeitnehmer wieder in Deutschland ansässig.

Die Arbeitgeberbeiträge sind beim Arbeitnehmer nicht zu versteuern. Für die resultierenden Versorgungsleistungen erhält nach Art. 18 DBA D-USA der Ansässigkeitsstaat des Leistungsempfängers, d.h. Deutschland, das alleinige Besteuerungsrecht. In den USA werden die Versorgungsleistungen folglich nicht besteuert[98]. In Deutschland werden die Rentenzahlungen des amerikanischen Pensionsfonds nur in Höhe des Ertragsanteils besteuert. Dieser beträgt bei einem Renteneintrittsalter von 60 (65) Jahren 22% (18%). Somit entfällt beispielsweise auf eine jährliche Rente von (12*500 € =) 6.000 € bei einem angenommenen deutschen Einkommensteuersatz von 25% und einem Renteneintrittsalter von 65 Jahren insgesamt nur eine Steuer von (6.000 €*0,18*0,25 =) 270 €.

4.3.3 Besonderheiten bei Steueranrechnung nach § 34c Abs. 1 EStG

Aus der in Deutschland erfolgenden Ertragsanteilsbesteuerung ausländischer Betriebsrenten werden in den Anwendungsfällen des § 34c Abs. 1 EStG oftmals Anrechnungsüberhänge resultieren. Denn werden die Renten im Ausland in voller Höhe besteuert, so wird die ausländische Steuer auf diese Renten regelmäßig höher sein als die deutsche Einkommensteuer hierauf. Folglich wird in der Regel nur ein Teil der ausländischen Steuer auf die deutsche Ein-

---

rungsleistung nach Vollendung des 60. Lebensjahres und nach Ablauf von 12 Jahren seit Vertragsabschluss ausgezahlt, wird nur die Hälfte dieses Unterschiedsbetrages besteuert.
[97] Die Ertragsanteilsbesteuerung in Deutschland entspricht einer Besteuerung der während der Auszahlungsphase anfallenden Erträge.
[98] Dabei muss der Anspruch auf Befreiung von der ansonsten erhobenen US-Quellensteuer jedoch besonders geltend gemacht werden.

kommensteuer angerechnet werden können. Es ist im Einzelfall zu prüfen, ob die Steueranrechnung nach § 34c Abs. 1 EStG oder der Steuerabzug nach § 34c Abs. 2 EStG günstiger ist.

Beispiel:

Ein Arbeitnehmer wird für mehrere Jahre aus Deutschland nach Kanada entsandt. Während dieser Entsendung werden für den Arbeitnehmer Beiträge an einen kanadischen Pensionsfonds gezahlt. Im Ruhestand ist der Arbeitnehmer wieder in Deutschland ansässig.

Die resultierenden Leistungen des Pensionsfonds dürfen nach Art. 18 Abs. 1 DBA D-CAN in beiden Staaten besteuert werden. Deutschland als Ansässigkeitsstaat des Leistungsempfängers mindert/beseitigt die Doppelbesteuerung durch Anrechnung der kanadischen Steuer (Art. 18 Abs. 2 Buchst. b DBA D-CAN). Die kanadische Steuer beträgt max. 15% (Prot. zu Art. 18 DBA D-CAN). In D werden bei einem Renteneintrittsalter von 65 Jahren nur 18% der Renten in die steuerliche Bemessungsgrundlage einbezogen. Bei einem angenommenen deutschen Einkommensteuersatz von 25% ergibt sich somit – bezogen auf die Gesamtrente – ein effektiver deutscher Steuersatz von (0,18*0,25 =) 4,5%. Folglich sind nur (4,5%/15% =) 30% der kanadischen Steuer auf die deutsche Steuer anrechenbar. In Höhe von 70% der kanadischen Steuer entsteht ein Anrechnungsüberhang, welcher weder vor- noch rückgetragen werden kann, sondern verloren geht.

4.4 Guthaben auf Arbeitszeitkonten

Analog zu der im vorangegangenen Abschnitt 4.3 behandelten Vergütungsform - der Gewährung von Ansprüchen auf spätere Leistungen aus der betrieblichen Altersvorsorge - ist auch bei Guthaben auf Arbeitszeitkonten hinsichtlich der Zuweisung des Besteuerungsrechts und der tatsächlichen Besteuerung zu unterscheiden zwischen der Einzahlung bzw. Gutschrift der Entgeltansprüche auf dem Arbeitszeitkonto (Ansparphase) einerseits und der späteren Auszahlung der auf dem Arbeitszeitkonto angesammelten Guthaben (Auszahlungsphase) andererseits.

4.4.1 Maßgeblicher DBA-Artikel und Besonderheiten bei Anwendung der DBA-Vorschriften

Artikel 15 OECD-MA erfasst Vergütungen, die eine Person aus unselbständiger Arbeit bezieht. Dabei ist es für die Subsumtion von Vergütungen unter Art. 15 OECD-MA ohne Bedeutung, wann und wo diese Vergütungen gezahlt werden. Entscheidend ist allein der Grund der Zahlung, d.h. dass die Vergütungen für die unselbständige Arbeit gewährt werden[99].

Die Vergütungsansprüche, die für einen Arbeitnehmer in ein Arbeitszeitkonto eingestellt werden, erdient dieser Arbeitnehmer durch eine unselbständige Arbeit für seinen Arbeitgeber. Die auf dem Arbeitszeitkonto angesammelten Vergütungen haben ihre Ursache damit in der unselbständigen Arbeit des Arbeitnehmers. Folglich ist das Besteuerungsrecht für diese Vergütungen - sowohl bei Einzahlung dieser Vergütungen in das Arbeitszeitkonto (Ansparphase) als auch bei der späteren Auszahlung (Auszahlungsphase) - grundsätzlich nach den Abkommensvorschriften für Einkünfte aus unselbständiger Arbeit (Art. 15 OECD-MA) zu bestimmen (siehe hierzu ausführlich Abschnitt 3).

Bei der Bestimmung des Besteuerungsrechts nach den Vorschriften des Art. 15 OECD-MA sind grundsätzlich nicht die Verhältnisse während der Auszahlungsphase zugrunde zu legen, sondern die Verhältnisse während des Zeitraums, in dem die Vergütungsansprüche auf dem Arbeitszeitkonto angesammelt wurden. Denn diese Vergütungen haben ihren Grund in der unselbständigen Arbeit des Arbeitnehmers während dieses Zeitraums.

Beispiel:

Ein Arbeitnehmer wird für drei Jahre aus Deutschland ins Ausland entsendet. Während dieser Entsendezeit werden für den Arbeitnehmer 10.000 € auf einem Arbeitszeitguthaben gutgeschrieben. Dieses Guthaben wird erst nach seiner Rückkehr nach Deutschland ausgezahlt.

Das Besteuerungsrecht für dieses Guthaben bestimmt sich - sowohl in der Ansparphase als auch in der Auszahlungsphase - nach den Verhältnissen während der Entsendezeit. Hiernach darf (auch) der ausländische Tätigkeitsstaat besteuern.

Es können jedoch Fälle auftreten, in denen während der Ansparphase noch nicht ersichtlich wird bzw. feststeht, von wem bzw. für wen die Vergütungen gezahlt werden und wer diese Vergütungen trägt - beispielsweise dann, wenn in der Ansparphase weder eine aufwandswirksame Zahlung (z.B. zur Auslagerung der Guthaben auf einen externen Fonds) noch eine Rückstellungsbildung (zur Erfüllung der zukünftigen Ansprüche aus dem Arbeitszeitguthaben) erfolgt. In diesen Fällen entscheidet sich meist erst in der Auszahlungsphase, ob die

---

[99] Vgl. auch Mössner, Generalbericht in: International tax aspects of deferred remunerations - Internationalsteuerrechtliche Fragen bei Gehaltsumwandlungen, 54th congress of the International Fiscal Association,

Voraussetzungen von Art. 15 Abs. 2 Buchst. b und c OECD-MA für den Verbleib des Besteuerungsrechts beim Ansässigkeitsstaat erfüllt sind. Folglich sind insoweit auch noch in der Auszahlungsphase Gestaltungen dahingehend möglich, dass durch die Erfüllung bzw. Nicht-Erfüllung der Bedingungen von Art. 15 Abs. 2 Buchst. b und c OECD-MA zwischen einer Besteuerung im Ansässigkeitsstaat und einer Besteuerung im (früheren) Tätigkeitsstaat "gewählt" wird.

Wird das Arbeitszeitguthaben während der Tätigkeit in verschiedenen Staaten angespart, so ist das Besteuerungsrecht für diese Vergütungen entsprechend aufzuteilen.

Beispiel:

Der Arbeitnehmer aus dem obigen Beispiel verfüge nun vor seiner Entsendung bereits über ein (in Deutschland erarbeitetes) Arbeitszeitguthaben in Höhe von 20.000 €, welches ebenfalls erst nach seiner Rückkehr nach Deutschland zur Auszahlung gelangt.

Deutschland besitzt das alleinige Besteuerungsrecht für den Teilbetrag des Guthabens, der vor der Entsendung in Deutschland erarbeitet wurde (20.000 €). Das im Ausland erarbeitete Guthaben in Höhe von 10.000 € darf (auch) im Ausland besteuert werden.

Würde die Entsendung dagegen nur über einen Zeitraum von 5 Monaten erfolgen, so hätte Deutschland - nach der 183-Tage-Regelung des Art. 15 Abs. 2 OECD-MA - auch das alleinige Besteuerungsrecht für das im Ausland aufgebaute Guthaben (sofern auch die Voraussetzungen des Art. 15 Abs. 2 Buchst. b und c OECD-MA für die Anwendung der 183-Tage-Regelung erfüllt sind).

Abschließend soll noch auf zwei Abgrenzungsprobleme eingegangen werden. Das erste betrifft die Abgrenzung zwischen Art. 15 OECD-MA (Gehälter, Löhne und ähnliche Vergütungen) und Art. 18 OECD-MA (Ruhegehälter und ähnliche Vergütungen). Beide Vorschriften betreffen Vergütungen aus unselbständiger Arbeit. Wie bereits in Abschnitt 4.3.1 dargestellt wurde, ist für eine Anwendung von Art. 18 OECD-MA entscheidend, dass die Vergütungen der Versorgung des Arbeitnehmers nach dessen Eintritt in den Ruhestand dienen. Werden die auf einem Arbeitszeitkonto angesammelten Guthaben während einer Phase der (vollständigen oder teilweisen) Arbeitsfreistellung - und damit vor dem Eintritt in den Ruhestand - ausgezahlt, so ist dieser Versorgungscharakter nicht gegeben. Im Zusammenhang mit Arbeitszeitkonten kann eine Anwendung von Art. 18 OECD-MA allenfalls dann gegeben sein, wenn die

---

München 2000, S. 56; Debatin/Wassermeyer (FN 43), MA Art. 15 Rz. 55.

Arbeitszeitguthaben nicht ausgezahlt, sondern in Altersvorsorgebeiträge bzw. Ansprüche auf betriebliche Altersversorgung umgewandelt werden. Dabei ergibt sich das Problem der Abgrenzung zwischen Art. 15 OECD-MA und Art. 18 OECD-MA noch nicht im Zeitpunkt dieser Umwandlung. Hier ist unstrittig Art. 15 OECD-MA anzuwenden.

Qualifikationskonflikte können jedoch bei der Bestimmung des Besteuerungsrechts für die späteren Leistungen aus der betrieblichen Altersvorsorge auftreten. Wird dieser Vorgang bei einer internationalen Entsendung von einem Staat als Gehaltszahlung (Art. 15 OECD-MA) und vom anderen Staat als Ruhegehalt (Art. 18 OECD-MA) klassifiziert, kann aus diesem Qualifikationskonflikt sowohl eine doppelte Besteuerung als auch eine doppelte Nichtbesteuerung resultieren. Denn Gehaltszahlungen werden (zumindest bei längerer Entsendedauer) (auch) im Tätigkeitsstaat besteuert, Ruhegehälter dagegen im Ansässigkeitsstaat.

Beispiel:

Ein Arbeitnehmer sammelt während einer mehrjährigen Entsendung ein Guthaben auf einem Arbeitszeitkonto an. Dieses Guthaben wird bei Rückkehr in den Entsendestaat in Ansprüche auf eine betriebliche Altersversorgung umgewandelt. Während der späteren Auszahlung dieser Leistungen aus der betrieblichen Altersvorsorge ist der Arbeitnehmer im Entsendestaat ansässig. Der Tätigkeitsstaat beurteilt diese Leistungen als (nachträgliche) Gehaltszahlungen (Art. 15 OECD-MA), der Entsendestaat dagegen als Ruhegehälter (Art. 18 OECD-MA)

Es kommt zu einer Doppelbesteuerung: Der Tätigkeitsstaat besteuert, da er diese Leistungen als Vergütungen für die in diesem Staat geleistete Tätigkeit betrachtet und er für diese Vergütungen ein Besteuerungsrecht besitzt (Art. 15 OECD-MA). Der Entsendestaat besteuert, weil der (ehemalige) Arbeitnehmer im Zeitpunkt der Zahlung der Leistungen (Ruhegehälter) in diesem Staat ansässig ist (Art. 18 OECD-MA).

Beurteilt dagegen der Tätigkeitsstaat die Leistungen als Ruhegehälter (Art. 18 OECD-MA) und der Entsendestaat als (nachträgliche) Gehaltszahlungen (Art. 15 OECD-MA), so kommt es zu einer Nichtbesteuerung: Der Tätigkeitsstaat besteuert nicht, da der (ehemalige) Arbeitnehmer bei Empfang der Leistungen (Ruhegehälter) im anderen Staat ansässig ist. Der Entsendestaat besteuert – bei Anwendung der Freistellungsmethode ohne Rückfallklausel - nicht, da er die Leistungen der Tätigkeit im anderen Staat zurechnet und diese deshalb nur im anderen Staat besteuert werden können.

Ein weiterer Qualifikationskonflikt kann daraus resultieren, dass bei Arbeitszeitkonten zwischen der Gutschrift der Vergütungen und deren Auszahlung oftmals mehrere Jahre liegen und der Arbeitnehmer mit dieser Aufschiebung der Auszahlung nur dann einverstanden sein wird, wenn der Arbeitgeber dieses Guthaben verzinst. Die spätere Auszahlung enthält damit einen Lohnanteil und einen Zinsanteil. Während der Lohnanteil international einheitlich als Einkünfte aus unselbständiger Arbeit beurteilt wird, können bezüglich des Zinsanteils Qualifikationskonflikte auftreten. Beurteilt ein Staat auch den Zinsanteil als Einkünfte aus unselbständiger Arbeit, der andere Staat jedoch als Zinsen im Sinne von Art. 11 OECD-MA, so führt dies wiederum zur Mehrfach- bzw. Nichtbesteuerung.

4.4.2 Zeitpunkt und Höhe der Besteuerung

International ist sowohl eine Besteuerung im Zeitpunkt der Einstellung der Guthaben in das Arbeitszeitkonto (Zeitpunkt des Erdienens der Vergütungsansprüche) anzutreffen als auch eine Besteuerung im Zeitpunkt der Auszahlung der Guthaben.

Beispiele:

NDL: Die Besteuerung erfolgt bei Auszahlung der Guthaben.

SUI: Es erfolgt grundsätzlich eine Besteuerung bei Einstellung der Guthaben in das Arbeitszeitkonto. Allerdings können die kantonalen Steuerbehörden eine verbindliche Zusage erteilen, dass bei bestimmten Arbeitszeitmodellen erst bei Auszahlung besteuert wird.

CAN: Es wird grundsätzlich im Zeitpunkt des Erdienens der Vergütungsansprüche besteuert. Bei bestimmten Formen von salary deferral arrangements erfolgt die Besteuerung jedoch erst bei Auszahlung.

In Deutschland wird Arbeitslohn beim Arbeitnehmer in dem Zeitpunkt besteuert, in dem er dem Arbeitnehmer zufließt[100]. Vereinbaren Arbeitgeber und Arbeitnehmer, einem Arbeitszeitkonto Arbeitslohn gutzuschreiben, so führt weder die Vereinbarung dieser Gutschrift noch die Gutschrift selbst zum Zufluss von Arbeitslohn beim Arbeitnehmer, wenn die Vereinbarung

---

[100] Zur steuerlichen Behandlung von Arbeitszeitguthaben beim Arbeitnehmer siehe auch Hoppach, Steuer- und sozialversicherungsrechtliche Behandlung von Arbeitszeitkonten und deren Verknüpfung mit der betrieblichen Altersversorgung, in: Antoni/Eyer/Kutscher (Hrsg.), Das flexible Unternehmen, Loseblattwerk, Kapitel 10.02, Teil 2; Niermann, DB 2002, 2124; Wellisch, StuW 2003, 249; Wellisch/Näth, DStR 2003, 309; Wellisch/Näth, FB 2004, Beilage 1, 16.

erfolgt, bevor der gutzuschreibende Arbeitslohn fällig wird[101]. Wird also vereinbart, künftig fällig werdenden Arbeitslohn in ein Arbeitszeitkonto einzustellen, so ist dieser Arbeitslohn in der Ansparphase beim Arbeitnehmer nicht zu versteuern.

Wird das angesparte Arbeitszeitguthaben in Zeiten der Arbeitsfreistellung abgebaut, fließt dem Arbeitnehmer in Höhe der jeweiligen Minderung des Arbeitszeitguthabens Arbeitslohn zu. Dieser Arbeitslohn ist beim Arbeitnehmer im Rahmen der Einkünfte aus nichtselbständiger Arbeit (§ 19 EStG) zu versteuern. Dabei gilt die Klassifikation als Einkünfte aus nichtselbständiger Arbeit nicht nur für den Betrag der Vergütungsansprüche, der in das Arbeitszeitkonto eingestellt wurde, sondern ggf. auch für die Verzinsung, die der Arbeitgeber auf die Arbeitszeitguthaben gewährt. Kam es bereits in der Ansparphase zu einer Besteuerung des Arbeitslohns, weil die Gutschrift des Arbeitslohnes auf einem Arbeitszeitkonto erst nach der Fälligkeit dieses Arbeitslohnes vereinbart wurde, kommt es insoweit in der Auszahlungsphase nicht zu einer nochmaligen Besteuerung.

Wurde das Guthaben über einen Zeitraum von mehr als einem Jahr angesammelt und erfolgt die Auszahlung innerhalb eines Kalenderjahres, so kommt für die ausgezahlten Beträge eine Besteuerung als Vergütung für eine mehrjährige Tätigkeit nach der Fünftelregelung des § 34 Abs. 1 i.V.m. Abs. 2 Nr. 4 EStG in Betracht[102]. Mit dieser Regelung wird die durch die Besteuerung des ausgezahlten Guthabens entstehende Steuerlast fiktiv auf fünf Jahre verteilt. Dies führt aufgrund der Progressivität des Steuertarifs zu einer geringeren steuerlichen Belastung[103].

Vereinbaren Arbeitgeber und Arbeitnehmer vor Fälligkeit[104] des Arbeitzeitguthabens, dass dieses Guthabens in Altersvorsorgebeiträge bzw. Ansprüche auf betriebliche Altersversorgung umgewandelt wird, so wird die Minderung des Arbeitszeitkontos zugunsten der betrieblichen Altersvorsorge steuerlich als Entgeltumwandlung anerkannt. In diesem Fall führt die Ausbuchung der Beträge aus dem Arbeitszeitkonto (zugunsten der betrieblichen Altersvorsorge) nicht zu einem Zufluss – und damit nicht zu einer Besteuerung – von Arbeitslohn beim Arbeitnehmer. Vielmehr ist der Zeitpunkt des Zuflusses – und damit der Zeitpunkt der Besteuerung – dieser Beträge vom gewählten Durchführungsweg der betrieblichen Altersvor-

---

[101] BMF-Schreiben vom 5. August 2002 – IV C 4 – S 2222 – 295/02, IV C 5 – S 2333 – 154/02, BStBl 2002 I, S. 767, Rdnr. 154.
[102] Vgl. auch Niermann (FN 100), 2125.
[103] Zur Fünftelregelung des § 34 Abs. 1 EStG siehe beispielsweise auch Hagen/Schynol, DB 2001, 397; Wellisch (FN 4), S. 77.
[104] Als Fälligkeitszeitpunkt gilt dabei der Zeitpunkt der planmäßigen Auszahlung während der Freistellungsphase.

sorge abhängig[105]. Zur steuerlichen Behandlung der betrieblichen Altersvorsorge in Abhängigkeit vom gewählten Durchführungsweg sei auf die Ausführungen in Abschnitt 4.3.2 verwiesen.

Ist der Arbeitnehmer bei Auszahlung des auf dem Arbeitszeitkonto angesammelten Guthabens in Deutschland nicht unbeschränkt steuerpflichtig, so unterliegt die Auszahlung dieses Guthabens der beschränkten Steuerpflicht nach § 49 Abs. 1 Nr. 4 Buchst. a EStG, soweit dieses Guthaben aus Vergütungen resultiert, die für eine Tätigkeit in Deutschland gezahlt wurden. Es handelt sich insoweit um (ggf. nachträgliche) Einkünfte aus einer nichtselbständigen Arbeit, die im Inland ausgeübt (oder verwertet) wird bzw. worden ist. Das ausgezahlte Guthaben wird also auch dann als Einkünfte aus einer (in Deutschland ausgeübten oder verwerteten) nichtselbständigen Arbeit besteuert, wenn der Arbeitnehmer im Zeitpunkt der Auszahlung nicht mehr in Deutschland tätig ist.

---

[105] BMF-Schreiben vom 5. August 2002 (FN 101), Rdnr. 155.

Abschnitt B:

Besteuerung beim Arbeitgeber

5 Motivation

Wird ein Arbeitnehmer ins Ausland entsendet, sollte bei der Planung dieser Entsendung neben der steuerlichen Behandlung der Arbeitnehmer-Vergütungen beim Arbeitnehmer und der sozialversicherungsrechtlichen Behandlung dieser Vergütungen auch deren steuerliche Behandlung beim Arbeitgeber berücksichtigt werden.

Während hinsichtlich der Besteuerung beim Arbeitnehmer angestrebt werden sollte, dass die Vergütungen in möglichst geringem Umfang (Minimierung der (einkommen-)steuerlichen Bemessungsgrundlage) und mit einem möglichst geringen Steuersatz besteuert werden, sollte bezüglich der Besteuerung beim Arbeitgeber das Ziel darin bestehen, dass die Arbeitnehmer-Vergütungen in möglichst großem Umfang die steuerliche Bemessungsgrundlage des Unternehmens mindern und diese Minderung des steuerlichen Gewinns in dem Staat erfolgt, in dem der Unternehmensgewinn einem höheren Steuersatz unterliegt.

Dabei kommt zum einen der steuerliche Abzug beim entsendenden Unternehmen in Frage. Zum anderen ist denkbar, dass die Aufwendungen für die Arbeitnehmer-Vergütungen vom entsendenden Unternehmen auf das aufnehmende Unternehmen verrechnet werden und damit die steuerliche Bemessungsgrundlage des aufnehmenden Unternehmens mindern. Eine Verrechnung auf das Unternehmen im Tätigkeitsstaat sollte angestrebt werden, wenn die Arbeitnehmer-Vergütungen im Tätigkeitsstaat zu einer stärkeren Minderung der steuerlichen Bemessungsgrundlage führen und/oder der Unternehmensgewinn im Tätigkeitsstaat einer höheren Besteuerung unterliegt.

Um - mit dem Ziel einer Minimierung der steuerlichen Belastung beim Arbeitgeber - entscheiden zu können, ob die Arbeitnehmer-Vergütungen den steuerlichen Gewinn des entsendenden Unternehmens oder des aufnehmenden Unternehmens mindern sollen, muss zunächst geklärt werden, ob bzw. inwieweit die an den entsendeten Arbeitnehmer geleisteten Vergütungen beim Unternehmen im Entsendestaat und beim Unternehmen im Tätigkeitsstaat überhaupt steuerlich abzugsfähig wären. Dabei ist neben der Abzugsfähigkeit dem Grunde und der Höhe nach auch der Zeitpunkt der Abzugsfähigkeit von Bedeutung. Zudem ist zu berücksichtigen, dass Höhe und Zeitpunkt der Abzugsfähigkeit von der jeweiligen Vergütungsform abhängig sein können. Neben den sofort ausgezahlten Geldleistungen kann der Arbeitnehmer beispielsweise auch Vergütungen in Form von Sachleistungen (z.B. Mitarbeiterbeteiligungen oder Bereitstellung von Unterkunft und Pkw), stock options, Ansprüchen auf betriebliche Altersversorgung oder Gutschriften auf Arbeitszeitkonten erhalten.

Gelangt man zu dem Ergebnis, dass es steuerlich vorteilhaft wäre, wenn die für die Arbeitnehmer-Vergütungen entstehenden Aufwendungen den steuerlichen Gewinn des aufnehmenden Unternehmens (und damit nicht den steuerlichen Gewinn des entsendenden Unternehmens) mindern, ist zu prüfen, ob und inwieweit eine Verrechnung der für die Arbeitnehmer-Vergütungen entstandenen Aufwendungen vom Unternehmen im Entsendestaat auf das Unternehmen im Tätigkeitsstaat überhaupt möglich ist. Denn nur wenn und soweit eine Verrechnung möglich ist, kann das aufnehmende Unternehmen für Zwecke der Besteuerung mit den Arbeitnehmer-Vergütungen belastet werden.

Für eine möglichst vorteilhafte Gestaltung im Hinblick auf die steuerliche Behandlung der Arbeitnehmer-Vergütungen beim Arbeitgeber ist also zum einen die steuerliche Abzugsfähigkeit der aus den Vergütungen resultierenden Aufwendungen im Entsende- und Tätigkeitsstaat entscheidend und zum anderen die Verrechenbarkeit dieser Aufwendungen vom entsendenden Unternehmen auf das aufnehmende Unternehmen.

Diese beiden Fragestellungen bilden den Schwerpunkt dieses Beitrages. Der anschließende Abschnitt 2 beschäftigt sich mit der steuerlichen Abzugsfähigkeit von Arbeitnehmer-Vergütungen beim Arbeitgeber. Darauf folgend widmet sich Abschnitt 3 der Frage, unter welchen Voraussetzungen die für einen ins Ausland entsendeten Arbeitnehmer anfallenden Vergütungsaufwendungen auf das aufnehmende Unternehmen bzw. die aufnehmende Unternehmenseinheit verrechnet werden können bzw. müssen.

6 Steuerliche Abzugsfähigkeit von Arbeitnehmer-Vergütungen beim Arbeitgeber

Nachfolgend soll dargestellt werden,

- ob (Abzugsfähigkeit dem Grunde nach),

- inwieweit (Abzugsfähigkeit der Höhe nach) und

- wann (Zeitpunkt der Abzugsfähigkeit)

die aus den Arbeitnehmer-Vergütungen resultierenden Aufwendungen beim Arbeitgeber steuerlich als Betriebsausgabe abzugsfähig sind. Dabei erfolgt eine Differenzierung nach verschiedenen Vergütungsformen. Im Rahmen dieses Beitrags werden folgende Formen der Arbeitnehmer-Vergütung betrachtet:

- sofort ausgezahlte Geldleistungen (Abschnitt 6.1),

- Sachleistungen (Abschnitt 6.2),

- stock options (Abschnitt 6.3),

- Ansprüche auf betriebliche Altersversorgung (Abschnitt 6.4),

- Guthaben auf Arbeitszeitkonten (Abschnitt 6.5).

Erläutert wird dabei jeweils die Abzugsfähigkeit nach deutschem Steuerrecht, d.h. die Abzugsfähigkeit bei einem in Deutschland ansässigen Arbeitgeber. Bei den hier betrachteten Sonderformen der Vergütung (Abschnitte 6.2 bis 6.5) wird zudem kurz auf die steuerliche Abzugsfähigkeit in den USA eingegangen.

6.1 Grundsätzliches und Abzugsfähigkeit sofort ausgezahlter Geldleistungen

Dem Grunde nach sind alle Aufwendungen, die dem Arbeitgeber im Zusammenhang mit dem Arbeitnehmer entstehen, als Betriebsausgaben steuerlich abzugsfähig. Für die Abzugsfähigkeit ist weder die Art noch die Bezeichnung dieser Aufwendungen von Bedeutung; entscheidend ist allein ihre betriebliche Veranlassung.

Die Höhe der abzugsfähigen Betriebsausgaben richtet sich nicht nach der Höhe der beim Arbeitnehmer zu versteuernden Einnahmen. Vielmehr ist die Höhe der tatsächlichen Aufwendungen des Arbeitgebers maßgeblich[106].

Der Zeitpunkt, in dem die Arbeitnehmer-Vergütungen beim Arbeitgeber erfolgswirksam berücksichtigt werden können, ist von der jeweiligen Vergütungsform abhängig. Bei einigen Vergütungsformen ist dies der Zeitpunkt, in dem der Arbeitnehmer über diese Vergütungen verfügen kann. Bei anderen Vergütungsformen können Rückstellungen gebildet werden. Durch diese Rückstellungsbildung liegt der Zeitpunkt, in dem die Vergütungen beim Arbeitgeber zu einer steuerlich wirksamen Gewinnminderung führen, vor dem Zeitpunkt, in dem der Arbeitnehmer über diese verfügen kann.

Sofort ausgezahlte Geldleistungen sind im Zeitpunkt ihres Abflusses steuerlich abzugsfähig. Betriebsausgabe sind dabei nicht nur die Bruttolohnzahlungen, sondern die gesamten Aufwendungen des Arbeitgebers, d.h. beispielsweise auch die für den Arbeitnehmer zu leistenden Arbeitgeberbeiträge zur Sozialversicherung.

6.2 Sachleistungen

Gewährt der Arbeitgeber dem Arbeitnehmer Sachleistungen, so können hierfür in dem Zeitpunkt Betriebsausgaben steuerlich geltend gemacht werden, in dem dem Arbeitgeber die entsprechenden Aufwendungen entstehen. Dies muss nicht dem Zeitpunkt entsprechen, in dem der Arbeitnehmer den aus diesen Sachleistungen resultierenden geldwerten Vorteil zu versteuern hat.

Beispiel:

Ein Arbeitgeber stellt einem seiner Arbeitnehmer einen betrieblichen Pkw für private Zwecke zur Verfügung. Diesen Pkw mit einer betriebsgewöhnlichen Nutzungsdauer von 6 Jahren hatte der Arbeitgeber vor 7 Jahren angeschafft.

Während der Arbeitnehmer den geldwerten Vorteil aus der Nutzung dieses Pkw im Zeitraum der tatsächlichen Nutzung zu versteuern hat, wirken sich beim Arbeitgeber die Anschaffungskosten dieses Pkw bereits in den Jahren der Abschreibung, d.h. den ersten 6 Jahren nach der Anschaffung, erfolgswirksam aus.

---

[106] Vgl. auch Heinicke in Schmidt (FN 13), § 4 Rz. 520 „Arbeitslohn".

Auch hinsichtlich der Höhe der für Sachleistungen abzugsfähigen Betriebsausgaben sind die tatsächlich entstandenen Aufwendungen maßgeblich. Wiederum ohne Bedeutung ist dagegen die steuerliche Behandlung beim Arbeitnehmer.

Beispiel:

Ein Arbeitgeber stellt einem seiner Arbeitnehmer Unterkunft und Verpflegung zur freien Verfügung.

Beim Arbeitgeber sind die ihm hierfür tatsächlich angefallenen Aufwendungen steuerlich abzugsfähig und nicht etwa die Werte, die der Arbeitnehmer nach der Sachbezugsverordnung als geldwerten Vorteil zu versteuern hat.

Diese Ausführungen zur steuerlichen Behandlung von Sachleistungen gelten grundsätzlich auch, wenn es sich bei den Sachleistungen um Aktien (Mitarbeiterbeteiligungen) handelt. Eine Besonderheit ergibt sich hierbei jedoch, wenn diese Aktien durch eine Kapitalerhöhung aufgebracht werden. In diesem Fall entsteht dem Arbeitgeber nach der gegenwärtigen Rechtslage in Deutschland wohl kein steuerlicher Aufwand[107].

Auch in den USA sind Höhe und Zeitpunkt der steuerlichen Abzugsfähigkeit von Aufwendungen für Sachleistungen, die der Arbeitgeber seinen Arbeitnehmer gewährt, davon abhängig, in welcher Höhe und zu welchem Zeitpunkt diese Aufwendungen beim Arbeitgeber anfallen. Der Arbeitgeber kann die Aufwendungen in dem Zeitpunkt und in Höhe des Betrages steuerlich geltend machen, in dem sie bei ihm entstehen.

6.3 Stock options

Beteiligt der Arbeitgeber seine Arbeitnehmer an stock options-Programmen[108], ist die steuerliche Behandlung zunächst davon abhängig, auf welchem Weg der Arbeitgeber die Aktien aufbringt, die der Arbeitnehmer im Zeitpunkt der Optionsausübung erhält. In Frage kommen der Erwerb am Kapitalmarkt sowie die Finanzierung durch eine Kapitalerhöhung.

Zunächst sei der Fall betrachtet, dass der Arbeitgeber die Aktien, die er bei Optionsausübung an den Arbeitnehmer zu liefern hat, am Kapitalmarkt erwirbt. Hierbei ist - hinsichtlich der steuerlichen Behandlung beim Arbeitgeber - danach zu differenzieren, in welchem Zeitpunkt

---

[107] Siehe hierzu ausführlicher Abschnitt 6.3.
[108] Zur steuerlichen Behandlung von stock options beim Arbeitgeber siehe beispielsweise Vater, DB 2000, 2177; siehe auch Portner, Besteuerung von Stock Options, Mannheim 2003, S. 142 ff. m.w.N.

der Erwerb dieser Aktien erfolgt. In Frage kommt der Zeitpunkt der Gewährung der Option, der Zeitpunkt der Ausübung der Option oder ein Zeitpunkt zwischen Gewährung und Ausübung der Option.

- Erwirbt der Arbeitgeber die Aktien erst im Zeitpunkt der Ausübung der Option, kann er für die Verpflichtung, diese Aktien zu erwerben, eine Rückstellung bilden. Diese Rückstellung kann ab dem Zeitpunkt der Optionsgewährung eingestellt werden. Bemessungsgrundlage dieser Rückstellung ist die Differenz zwischen dem jeweils aktuellen Kurs der zu erwerbenden Aktien und ggf. dem vom Arbeitnehmer bei Optionsausübung zu zahlenden Basispreis. Dieser Wert ist über die Laufzeit des Optionsprogramms mit einem Zinssatz von 5,5% zu diskontieren (§ 6 Abs. 1 Nr. 3a Buchst. e EStG).

In den einzelnen Jahren des Optionsprogramms entsteht dem Arbeitgeber damit steuerlicher Aufwand in Höhe des Betrages, um den sich der Rückstellungsbetrag gegenüber dem Vorjahr erhöht. Der Rückstellungsbetrag kann sich zum einen allein dadurch erhöhen, dass mit zunehmender Laufzeit des Optionsprogramms eine weniger starke Diskontierung erfolgt. Zum anderen führt auch der Anstieg des Kurses der zu erwerbenden Aktien zu einer Erhöhung des Rückstellungsbetrages. Eine Verminderung des Rückstellungsbetrages - beispielsweise bei stark gesunkenem Kurs der zu erwerbenden Aktien - bedeutet eine Erhöhung des steuerlichen Gewinns.

Im Zeitpunkt der Optionsausübung entsteht dem Arbeitgeber steuerlicher Aufwand in Höhe der Differenz zwischen dem für die Aktien zu zahlenden Kaufpreis einerseits und dem Betrag der (gewinnerhöhend) aufzulösenden Rückstellung sowie dem vom Arbeitnehmer zu zahlenden Basispreis andererseits. Ist diese Differenz negativ - weil der Aktienkurs im letzten Jahr vor der Optionsausübung gefallen ist - kommt es im Zeitpunkt der Optionsausübung zu einer Erhöhung des steuerlichen Gewinns.

- Erfolgt der Erwerb der Aktien bereits im Zeitpunkt der Optionsgewährung, so sind diese Aktien als Wirtschaftsgüter des Umlaufvermögens mit ihren Anschaffungskosten zu aktivieren.

In den einzelnen Jahren des Optionsprogramms entsteht dem Arbeitgeber steuerlicher Aufwand, wenn und soweit der Kurs der Aktien voraussichtlich dauerhaft sinkt und diese deshalb auf einen geringeren Wert abzuschreiben sind[109]. Steigt der Kurs der Aktien wieder, ist eine den steuerlichen Gewinn erhöhende Zuschreibung des Wertansatzes vorzunehmen - allerdings höchstens bis zu den ursprünglichen Anschaffungskosten (§ 6 Abs. 1 Nr. 2 S. 3 i.V.m. Nr. 1 S. 4 EStG).

Im Jahr der Optionsausübung entsteht dem Arbeitnehmer steuerlicher Aufwand, soweit der Wert, mit dem die Aktien in diesem Zeitpunkt bilanziert sind, den vom Arbeitnehmer zu zahlenden Basispreis übersteigt.

- Werden die Aktien zu einem Zeitpunkt zwischen Optionsgewährung und Optionsausübung erworben, entspricht die steuerliche Behandlung bis zum Zeitpunkt des Aktienerwerbs der steuerlichen Behandlung im Fall des Aktienerwerbs im Ausübungszeitpunkt und nach dem Zeitpunkt des Aktienerwerbs der steuerlichen Behandlung im Fall des Aktienerwerbs im Gewährungszeitpunkt. Das heißt, bis zum Zeitpunkt des Aktienerwerbs erfolgt eine aufwandswirksame Rückstellungsbildung. Im Zeitpunkt des Aktienerwerbs ist diese Rückstellung gewinnerhöhend aufzulösen und die Aktien sind als Umlaufvermögen zu bilanzieren.

Finanziert der Arbeitgeber die Aktien dagegen durch eine Kapitalerhöhung - was natürlich nur möglich ist bei Optionen auf Aktien am eigenen Unternehmen -, so entsteht dem Arbeitgeber (nach gegenwärtiger Rechtslage in Deutschland) wohl kein steuerlicher Aufwand. In diesem Fall werden die Vergütungen (Aufwendungen für das Optionsprogramm) nicht vom Unternehmen selbst, sondern von den Gesellschaftern des Unternehmens - in Form der Verwässerung ihrer Beteiligungen - getragen.

Wesentlich undifferenzierter ist die steuerliche Behandlung, wenn der Arbeitgeber dem Arbeitnehmer keine stock options, sondern stock appreciation rights gewährt. Da hierbei der Arbeitgeber dem Arbeitnehmer im Zeitpunkt der Optionsausübung keine Aktien liefern muss, stellt sich nicht die Frage, auf welchem Weg und zu welchem Zeitpunkt die zu liefernden Aktien beschafft werden. Die steuerliche Behandlung von stock appreciation rights beim Arbeitgeber entspricht grundsätzlich der oben erläuterten steuerlichen Behandlung von stock options für den Fall, dass der Arbeitgeber die zu liefernden Aktien im Zeitpunkt der Optionsausübung am Kapitalmarkt erwirbt. Das heißt, der Arbeitgeber bildet über die Laufzeit des

---

[109] Zur Frage, wann eine voraussichtlich dauernde Wertminderung im Sinne von § 6 Abs. 1 Nr. 2 S. 2 EStG vorliegt, siehe das BMF-Schreiben betr. Neuregelung der Teilwertabschreibung gemäß § 6 Abs. 1 Nrn. 1 und 2 EStG durch das Steuerentlastungsgesetz 1999/2000/2002; Voraussichtlich dauernde Wertminderung; Wertaufholungsgebot; steuerliche Rücklage nach § 52 Abs. 16 EStG v. 25.2.2000, BStBl. I 2000, 372.

Optionsprogramms eine Rückstellung. Bei stock appreciation rights ist diese Rückstellung jedoch - im Unterschied zu stock options - nicht für die Verpflichtung zu bilden, Aktien zu erwerben und diese an den Arbeitnehmer zu liefern, sondern für die Verpflichtung, dem Arbeitnehmer im Ausübungszeitpunkt einen Geldbetrag - in Höhe des Unterschiedsbetrags zwischen dem Aktienkurs im Ausübungszeitpunkt und dem vereinbarten Basispreis - zu zahlen.

Die Ausführungen zur steuerlichen Abzugsfähigkeit bei stock options in Deutschland gelten grundsätzlich auch für die Abzugsfähigkeit in den USA bei der Gewährung von qualified stock options (Incentive Stock Options (ISOs), Employee Stock Purchase Plans). Das heißt, nur bei Erwerb der Aktien am Kapitalmarkt - nicht jedoch bei Finanzierung der Aktien durch Kapitalerhöhung - kann der Arbeitgeber steuerlich einen Aufwand geltend machen.

Dagegen entsteht dem Arbeitgeber bei nonqualified stock options in jedem Fall - d.h. auch bei Finanzierung der Aktien durch eine Kapitalerhöhung - bei Optionsausübung steuerlicher Aufwand in Höhe der Differenz zwischen dem Aktienkurs in diesem Zeitpunkt und dem Basispreis.

6.4 Ansprüche auf betriebliche Altersversorgung

Werden dem Arbeitnehmer Ansprüche auf betriebliche Altersversorgung gewährt, so ist hinsichtlich der steuerlichen Behandlung beim Arbeitgeber[110] zunächst danach zu differenzieren, ob die betriebliche Altersversorgung über einen externen Versorgungsträger (Direktversicherung, Pensionskasse, Pensionsfonds, Unterstützungskasse) oder unmittelbar durch den Arbeitgeber (Direktzusage) erfolgt.

Bei betrieblicher Altersvorsorge über einen externen Versorgungsträger wird die Frage, inwieweit Altersvorsorgebeiträge beim Arbeitgeber steuerlich abzugsfähig sind, durch die Vorschriften der §§ 4 Abs. 4, 4c, 4d, 4e EStG geregelt. Für die Abzugsfähigkeit der Beiträge wird insbesondere jeweils gefordert, dass die aus diesen Beiträgen resultierenden späteren Leistungen des Vorsorgeträgers beim Arbeitgeber steuerlich abzugsfähig wären, wenn sie unmittelbar vom Unternehmen erbracht würden. Dies wird in der Regel gegeben sein. Zudem sind die Beiträge - vereinfacht ausgedrückt - nur insoweit abzugsfähig, wie diese notwendig sind, da-

---

[110] Zur steuerlichen Behandlung der betrieblichen Altersvorsorge beim Arbeitgeber siehe auch Spengel/Schmidt, Betriebliche Altersversorgung, Besteuerung und Kapitalmarkt, Baden-Baden 1997, S. 97 ff.; Wellisch/Näth, BB 2002, 1393.

mit der jeweilige Versorgungsträger die ihm obliegenden Verpflichtungen erfüllen kann[111]. Grundsätzlich kann festgestellt werden, dass Altersvorsorgebeiträge an externe Träger der betrieblichen Altersvorsorge (in Grenzen) steuerlich abzugsfähige Betriebsausgaben darstellen. Die Zahlung der späteren Versorgungsleistungen durch den jeweiligen Versorgungsträger an den (ehemaligen) Arbeitnehmer berührt die Sphäre des Arbeitgebers nicht und ist für diesen deshalb steuerlich ohne Bedeutung.

Erteilt der Arbeitgeber seinen Arbeitnehmern eine Direktzusage, so fließen während der Anwartschaftsphase zwar keine steuerlich abzugsfähigen Altersvorsorgebeiträge. Es können jedoch - den steuerlichen Gewinn mindernde - Pensionsrückstellungen gebildet werden. Eine solche Rückstellungsbildung ist grundsätzlich erstmals für das Wirtschaftsjahr möglich, bis zu dessen Mitte der begünstigte Arbeitnehmer das 28. Lebensjahr vollendet hat (§ 6a Abs. 2 Nr. 1 EStG). Die Pensionsrückstellungen dürfen zum Bilanzstichtag höchstens mit dem in § 6a Abs. 3 S. 2 EStG definierten Teilwert der Pensionsverpflichtung angesetzt werden (§ 6a Abs. 3 S. 1 EStG). Der Berechnung dieses Teilwerts ist ein Rechnungszinsfuß von 6% zugrunde zu legen (§ 6a Abs. 3 S. 3 EStG). Die Höhe des zu einem Bilanzstichtag in die Pensionsrückstellung (zusätzlich) einstellbaren Betrages ergibt sich folglich als Differenz zwischen dem Teilwert der Pensionsverpflichtung an diesem Bilanzstichtag und dem Teilwert dieser Pensionsverpflichtung am vorangegangenen Bilanzstichtag.

Werden die zur Erfüllung der Direktzusage zurückgestellten Mittel unternehmensintern (zur Finanzierung des operativen Geschäfts) angelegt, so erfolgt die Besteuerung der damit erwirtschafteten Erträge nach den gleichen Grundsätzen wie die Besteuerung der sonstigen durch das Unternehmen erwirtschafteten Erträge. Werden die Altersvorsorgebeiträge dagegen beispielsweise zum Erwerb von Beteiligungen an Kapitalgesellschaften verwendet, sind die Erträge - abgesehen von einer eventuell bestehenden steuerlichen Vorbelastung - weitgehend steuerfrei (§ 8b KStG).

Die späteren Versorgungsleistungen aus der Direktzusage stellen beim Arbeitgeber steuerlich abzugsfähige Betriebsausgaben dar. Jedoch sind in der Auszahlungsphase auch die gebildeten Pensionsrückstellungen gewinnerhöhend aufzulösen. Folglich entsteht dem Arbeitgeber in dieser Phase steuerlicher Aufwand nur, wenn und soweit die Versorgungsleistungen die Höhe der aufzulösenden Rückstellung übersteigen.

---

[111] Eine stärkere Einschränkung der steuerlichen Abzugsfähigkeit erfolgt für Altersvorsorgebeiträge an Unterstützungskassen. Hierzu sei auf die Vorschriften des § 4d EStG sowie die in FN 110 angegebene Literatur verwiesen.

In den USA sind Beiträge zur betrieblichen Altersvorsorge beim Arbeitgeber steuerlich abzugsfähig, wenn das Vorsorgevermögen aus dem Unternehmen ausgelagert wird und dem Unternehmen auch nicht mehr wirtschaftlich zuzurechnen ist. Verbleibt das Vorsorgevermögen im Unternehmen oder ist es trotz Auslagerung dem Unternehmen weiterhin wirtschaftlich zuzurechnen, so entsteht dem Arbeitgeber in der Ansparphase kein steuerlicher Aufwand, d.h. eventuelle Beitragszahlungen sind nicht steuerlich abzugsfähig und es können auch keine steuerlich wirksamen Rückstellungen gebildet werden. Steuerlicher Aufwand entsteht erst in der Auszahlungsphase und zwar in Höhe der zu zahlenden Versorgungsleistungen.

6.5 Guthaben auf Arbeitszeitkonten

Werden für einen Arbeitnehmer Vergütungsansprüche in ein Arbeitszeitkonto[112] eingestellt, so verpflichtet sich der Arbeitgeber, diese Ansprüche künftig (in der Freistellungsphase) zu erfüllen[113]. Für diese Verpflichtung hat er eine Rückstellung wegen Erfüllungsrückstandes zu bilden. Zur Bemessungsgrundlage dieser Rückstellung gehören neben den in das Arbeitszeitkonto eingestellten Vergütungsansprüchen auch die darauf entfallenden Sozialversicherungsbeiträge des Arbeitgebers. Wird dem Arbeitnehmer eine gesonderte Gegenleistung in Form einer Verzinsung der in das Arbeitzeitkonto eingestellten Vergütungsansprüche oder deren Anpassung an den Gehaltstrend zugesagt - was dem Regelfall entspricht -, so ist die Rückstellung nicht abzuzinsen. Anderenfalls ist die Rückstellung mit 5,5% p.a. zu diskontieren.

Wird eine gesonderte Gegenleistung zugesagt, ist hierfür eine gesonderte Rückstellung zu bilden. Dabei ist zum jeweiligen Bilanzstichtag jeweils nur der Teil der Verpflichtungen zu berücksichtigen, der sich bis dahin ergeben hat. Wird also beispielsweise eine Verzinsung der in das Arbeitzeitkonto eingestellten Vergütungsansprüche zugesagt, so ist eine Rückstellung nur in Höhe der bis zum jeweiligen Bilanzstichtag aufgelaufenen Zinsen zu bilden. Die Rückstellung ist nur dann abzuzinsen, wenn die gesondert zugesagte Gegenleistung nicht verzinslich ist. Diese Abzinsung dürfte jedoch nur im Ausnahmefall erforderlich sein, da sich eine abermalige Verzinsung bzw. Tariferhöhung grundsätzlich auf die um bisherige Verzinsungen bzw. Tariferhöhungen fortgeschriebene Vergütung bezieht.

---

[112] Die steuerliche Behandlung von Arbeitszeitkonten beim Arbeitgeber wird geregelt durch das BMF-Schreiben betr. Rückstellungen für Verpflichtungen zur Gewährung von Vergütungen für die Zeit der Arbeitsfreistellung vor Ausscheiden aus dem Dienstverhältnis und Jahreszusatzleistungen im Jahr des Eintritts des Versorgungsfalls vom 11.11.1999, BStBl I 1999, 959.
[113] Zur steuerlichen Behandlung von Arbeitszeitkonten beim Arbeitgeber siehe auch Bode/Grabner, DStR 2000, 141; Höfer/Kempkes, DB 1999, 2537; Oser/Doleczik, DB 2000, 6; Wellisch/Näth, DStR 2003, 309; dieselben, FR 2004, Beilage 1, 16; Wulf/Petzold, DB 2001, 2157.

In den einzelnen Jahren der Ansparphase entsteht dem Arbeitgeber somit steuerlicher Aufwand in Höhe der Beträge, die jeweils in die Rückstellungen einzustellen sind.

Werden die in das Arbeitszeitkonto eingestellten Vergütungen unternehmensintern zur Finanzierung des operativen Geschäfts angelegt, unterliegen die damit erzielten Erträge der gleichen Besteuerung wie die sonstigen durch das Unternehmen erwirtschafteten Erträge. So unterliegen diese Erträge beispielsweise bei Körperschaften der Körperschaftsteuer und Gewerbesteuer. Werden die Mittel dagegen unternehmensextern in Beteiligungen an Kapitalgesellschaften angelegt, so sind die resultierenden Erträge bei Körperschaften nach § 8b KStG steuerfrei. Zu berücksichtigen ist allerdings wiederum eine eventuelle steuerliche Vorbelastung dieser Erträge.

Werden die auf dem Arbeitszeitkonto angesammelten Guthaben ausgezahlt, stellen diese Zahlungen beim Arbeitgeber steuerlichen Aufwand dar. Allerdings wirkt die gleichzeitig erfolgende Auflösung der Rückstellung(en) gewinnerhöhend. Im Ergebnis entsteht dem Arbeitgeber nur insoweit steuerlicher Aufwand, wie die zu leistenden Zahlungen den Betrag der Rückstellungsauflösung übersteigen.

Für einen in den USA ansässigen Arbeitgeber gelten die gleichen Grundsätze, die in Abschnitt 6.4 für die USA zur steuerlichen Abzugsfähigkeit von Aufwendungen im Rahmen der betrieblichen Altersvorsorge dargestellt wurden. Das heißt, werden die Guthaben aus dem Unternehmen ausgelagert und sind diese Guthaben dem Unternehmen auch nicht mehr wirtschaftlich zuzurechnen, so entsteht dem Arbeitgeber bereits in der Ansparphase steuerlicher Aufwand. Verbleibt das Vorsorgevermögen dagegen im Unternehmen oder ist es trotz Auslagerung dem Unternehmen weiterhin wirtschaftlich zuzurechnen, so entsteht dem Arbeitgeber erst bei Auszahlung der Guthaben steuerlicher Aufwand.

7 Verrechenbarkeit von Arbeitnehmer-Vergütungen

Hinsichtlich der Höhe der Aufwendungen, die bei einem Personaltransfer auf die aufnehmende Einheit (Unternehmen oder Betriebstätte) verrechnet werden können, ist in Deutschland zwischen Entsendungen und Dienstleistungen zu unterscheiden.

Dabei liegt im steuerrechtlichen Sinne eine Entsendung dann vor, wenn ein Arbeitnehmer mit seinem bisherigen Arbeitgeber für eine befristete Zeit eine Tätigkeit bei einem verbundenen Unternehmen oder in einer Betriebstätte vereinbart und das aufnehmende Unternehmen/die aufnehmende Betriebstätte als wirtschaftlicher Arbeitgeber des entsendenden Arbeitnehmers anzusehen ist oder - im Falle der Entsendung in ein verbundenes Unternehmen - zwischen diesem verbundenen Unternehmen und dem entsendeten Arbeitnehmer eine arbeitsrechtliche Vereinbarung geschlossen wird. Als wirtschaftlicher Arbeitgeber ist das aufnehmende Unternehmen/die aufnehmende Betriebstätte zu beurteilen, wenn der entsendete Arbeitnehmer in den Geschäftsbetrieb der aufnehmenden Stelle integriert ist, die Leitung der aufnehmenden Stelle gegenüber dem Arbeitnehmer weisungsbefugt ist und die aufnehmende Stelle auch die für diesen Arbeitnehmer gezahlte Vergütung wirtschaftlich trägt. Von einer Integration des entsendeten Arbeitnehmers in die aufnehmende Stelle ist in der Regel bei einem Aufenthalt von mehr als drei Monaten (oder bei mehrfachen Aufenthalten kürzerer Dauer) auszugehen.

Eine Dienstleistung liegt demzufolge insbesondere dann vor, wenn zwischen der aufnehmenden Stelle und dem entsendeten Arbeitnehmer keine arbeitsrechtliche Vereinbarung geschlossen wird und die aufnehmende Stelle auch nicht als wirtschaftlicher Arbeitgeber dieses Arbeitnehmers anzusehen ist.

Nachfolgend soll zunächst erläutert werden, inwieweit beim Vorliegen einer Dienstleistung eine Verrechnung der Vergütungsaufwendungen auf die aufnehmende Stelle möglich ist (Abschnitt 7.1). Im Anschluss daran wird auf die Verrechnung bei Entsendungen eingegangen (Abschnitt 7.2). Dabei wird jeweils zunächst auf die Verrechnungsgrundsätze nach dem OECD-Musterabkommen eingegangen. Anschließend werden für Deutschland die zur Konkretisierung dieser Grundsätze erlassenen nationalen Vorschriften vorgestellt.

Es folgen dann in Abschnitt 7.3 einige Ausführungen zur Verrechenbarkeit von Arbeitnehmer-Vergütungen in anderen Staaten. Abschließend werden in Abschnitt 7.4 kurz die Möglichkeiten dargestellt, die das deutsche Steuerrecht für die Korrektur einer - aus Sicht der Finanzverwaltung unangemessenen - Verrechnung vorsieht.

7.1 Verrechnung bei Dienstleistungen

Liegt eine Dienstleistung vor, ist hinsichtlich der Verrechenbarkeit der Aufwendungen danach zu unterscheiden, ob der Arbeitnehmer im Ausland bei einer Betriebstätte (siehe hierzu Abschnitt 7.1.1) oder bei einem verbundenen Unternehmen (siehe hierzu Abschnitt 7.1.2) tätig wird.

7.1.1 Betriebstätte

Zunächst sei der Fall betrachtet, dass der Arbeitnehmer die Dienstleistung in einer ausländischen Betriebstätte erbringt.

Das OECD-Musterabkommen (OECD-MA) enthält keine spezielle Bestimmung zum Personaltransfer und der Aufteilung der dadurch entstehenden Aufwendungen. Es sind daher die Grundsätze des Art. 7 Abs. 2, 3 OECD-MA zur Aufteilung von Gewinnen zwischen Stammhaus und Betriebstätte anzuwenden. Nach Art. 7 Abs. 2 OECD-MA sind die Aufwendungen (und Erträge) des Unternehmens unter der Annahme, dass die ausländische Betriebstätte als ein in jeder Hinsicht selbständiges Unternehmen zu behandeln ist, teils dem Stammhaus und teils der Betriebstätte zuzuordnen („dealing at arm's length"-Prinzip). Demnach sind der Betriebstätte die Aufwendungen (und Erträge) zuzurechnen, die entstanden wären, wenn sie

- eine gleiche oder ähnliche Tätigkeit

- unter gleichen oder ähnlichen Bedingungen

- als selbständiges Unternehmen ausgeübt hätte und

- im Verkehr mit dem Unternehmen, dessen Betriebstätte sie ist, völlig unabhängig gewesen wäre.

Nach Art. 7 Abs. 3 OECD-MA sind die für die Betriebstätte entstandenen Aufwendungen, unabhängig davon, von wem sie getragen wurden, der Betriebstätte zuzurechnen. Erbringt beispielsweise das Stammhaus Dienstleistungen in Form von Instandhaltungsarbeiten für eine ausländische Betriebstätte, so sind die Aufwendungen hierfür beim Stammhaus als Aufwendungen für die Betriebstätte anzusehen und dieser Betriebstätte zuzurechnen.

Durch Art. 7 Abs. 2, 3 OECD-MA soll erreicht werden, dass die tatsächlich angefallenen Aufwendungen steuerlich zwischen Stammhaus und Betriebstätte nach dem Veranlassungsprinzip verursachungsgerecht aufgeteilt werden.

Die OECD schlägt vor, Dienstleistungen dann mit dem Fremdvergleichspreis zu verrechnen, wenn das Erbringen der Dienstleistungen ganz oder teilweise Gegenstand der Unternehmenstätigkeit (des Stammhauses) ist und dafür standardisierte Entgelte existieren. Gehören die Dienstleistungen dagegen nicht zum Gegenstand des Unternehmens oder existieren keine standardisierten Entgelte, so sind die Leistungen ohne Gewinnaufschlag zu verrechnen.

Beispiel:

Die Z-AG produziert Zündkerzen. Das Stammhaus der Z-AG mit Sitz in Deutschland schickt einen Mitarbeiter in ihre französische Betriebstätte, um die dortigen Mitarbeiter in der Benutzung einer neuen Software zu schulen.

Nach Ansicht der OECD wären für diese Schulung immer dann nur die tatsächlichen Kosten zu verrechnen, wenn diese Schulung nicht Gegenstand der Unternehmenstätigkeit ist. Da die Z-AG am Markt nur Zündkerzen, jedoch keine EDV-Schulungen anbietet, wären demnach der Betriebstätte nur die tatsächlichen Kosten zu belasten.

Die Bestimmungen des ggf. jeweils einschlägigen Doppelbesteuerungsabkommens (DBA) werden durch die nationalen Vorschriften konkretisiert. Liegt kein DBA vor, so gelten allein die nationalen Rechtsvorschriften.

In Deutschland wird die Verrechnung von Aufwendungen (und Erträgen) zwischen Stammhaus und Betriebstätte durch den sog. Betriebstättenerlass[114] geregelt. Danach differenziert die deutsche Finanzverwaltung bei der Verrechenbarkeit der Höhe nach - anders als die OECD - zwischen folgenden drei Fällen[115]:

1. Das Stammhaus leistet die Dienste.

2. Die Betriebstätte leistet die Dienste und diese Dienste gehören nicht zur Haupttätigkeit der Betriebstätte.

---

[114] BMF-Schreiben betr. Grundsätze der Verwaltung für die Prüfung der Aufteilung der Einkünfte bei Betriebstätten international tätiger Unternehmen vom 24.12.1999 (Betriebstättenerlass), BStBl. I 1999, S. 1076.
[115] Vgl. Betriebstättenerlass (FN 114), Tz. 3.1.2.

3. Die Betriebstätte leistet die Dienste und diese Dienste gehören zur Haupttätigkeit der Betriebstätte.

In den beiden erstgenannten Fällen dürfen nur die tatsächlich entstandenen Aufwendungen verrechnet werden. Im dritten Fall akzeptiert die Finanzverwaltung dagegen eine Verrechnung zu Fremdvergleichspreisen, d.h. mit Gewinnaufschlag („dealing at arm's length"). Ist ein Fremdvergleichspreis nicht feststellbar, können Aufwendungen angesetzt werden, die nach der Kostenaufschlagsmethode mit einem Gewinnaufschlag von 5-10% ermittelt werden.

7.1.2 Verbundenes Unternehmen

Wird die Dienstleistung für ein verbundenes Unternehmen erbracht, so handelt es sich - wie bei Leistungsaustauschbeziehungen zwischen verbundenen Unternehmen generell - nicht um ein In-sich-Geschäft. Die leistende Gesellschaft kann daher zum Beispiel ein höheres Entgelt für erbrachte Leistungen verlangen, als sie selbst erbringen musste.

Das OECD-Musterabkommen enthält keine spezielle Bestimmung zum Personaltransfer. Allgemein räumt Art. 9 Abs. 1 OECD-MA den betroffenen Staaten das Recht ein, die Gewinne verbundener Unternehmen unabhängig von deren festgelegten Verrechnungspreisen so zu verteilen (und zu besteuern), wie es unter unverbundenen Dritten üblich wäre. Für die Anwendung des Art. 9 OECD-MA wird vorausgesetzt,

- dass es sich bei den Unternehmen um verbundene Unternehmen i.S.d. Art. 9 Abs. 1 OECD-MA handelt. Dies ist zum einen gegeben bei Beteiligung eines Unternehmens an einem anderen Unternehmen (Mutter-/Tochtergesellschaften), wobei es keine Rolle spielt, ob die Beteiligung an der Geschäftsleitung, der Kontrolle oder dem Kapital besteht und ob diese Beteiligung mittelbar oder unmittelbar ist (Art. 9 Abs. 1 Buchst. a OECD-MA). Zum anderen ist diese Voraussetzung auch erfüllt bei Gesellschaften, bei denen dieselben Personen an der Geschäftsleitung, der Kontrolle oder dem Kapital mittelbar oder unmittelbar beteiligt sind (Art. 9 Abs. 1 Buchst. b OECD-MA).

Der Begriff der „verbundenen Unternehmen" wird also sehr weit gefasst. Damit wird das Ziel verfolgt, dass die jeweils beteiligten Staaten selbst entscheiden können, ob nach ihrer Ansicht (ihren Rechtsvorschriften) verbundene Unternehmen vorliegen oder nicht. Das OECD-MA will diese Entscheidung nicht vorwegnehmen.

- dass Transaktionen zwischen diesen Unternehmen nicht unter Marktbedingungen abgewickelt worden sind.

Ziel der Vorschrift des Art. 9 Abs. 1 OECD-MA ist die Umsetzung des „dealing at arm's length"-Prinzips. Die Aufwendungen sind so zu verrechnen, wie dies zwischen fremden Dritten üblich wäre, d.h. mit einem angemessenen Gewinnaufschlag.

Auch in diesem Fall werden die Bestimmungen des ggf. jeweils einschlägigen DBA durch die nationalen Vorschriften konkretisiert. Liegt kein DBA vor, so gelten allein die nationalen Rechtsvorschriften.

In Deutschland wird die Verrechnung von Aufwendungen (und Erträgen) zwischen verbundenen Unternehmen geregelt durch ein BMF-Schreiben vom 23.02.1983[116]. Danach kann bei Dienstleistungen neben den tatsächlichen Aufwendungen ein Gewinnzuschlag verrechnet werden. Dies gilt auch für den Fall des gewerblichen Arbeitnehmerverleihs.

Werden die jeweiligen Dienstleistungen

- auch an Dritte abgegeben, so ist der hierfür angesetzte Preis als Verrechnungspreis anzusetzen.

- nicht an Dritte erbracht, aber zwischen Dritten ausgetauscht, so sind die hierfür angesetzten Preise als Verrechnungspreise maßgeblich.

- weder an Dritte abgegeben noch zwischen Dritten ausgetauscht, erfolgt die Ermittlung des angemessenen Vergleichspreises mittels der Kostenaufschlagsmethode.

Beispiel:

Die in Deutschland belegene D-AG unterhält eine EDV-Abteilung, deren Mitarbeiter auch die EDV-Anlagen der ausländischen Tochterunternehmen der D-AG warten. Die Wartung von EDV-Anlagen bietet sie auch anderen (nicht verbundenen) Unternehmen entgeltlich an.

Der gegenüber den nicht verbundenen Unternehmen angesetzte Preis kann als angemessener Verrechnungspreis für die Leistungen an die Töchter angesetzt werden.

---

[116] BMF-Schreiben betr. Grundsätze für die Prüfung der Einkunftsabgrenzung bei international verbundenen Unternehmen vom 23.02.1983 (Verwaltungsgrundsätze, BStBl. I 1983, S. 218).

7.2 Verrechnung bei Entsendungen

Liegt keine Dienstleistung, sondern eine Entsendung (im engeren Sinne) vor, muss hinsichtlich der Verrechenbarkeit der Aufwendungen nicht danach differenziert werden, ob der Arbeitnehmer im Ausland bei einer Betriebstätte oder einem verbundenen Unternehmen tätig wird. Vielmehr gelten jeweils die gleichen Regelungen.

Wie bereits im Zusammenhang mit der Verrechnung bei Dienstleistungen[117] erläutert wurde, enthält das OECD-MA keine spezielle Bestimmung zum Personaltransfer. Daher gelten (wiederum) die allgemeinen Grundsätze der Art. 7 Abs. 2, 3, Art. 9 OECD-MA. Hierzu sei auf die Ausführungen in Abschnitt 7.1 verwiesen.

Diese Grundsätze werden in Deutschland konkretisiert durch das BMF-Schreiben vom 9.11.2001[118].

Dieses BMF-Schreiben[119] regelt die Verrechenbarkeit des Aufwandes der Arbeitnehmerentsendung

- dem Grunde nach und

- der Höhe nach.

Der Arbeitnehmerentsendung sind alle direkten und indirekten Aufwendungen zuzuordnen, soweit sie das Ergebnis des aufnehmenden und/oder des entsendenden Unternehmens gemindert haben und im wirtschaftlichen Zusammenhang mit der Tätigkeit im Entsendezeitraum stehen. Dies gilt unabhängig davon, ob diese Aufwendungen zum steuerpflichtigen Lohn des Arbeitnehmers gehören. Zu berücksichtigen sind neben dem Grundgehalt auch laufende und einmalige Sach- und Geldbezüge des Arbeitnehmers (Abfindungen, Prämien, Boni, Urlaubs-/Weihnachtsgeld, Firmenwagen, Mitarbeiterbeteiligungen, Zahlungen aus Arbeitszeitkonten, etc.), übernommene Steuern und andere Nebenkosten (wie bspw. die Aufwendungen zur Altersvorsorge für den Arbeitnehmer) sowie Verwaltungskosten, die mit der Entsendung im Zusammenhang stehen. Gewinnzuschläge auf die tatsächlich entstandenen Aufwendungen sind jedoch nicht zulässig.

---

[117] Vgl. Abschnitt 7.1.
[118] BMF-Schreiben betr. Grundsätze für die Prüfung der Einkunftsabgrenzung zwischen international verbundenen Unternehmen in Fällen der Arbeitnehmerentsendung vom 9.11.2001 (Verwaltungsgrundsätze –Arbeitnehmerentsendung), BStBl. I 2001, S. 796.
[119] Siehe hierzu bspw. auch Görl, IStR 2002, 443; Kuckhoff/Schreiber, IWB, Fach 3, Gruppe 1, 1857; Kroppen/Rasch/Röder, IWB; Fach 3, Gruppe 1, 1821 mit weiteren Verweisen.

Bei der Überprüfung, ob eine Verrechnung dem Grunde nach möglich ist, muss festgestellt werden, ob die Tätigkeit des entsendeten Arbeitnehmers im ausschließlichen betrieblichen Interesse des aufnehmenden Unternehmens liegt oder ob die Tätigkeit ganz oder teilweise durch das Interesse des entsendenden (oder eines übergeordneten) Unternehmens verursacht ist. Gelangt man dabei zu dem Ergebnis, dass die Entsendung ausschließlich im betrieblichen Interesse des aufnehmenden Unternehmens erfolgt, so ist der gesamte Aufwand der Arbeitnehmerentsendung dem aufnehmenden Unternehmen zuzurechnen und dieser Aufwand entsprechend auf das aufnehmende Unternehmen zu verrechnen. Im umgekehrten Fall, d.h. bei einer Entsendung im ausschließlichen betrieblichen Interesse des entsendenden Unternehmens, ist der gesamte Aufwand der Arbeitnehmerentsendung dem entsendenden Unternehmen zuzurechnen. Eine Verrechnung des Aufwandes (oder eines Teils davon) auf das aufnehmende Unternehmen ist dann nicht möglich. Im dritten denkbaren Fall, einer Entsendung, die sowohl im betrieblichen Interesse des entsendenden als auch des aufnehmenden Unternehmens erfolgt, ist der Aufwand der Arbeitnehmerentsendung gemäß der Interessensverteilung dem aufnehmenden und dem entsendenden Unternehmen anteilig zuzurechnen und in Höhe des entsprechenden Anteils auf das aufnehmende Unternehmen zu verrechnen. Zusammenfassend kann also festgestellt werden, dass eine Verrechnung auf das aufnehmende Unternehmen nur dann möglich ist, wenn die Entsendung (auch) im betrieblichen Interesse des aufnehmenden Unternehmens erfolgt[120].

Von einem solchen Interesse des aufnehmenden Unternehmens ist bei einer Entsendung regelmäßig auszugehen. Allerdings kann die Entsendung auch im Interesse des entsendenden Unternehmens liegen und zwar insbesondere dann, wenn die an den entsendeten Arbeitnehmer gezahlte Vergütung oberhalb des allgemeinen Vergütungsniveaus des Ansässigkeitsstaates der aufnehmenden Stelle liegt. Nach den Verwaltungsgrundsätzen des o.g. BMF-Schreibens kann sich das Interesse des entsendenden Unternehmens beispielsweise darin zeigen, dass

- der entsendete Arbeitnehmer für das entsendende Unternehmen Koordinierungs- und Kontrollfunktionen ausübt, die nicht gesondert abgegolten werden oder

- die im Rahmen der Entsendetätigkeit gesammelten Erfahrungen nach der Rückkehr des Arbeitnehmers im Entsendebetrieb genutzt werden können.

---

[120] Siehe hierzu auch Schnorberger/Waldens, IStR 2001, 39.

Damit ist ein Interesse des Entsendeunternehmens bspw. gegeben, wenn der Arbeitnehmer entsendet wird

- zu Ausbildungs- oder Fortbildungszwecken,

- zur Überwachung von Lizenz- und Vertreterverträgen zwischen Mutter und Tochter,

- zur strategischen Vertriebsplanung des Konzerns,

- zu Qualitätskontrollen (bei Vertrieb unter dem Markenzeichen der Mutter),

- zum Schutz und zur Verwaltung der Beteiligung,

- zu einer der Konzernspitze dienenden Kontrolle und Revision oder

- zur Beratung bei Gründung, Umwandlung und Liquidation der Tochter.

Bei der Prüfung, ob eine Entsendung im Interesse der aufnehmenden Stelle liegt, ist zu berücksichtigen, dass deren ordentlicher und gewissenhafter Geschäftsleiter für den entsendeten Arbeitnehmer in der Regel keinen höheren Aufwand tragen wird als ihm durch die Beschäftigung eines vergleichbaren lokalen Arbeitnehmers entstünde. Ist der Aufwand für den entsendeten Arbeitnehmer höher, muss die aufnehmende Stelle nachweisen, dass dieser Arbeitnehmer über besondere Kenntnisse verfügt mittels derer er in der aufnehmenden Stelle einen Mehrertrag erwirtschaftet, der über den Mehraufwand hinausgeht. Kann dieser Nachweis nicht geführt werden, gilt der Mehraufwand als durch das Nahestehen zum entsendenden Unternehmen verursacht und muss vom entsendenden Unternehmen getragen werden.

Als Kriterien für die Beurteilung der Interessenlage sind insbesondere auch die folgenden Aspekte zu berücksichtigen:

- die ausgeübte Funktion,

- die benötigten Kenntnisse,

- der Tätigkeitsort,

- die Verfügbarkeit von vergleichbaren Arbeitskräften am lokalen Arbeitsmarkt,

- die üblichen Aufwendungen am lokalen Arbeitsmarkt für einen vergleichbaren Arbeitnehmer,

- der Zusammenhang zwischen den Aufwendungen für den Arbeitnehmer und dessen Beitrag zum wirtschaftlichen Erfolg des Unternehmens,

- von welchem Unternehmen die Initiative für die Entsendung ausging und

- ob der Arbeitnehmer Koordinierungs- bzw. Kontrolltätigkeiten ausübt.

Beispiel:

Ein hochqualifizierter Mitarbeiter der spanischen Konzernmutter MOTU Sociedad Anonima wird zur deutschen Tochter MOTU Germany GmbH entsendet. Dieser Mitarbeiter soll den Bau einer neuen Fertigungsanlage für die MOTU Germany GmbH leiten. Die Entsendung erfolgt, weil der Mitarbeiter bereits in Spanien mit dem Bau einer vergleichbaren Fertigungsanlage Erfahrungen gesammelt hat. Den Nutzen aus der neuen Produktionsanlage erzielt allein die MOTU Germany GmbH.

Da die Entsendung (ausschließlich) im Interesse der für die Errichtung der Fertigungsanlage verantwortlichen MOTU Germany GmbH liegt, sind ihr grundsätzlich auch die Personalaufwendungen für den entsendeten Arbeitnehmer zuzurechnen.

Beispiel:

In Abwandlung des obigen Beispiels soll der entsendete Mitarbeiter den für die Errichtung der neuen Fertigungsanlage verantwortlichen Projektleiter der MOTU Germany GmbH unterstützen und Leitungserfahrungen sammeln, um nach Beendigung der Entsendung in der MOTU Sociedad Anonima die Projektleitung für eine ähnliche Fertigungsanlage zu übernehmen.

Da die Entsendung sowohl im Interesse der MOTU Germany GmbH (Unterstützung bei der Errichtung der Anlage) als auch im Interesse der entsendenden MOTU Sociedad Anonima (Sammeln von Erfahrungen) liegt, sind die Personalaufwendungen zwischen Mutter- und Tochtergesellschaft aufzuteilen.

Beispiel:

In einer weiteren Abwandlung des obigen Beispiels soll der entsendete Arbeitnehmer dem dortigen Projektleiter beim Bau einer Fertigungsanlage assistieren, wobei sein hierfür bezogenes Gehalt (zzgl. Sozialversicherungsbeiträge) 20% über dem für eine vergleichbare Tätigkeit in Deutschland üblichen Niveau liegt.

Die MOTU Germany GmbH macht geltend, dass die Tätigkeit auf Grund der einzusetzenden Maschinen Spezialkenntnisse voraussetzt, die nur ein Mitarbeiter aus dem spanischen Mutterkonzern besitzt, da diese Maschinen dort gefertigt werden. Weiterhin weist sie nach, dass die Entsendung auf ihre Anforderung hin eingeleitet wurde und sie durch den Bau der Fertigungsanlage und speziell der Einrichtung der einzusetzenden Maschinen erhebliche zusätzliche Erträge erwarten kann.

In diesem Falle gilt die Entsendung trotz des erhöhten Aufwands als im Interesse der aufnehmenden Gesellschaft liegend. Der volle Aufwand kann auf die aufnehmende Gesellschaft verrechnet werden.

Abschließend sei zur Frage der Verrechnung dem Grunde nach noch kurz auf zwei Sonderfälle eingegangen - die Expertenentsendung und die Entsendung im Rotationsverfahren.

Für projektbezogene Entsendungen werden vom Arbeitnehmer häufig besondere Fachkenntnisse verlangt. Kann die aufnehmende Stelle nachweisen, dass ein vergleichbar qualifizierter Arbeitnehmer (Experte) auf dem lokalen Arbeitsmarkt nicht beschafft werden kann, ist davon auszugehen, dass die Entsendung im Interesse des aufnehmenden Unternehmens erfolgt und die Aufwendungen daher auf dieses Unternehmen verrechnet werden können. Da diese Expertenentsendung, d.h. die Entsendung von hoch spezialisiertem Personal, insbesondere von Managern, den typischen Fall einer Personalentsendung darstellt und somit regelmäßig keine adäquaten Mitarbeiter auf dem lokalen Arbeitsmarkt verfügbar sind, können in der Regel die gesamten Personalaufwendungen auf das aufnehmende Unternehmen verrechnet werden.

Werden durch die entsendende Stelle Arbeitsplätze bei der aufnehmenden Stelle ständig im Rotationsverfahren besetzt, geht die Finanzverwaltung davon aus, dass die Entsendung auch im Interesse der entsendenden Stelle liegt. Diese hat den Aufwand, der über den für einen vergleichbaren ortsüblichen Arbeitnehmer hinausgeht, selbst zu tragen. Dies kann auch für Expertenentsendungen gelten. Für eine Rotation könnte sprechen, dass die Entsendungen stets einseitig und über einen „typischen" Zeitraum (3-5 Jahre) erfolgen, dass bestimmte Führungs- und technische Schlüsselpositionen der aufnehmenden Stelle regelmäßig mit entsendeten Arbeitnehmern besetzt werden oder die entsendende Gesellschaft keine ernsthaften Versuche unternimmt, für die zu besetzende Position lokal vorhandene Arbeitnehmer zu gewinnen.

Bei der Überprüfung, inwieweit eine Verrechnung der Höhe nach möglich ist, muss festgestellt werden, in welcher Höhe der ordentliche und gewissenhafte Geschäftsleiter eines unabhängigen Unternehmens für einen vergleichbaren Arbeitnehmer Aufwendungen getragen hätte. Vorzunehmen ist also ein Fremdvergleich. Dieser ist vorrangig nach der Preisvergleichsmethode durchzuführen. Der Fremdvergleich kann betriebsintern, betriebsextern oder hypothetisch vorgenommen werden.

Beim betriebsinternen Fremdvergleich wird untersucht, welchen Aufwand das aufnehmende Unternehmen für vergleichbare, nicht entsendete Arbeitnehmer trägt. Voraussetzung für die Anwendbarkeit dieser Methode ist, dass die entsprechende - vom entsendeten Arbeitnehmer besetzte - Position relativ deckungsgleich mindestens zweimal im aufnehmenden Unternehmen vorhanden sein muss. Dies dürfte allerdings gerade bei entsendeten Arbeitnehmern mit Spezialkenntnissen nur selten der Fall sein.

Beispiel:

Ein Arbeitnehmer wird von der französischen Konzernmutter Marseille Société Anonyme für 10 Monate zu ihrer deutschen Tochter Marseille Germany GmbH entsendet. Der Arbeitnehmer ist ausschließlich für die Marseille Germany GmbH tätig, wo er für die technische Überprüfung von Krankenhauselektronik zuständig ist.

Insgesamt umfasst das Team, in dem der entsendete Arbeitnehmer arbeitet, 5 unterschiedlich ausgebildete Techniker, welche die gleichen Aufgaben bearbeiten wie er. Auf Grund seiner zusätzlichen, durch die Entsendung entstehenden Belastung erhält er eine Vergütung von monatlich 3.000 EUR, die deutlich oberhalb der Entlohnung seiner deutschen Kollegen liegt.

Zwar liegt die Entsendung im Interesse der Marseille Germany GmbH, jedoch darf sie nur die Vergütung als Aufwand verrechnen, die ortsüblich ist. Da sie Mitarbeiter mit dem gleichen Aufgabengebiet beschäftigt, ist nur der Aufwand für den entsendeten Arbeitnehmer anzusetzen, der der Entlohnung der deutschen Mitarbeiter entspricht.

Beim betriebsexternen Fremdvergleich wird dagegen untersucht, welchen Aufwand andere (unabhängige) Unternehmen, die unter gleichen Bedingungen im selben Staat wie das aufnehmende Unternehmen tätig sind, für vergleichbare Arbeitnehmer tragen.

Beispiel:

Ein in der Produktion tätiger Arbeitnehmer wird von der französischen Konzernmutter Marseille Société Anonyme für 10 Monate zu ihrer deutschen Tochter Marseille Germany

GmbH entsendet. Dem entsendeten Arbeitnehmer wird ein ortsübliches Gehalt (monatlich 2.400 €) gezahlt. Zudem entstehen Aufwendungen für die Sozialversicherung. Der Arbeitnehmer bleibt auch während der Entsendedauer weiterhin in der französischen Sozialversicherung (Régime de base) versichert. Allerdings sind die vom Arbeitgeber zu tragenden Beiträge zur staatlichen Sozialversicherung in Frankreich höher als in Deutschland.

Auch wenn die Entsendung ausschließlich im wirtschaftlichen Interesse der Marseille Germany GmbH erfolgt, ist nur eine Verrechnung der in Deutschland ortsüblichen Personalkosten zulässig, da in Deutschland von unabhängigen Unternehmen andere Arbeitnehmer für vergleichbare Tätigkeitsbereiche beschäftigt werden. Der infolge der höheren Sozialversicherungsbeiträge in Frankreich entstehende Mehraufwand ist in diesen Fällen nicht verrechenbar.

In der Regel wird jedoch weder das aufnehmende Unternehmen noch ein unabhängiges Unternehmen im Sitzstaat des aufnehmenden Unternehmens vergleichbare Arbeitnehmer beschäftigen, da entsendete Arbeitnehmer oftmals neben den tätigkeitsbezogenen auch über zusätzliche Qualifikationen verfügen wie beispielsweise spezifische Kenntnisse der Konzernstruktur oder der kulturellen Eigenheiten der entsendenden Konzerngesellschaft. Daher wird der verrechenbare Personalaufwand regelmäßig mittels hypothetischem Fremdvergleich bestimmt.

Dabei wird untersucht, ob der ordentliche und gewissenhafte Geschäftsleiter eines unabhängigen Unternehmens unter gleichen Bedingungen den Aufwand für den entsendeten Arbeitnehmer – insbesondere auch den bei Entsendungen regelmäßig entstehenden Mehraufwand (beispielsweise Auslandszulage, Heimfahrkosten, Umzugskosten) – in vollem Umfang allein getragen oder er eine Kostenbeteiligung des entsendenden Unternehmens gefordert hätte. Der Geschäftsleiter würde den Personalaufwand dann in vollem Umfang allein tragen, wenn

- die Tätigkeit einen speziell ausgebildeten Arbeitnehmer erfordert, der auf dem lokalen Arbeitsmarkt nicht verfügbar ist und

- durch die Tätigkeit des entsendeten Arbeitnehmers in einem überschaubaren Zeitraum (in der Regel 3 Jahre) ein zusätzlicher wirtschaftlicher Nutzen erzielt wird, der nicht nur den Mehraufwand an Personalkosten kompensiert.

Beispiel:

Ein Arbeitnehmer der französischen Konzernmutter la Perrière Société Anonyme (AG) wird für ein Jahr zur deutschen Tochter la Perrière Germany GmbH entsendet, um während der Anlaufphase einer neuen Fertigungsanlage für Werkzeugmaschinen die Qualitätskontrolle der produzierten Erzeugnisse durchzuführen. Der Arbeitnehmer war vor seiner Entsendung in der la Perrière Société Anonyme mit der Qualitätskontrolle von Maschinenteilen beschäftigt, die als Zwischenprodukte an die la Perrière Germany GmbH geliefert und in der neuen Fertigungsanlage weiterverarbeitet werden. Ihm wird für seine Tätigkeit neben einem ortsüblichen Gehalt auch eine Auslandszulage gezahlt und ein Firmenwagen zur Verfügung gestellt.

Die Entsendung erfolgt ausschließlich im wirtschaftlichen Interesse der la Perrière Germany GmbH. Der Personalaufwand ist somit dem Grunde nach von der la Perrière Germany GmbH zu tragen.

Der verrechenbare Aufwand wird mittels hypothetischem Fremdvergleich bestimmt. Danach ist es angemessen, dass die la Perrière Germany GmbH den vollständigen Personalaufwand trägt, da der entsendete Arbeitnehmer nicht nur über eine fachliche Qualifikation in der Qualitätskontrolle verfügt, die auch ein Arbeitnehmer auf dem deutschen Arbeitsmarkt nachweisen könnte, sondern auch zusätzliche Erfahrungen in der Qualitätskontrolle der weiterzuverarbeitenden Zwischenprodukte hat. Damit kann er mögliche Ursachen für Qualitätsmängel schneller auffinden als ein Arbeitnehmer, der nicht über dieses Know-how verfügt und somit dem Unternehmen einen höheren wirtschaftlichen Nutzen bringen.

Letztlich bleibt festzuhalten, dass alle drei Preisvergleichsmethoden - betriebsinterner Fremdvergleich, betriebsexterner Fremdvergleich und hypothetischer Fremdvergleich - einen erheblichen Ermessensspielraum lassen. Es empfiehlt sich daher eine rechtzeitige Einigung mit der Finanzverwaltung über die anzuwendenden Grundsätze zur Verrechnung der entstandenen Personalaufwendungen.

Nachdem dargestellt wurde, unter welchen Voraussetzungen und in welcher Höhe eine Verrechnung der Aufwendungen auf das aufnehmende Unternehmen möglich ist, soll nun noch auf die Pflichten zur Dokumentation von Verrechnungspreisen eingegangen werden. Diese

Dokumentationspflichten haben durch das am 11.4.2003 verabschiedete Steuervergünstigungsabbaugesetz (StVergAbG) wesentliche Änderungen erfahren[121].

Vor Inkrafttreten des Steuervergünstigungsabbaugesetzes waren die Dokumentationspflichten des steuerpflichtigen Unternehmens laut BFH-Beschluss v. 10.5.2001 nicht so zu verstehen, dass Verrechnungspreise nur dann steuerlich anerkannt wurden, wenn diese auch dokumentiert waren. Sofern das Unternehmen seine Auskunfts- und allgemeinen Mitwirkungspflichten nach § 90 Abs. 2 AO erfüllte, war keine gesonderte Dokumentation erforderlich. Dies galt sowohl im Hinblick auf den gesamten für den Arbeitnehmer anfallenden Aufwand als auch im Hinblick auf die Interessenlage. Für den Nachweis der Interessenlage konnte (und kann) das Unternehmen bspw. den Entsendevertrag, einen zusätzlichen Dienstleistungsvertrag, Tätigkeitsbeschreibungen, Stellenanzeigen, Gehaltsvergleiche, Arbeitsprotokolle und ähnliches beibringen.

Durch das Steuervergünstigungsabbaugesetz wurde die Abgabenordnung (unter anderem) um die Vorschriften der §§ 90 Abs. 3, 162 Abs. 3, 4 erweitert[122]. Dabei regelt § 90 Abs. 3 AO[123] die Dokumentationspflicht[124]. Danach hat der Steuerpflichtige Aufzeichnungen über die Art und den Inhalt seiner Geschäftsbeziehungen zu führen, soweit diese Auslandsbezug haben und mit nahe stehenden Personen (Mindestbeteiligung: 25 %) erfolgen. Die Dokumentationspflichten gelten entsprechend für die Gewinnermittlung inländischer Betriebstätten von ausländischen Unternehmen und die Gewinnaufteilung zwischen ausländischen Betriebstätten und inländischen Unternehmen.

Kernpunkt der Dokumentationspflicht sind unter anderem die Verrechnungspreise für Waren und Dienstleistungen. Hierzu sind folgende Aufzeichnungen zu führen:

- Darstellung der angewandten Verrechnungspreismethode,

- Begründung der Geeignetheit der angewandten Methode,

- Unterlagen über die Berechnungen bei der Anwendung der gewählten Verrechnungspreismethode,

---

[121] Siehe hierzu bspw. auch Schnitger, IStR 2003, 72; Lüdicke, IStR 2003, 433; Vögele/Vögele, IStR 2003, 466.
[122] Zur Frage, inwieweit diese Fragen mit dem Europarecht vereinbar sind, siehe Joecks/Kaminski, IStR 2004, 65.
[123] Die Vorschrift des § 90 Abs. 3 AO ist anzuwenden für Wirtschaftsjahre, die seit dem 1.1.2003 begonnen haben.
[124] Siehe hierzu auch die Verordnung zu Art, Inhalt und Umfang von Aufzeichnungen im Sinne des § 90 Abs. 3 der Abgabenordnung (Gewinnabgrenzungsaufzeichnungsverordnung - GAufzV) vom 13.11.2003, BGBl. I 2003, 2296; Vögele/Brem, IStR 2004, 48; Wellens, IStR 2004, 655.

- Aufbereitung der zum Vergleich herangezogenen Preise und Finanzdaten unabhängiger Unternehmen sowie Unterlagen über vorgenommene Anpassungsrechnungen.

Es sind – entsprechend der gewählten Verrechnungspreismethode – insoweit Vergleichsdaten heranzuziehen, wie diese im Zeitpunkt der Vereinbarung der Geschäftsbeziehung beim Steuerpflichtigen oder bei einer ihm nahe stehenden Person vorhanden sind oder mit zumutbarem Aufwand aus frei zugänglichen Quellen beschaffbar sind. Zu diesen Vergleichsdaten gehören insbesondere Daten aus vergleichbaren Geschäften zwischen fremden Dritten sowie aus vergleichbaren Geschäften, die der Steuerpflichtige oder eine ihm nahe stehende Person mit fremden Dritten abgeschlossen hat, beispielsweise

- Preise und Geschäftsbedingungen,

- Kostenaufteilungen,

- Gewinnaufschläge,

- Brutto- und Nettospannen,

- Gewinnaufteilungen.

Zusätzlich sind Aufzeichnungen über innerbetriebliche Daten zu erstellen, die eine Plausibilitätskontrolle der vom Steuerpflichtigen vereinbarten Verrechnungspreise ermöglichen, bspw. Prognosedaten zur Absatz-, Gewinn- und Kostenplanung.

Die Aufzeichnungen sind grundsätzlich geschäftsfallbezogen zu erstellen. Geschäftsvorfälle, die gemessen an Funktion und Risiken wirtschaftlich vergleichbar sind, können für die Erstellung von Aufzeichnungen zu Gruppen zusammengefasst werden, wenn

- die Gruppenbildung nach vorher festgelegten und nachvollziehbaren Regeln vorgenommen wurde und

- die Geschäftsvorfälle gleichartig oder gleichwertig sind oder die Zusammenfassung auch bei Geschäften zwischen fremden Dritten üblich ist.

Die Vorlage der erforderlichen Dokumentationen hat auf Anforderung der Finanzbehörde im Rahmen einer Außenprüfung grundsätzlich innerhalb von 60 Tagen zu erfolgen. Anzuraten ist eine zeitnahe Dokumentation, da nachträgliche Dokumentationen oftmals mit großen Schwierigkeiten verbunden sind.

§ 160 Abs. 3, 4 AO regelt die Konsequenzen eines Verstoßes gegen die nach § 90 Abs. 3 AO geforderte Dokumentation[125]. Danach erfolgt zum einen eine Verrechnungspreiskorrektur (§ 162 Abs. 3 AO). Werden keine oder im Wesentlichen unverwertbare Aufzeichnungen vorgelegt, wird widerlegbar vermutet, dass die im Inland steuerpflichtigen Einkünfte höher sind als die erklärten Einkünfte. Im Rahmen einer Schätzung der Besteuerungsgrundlagen kann die Finanzbehörde den sich aufgrund von Preisspannen ergebenden Schätzungsrahmen zu Lasten des Steuerpflichtigen ausschöpfen.

Zum anderen sind Geldstrafen vorgesehen (§ 162 Abs. 4 AO). Werden keine oder im Wesentlichen unverwertbare Aufzeichnungen vorgelegt, wird eine Mindeststrafe von 5.000 € erhoben. Führt die Verrechnungspreiskorrektur nach § 162 Abs. 3 AO zu einer Erhöhung der steuerpflichtigen Einkünfte, erhöht sich die Strafe auf 5% bis 10% dieses Mehrbetrages der steuerpflichtigen Einkünfte. Bei verspäteter Vorlage verwertbarer Aufzeichnungen beträgt die Strafe bis zu 1.000.000 €, mindestens jedoch 100 € pro Tag der Fristüberschreitung.

Vergleicht man die nunmehr in Deutschland geltenden Vorschriften zur Dokumentation von Verrechnungspreisen mit den korrespondierenden Bestimmungen in den USA, so ist festzustellen, dass die Anforderungen in Deutschland über die in den USA hinausgehen. In den USA genügt im Wesentlichen eine Darstellung von Funktionen, Risiken und Fremdvergleichsmargen. Dagegen erfordert die deutsche Dokumentation eine weitaus umfangreichere Sammlung von Verträgen, Einzeltransaktionen, Vergleichstransaktionen, etc.

7.3 Verrechenbarkeit von Arbeitnehmer-Vergütungen im Ausland

Im Unterschied zu Deutschland ist in anderen Staaten die Verrechenbarkeit von Arbeitnehmer-Vergütungen beim internationalen Personaltransfer nicht dezidiert geregelt. Deutschland stellt also mit dem speziell zu dieser Fragestellung erlassenen BMF-Schreiben vom 9.11.2001 eine Ausnahme dar.

In anderen Staaten gilt der Grundsatz, dass Aufwendungen in der Höhe verrechnet werden können, in der sie dem entsendenden Unternehmen tatsächlich entstehen. Das heißt, einerseits ist ein Gewinnaufschlag auf die tatsächlich angefallenen Aufwendungen grundsätzlich nicht möglich. Andererseits findet aber in der Regel auch kein hypothetischer Fremdvergleich statt, d.h. ein Vergleich der tatsächlichen Aufwendungen mit den Aufwendungen für einen vergleichbaren Arbeitnehmer aus dem Staat des aufnehmenden Unternehmens, welcher zu dem

---

[125] Die Vorschrift des § 162 Abs. 3, 4 AO ist seit dem Jahr 2004 anzuwenden.

Ergebnis führen könnte, dass weniger als die tatsächlich entstandenen Kosten verrechnet werden dürfen.

Beispiel: Verrechenbarkeit von Aufwendungen in der Schweiz

In der Schweiz existieren keine offiziellen Erlasse oder Verordnungen, welche die Verrechenbarkeit von Aufwendungen für Arbeitnehmer-Vergütungen regeln. Nach Auskunft der schweizerischen Finanzbehörden wird hinsichtlich der Verrechnung – wie in Deutschland – zwischen Entsendungen und Dienstleistungen unterschieden. Entscheidendes Kriterium zur Abgrenzung ist hierbei das Weisungsbefugnis. Ist allein das entsendende Unternehmen weisungsbefugt, so handelt es sich um eine Entsendung. Ist (auch) das aufnehmende Unternehmen weisungsbefugt, so handelt es sich um eine Dienstleistung. Liegt eine Entsendung in diesem Sinne vor, sind die tatsächlichen Kosten verrechenbar, d.h. es findet weder ein hypothetischer Fremdvergleich statt noch ist ein Gewinnaufschlag zulässig. Liegt dagegen eine Dienstleistung im obigen Sinne vor, sind die tatsächlichen Kosten zuzüglich eines angemessenen Gewinnaufschlages verrechenbar.

Beispiel: Verrechenbarkeit von Aufwendungen in China

Auch in China können bei einer Entsendung die Kosten, die dem entsendenden Unternehmen für den entsendeten Arbeitnehmer entstehen, verrechnet werden. Das heißt auch in China besteht weder der Zwang eines hypothetischen Fremdvergleichs noch die Möglichkeit eines Gewinnzuschlages.

Im Zusammenhang mit Entsendungen nach China sei darauf hingewiesen, dass es für viele deutsche (und andere ausländische) Unternehmen derzeit nicht möglich ist, in China eine Tochtergesellschaft zu gründen, an der deutsche (und auch andere ausländische) Unternehmen zu insgesamt mehr als 50% beteiligt sind, oder sich an bereits bestehenden chinesischen Gesellschaften zu mehr als 50% zu beteiligen. Die in China belegenen Gesellschaften stehen damit zu mindestens 50% im Eigentum chinesischer Anteilseigner. Diese chinesischen Anteilseigner haben kein Interesse daran, dass durch die ausländischen Beteiligungsgesellschaften zu hohe Aufwendungen auf die chinesischen Gesellschaften verrechnet werden. Damit wird durch die Beschränkung der Höhe, in der sich Ausländer an chinesischen Gesellschaften beteiligen dürfen, erreicht, dass nur tatsächlich angefallene/angemessene Aufwendungen verrechnet werden.

7.4 Korrekturvorschriften

Art. 9 Abs. 1 OECD-MA räumt den an einer Entsendung beteiligten Staaten das Recht ein, die Aufwendungen verbundener Unternehmen für steuerliche Zwecke so zu verteilen (zu korrigieren), wie es unter unverbundenen Dritten üblich wäre. Mindert ein DBA-Staat die Höhe der Aufwendungen, die bei dem in diesem Staat ansässigen Unternehmen steuerlich berücksichtigt werden, so sieht Art. 9 Abs. 2 OECD-MA zur Vermeidung der Doppelbesteuerung vor, dass der andere an der Entsendung beteiligte Staat bei dem in diesem Staat ansässigen Unternehmen die steuerlich berücksichtigten Aufwendungen entsprechend erhöht. In vielen von Deutschland abgeschlossenen Doppelbesteuerungsabkommen ist eine Art. 9 Abs. 2 OECD-MA entsprechende Vorschrift zur Gegenkorrektur allerdings nicht enthalten. Das Musterabkommen sieht für Fälle, in denen keine Einigkeit über Art und Höhe der Gewinnberichtigung besteht, ein Verständigungsverfahren zwischen den betreffenden Staaten vor, auf das der Steuerpflichtige jedoch in der Regel keinen Anspruch hat.

Die Vorschriften des Art. 9 OECD-MA räumen den Vertragsstaaten nur die Möglichkeit ein, die Gewinne der Unternehmen zu korrigieren. Ob und wie diese Möglichkeiten in Anspruch genommen werden, wird jedoch nicht durch das DBA geregelt, sondern ist von den nationalen Rechtsvorschriften der jeweiligen Vertragsstaaten abhängig.

In Deutschland wird eine Korrektur der verrechneten Aufwendungen vorgenommen, wenn die deutsche Finanzverwaltung nach Prüfung der Verrechnungspreise (zwischen verbundenen Unternehmen) zu der Ansicht gelangt, dass die vorgenommene Gewinnverteilung nicht der Situation entspricht, wie sie zwischen fremden Dritten entstanden wäre. Für diese Korrektur stehen im deutschen Steuerrecht grundsätzlich drei Möglichkeiten zur Verfügung[126]:

- Verdeckte Gewinnausschüttung (siehe Abschnitt 7.4.1),

- Verdeckte Einlage (siehe Abschnitt 7.4.2),

- Korrektur nach § 1 AStG (siehe Abschnitt 7.4.3).

Gesetzlich nicht erfasst ist dagegen die sog. Nutzungseinlage[127].

---

[126] Siehe hierzu auch Zehetmair, IStR 1998, 257.
[127] Siehe hierzu auch Abschnitt 7.4.2.

7.4.1 Verdeckte Gewinnausschüttung (§ 8 Abs. 3 KStG)

Eine Korrektur nach den Vorschriften zur verdeckten Gewinnausschüttung kommt insbesondere dann in Betracht, wenn ein Arbeitnehmer aus einer ausländischen Muttergesellschaft in eine inländische Tochtergesellschaft entsendet wird und hierfür zu hohe Aufwendungen auf die inländische Tochtergesellschaft verrechnet werden.

Die Voraussetzungen für das Vorliegen einer verdeckten Gewinnausschüttung und die Folgen einer verdeckten Gewinnausschüttung sollen nachfolgend anhand eines Beispiels erläutert werden.

Beispiel:

Ein Arbeitnehmer einer französischen Gesellschaft wird in eine in Deutschland ansässige Tochtergesellschaft entsendet. Obwohl der Arbeitnehmer 50% seiner Arbeitszeit (auf Kontrollaufgaben) für die Muttergesellschaft verwendet, trägt die Tochtergesellschaft die gesamten Vergütungen für den entsendeten Arbeitnehmer.

Das Vorliegen einer verdeckten Gewinnausschüttung setzt voraus, dass

- beim Tochterunternehmen eine Vermögensminderung oder eine entgangene Vermögensmehrung vorliegt und

- diese Vermögensminderung bzw. entgangene Vermögensmehrung im Gesellschaftsverhältnis mit dem Mutterunternehmen begründet liegt.

Zur Erfüllung der erstgenannten Voraussetzung kommt es auf die Zuführung eines Vermögensvorteils bei der Muttergesellschaft nicht an. Entscheidend ist allein die Verminderung bzw. entgangene Mehrung des Vermögens auf Ebene der Tochtergesellschaft. Eine Vermögensminderung bei der Tochtergesellschaft tritt insbesondere auch dann ein, wenn die Tochtergesellschaft für Leistungen, die sie von ihrer Muttergesellschaft bezieht, ein zu hohes Entgelt zahlt.

Beispiel:

Im obigen Beispiel hat die Tochtergesellschaft die gesamten Arbeitnehmer-Vergütungen getragen, tatsächlich aber nur 50% der Arbeitskraft des Arbeitnehmers zur Verfügung gestellt bekommen.

Die Tochtergesellschaft zahlt damit für die von der Muttergesellschaft bereitgestellte Arbeitskraft des entsendeten Arbeitnehmers ein (um 100%) zu hohes Entgelt. Bei der Tochtergesellschaft liegt eine Vermögensminderung vor.

Eine Veranlassung durch das Gesellschaftsverhältnis liegt dann vor, wenn die Tochtergesellschaft ihrer Muttergesellschaft einen Vermögensvorteil zuwendet, den sie bei Anwendung der Sorgfalt eines ordentlichen und gewissenhaften Geschäftsleiters einem Nichtgesellschafter nicht gewährt hätte[128]. Der Maßstab für die Prüfung der Angemessenheit der erfolgen Verrechnung ist also in der Regel ein Fremdvergleich.

Beispiel:

Bezogen auf das obige Beispiel würde eine ordentlicher und gewissenhafter Geschäftsleiter nicht die gesamten Vergütungen für einen Arbeitnehmer tragen, dessen Arbeitskraft ihm nur zur Hälfte zur Verfügung steht und zur anderen Hälfte einem Nichtgesellschafter. Nur weil die andere Hälfte der Arbeitskraft des entsendeten Arbeitnehmers der Muttergesellschaft zugute kommt, ist die Tochtergesellschaft bereit, die gesamten Aufwendungen für den Arbeitnehmer zu tragen.

Die bei der Tochtergesellschaft eintretende Vermögensminderung ist somit - in Höhe von 50% der für den entsendeten Arbeitnehmer getragenen Vergütung - im Gesellschaftsverhältnis zur Muttergesellschaft begründet. Es liegt deshalb insoweit eine verdeckte Gewinnausschüttung vor.

Stellt die Finanzbehörde bei einer in Deutschland ansässigen Tochtergesellschaft eine verdeckte Gewinnausschüttung fest, wird sie den Unterschiedsbetrag zwischen den verrechneten Aufwendungen und den angemessenen Aufwendungen bei der Ermittlung des Gewinns wieder hinzurechnen und damit den in Deutschland zu versteuernden Gewinn entsprechend erhöhen.

Beispiel:

Im obigen Beispiel würde die Finanzverwaltung den Gewinn der Tochtergesellschaft um 50% der für den entsendeten Arbeitnehmer getragenen Vergütung erhöhen.

---

[128] Vgl. BFH-Urteil v. 11.2.1997, BStBl. II 1987, 461.

7.4.2 Verdeckte Einlage (§ 8 Abs. 1 KStG i.V.m. § 4 Abs. 1 S. 5 EStG)

Eine Korrektur nach den Vorschriften zur verdeckten Einlage kommt allenfalls dann in Betracht, wenn ein Arbeitnehmer aus einer ausländischen Muttergesellschaft in eine inländische Tochtergesellschaft entsendet wird und hierfür zu geringe Aufwendungen auf die inländische Tochtergesellschaft verrechnet werden.

Auch für die verdeckte Einlage sollen die Voraussetzungen und Rechtsfolgen anhand eines - zur verdeckten Ausschüttung analogen[129] - Beispiels erläutert werden.

Beispiel:

Ein Arbeitnehmer einer französischen Gesellschaft wird in eine in Deutschland ansässige Tochtergesellschaft entsendet. Obwohl der Arbeitnehmer 50% seiner Arbeitszeit für die Tochtergesellschaft verwendet, trägt die Muttergesellschaft die gesamten Arbeitnehmer-Vergütungen.

Das Vorliegen einer verdeckten Einlage setzt voraus, dass

- die Muttergesellschaft ihrer Tochtergesellschaft einen Vermögensvorteil zuwendet und

- diese Zuwendung ihre Ursache im Gesellschaftsverhältnis hat.

Dabei werden von der verdeckten Einlage jedoch nur solche Vermögensvorteile erfasst, die bilanzierungsfähig sind.

Beispiel:

Im obigen Beispiel trägt die Muttergesellschaft Vergütungen, die eigentlich von der Tochtergesellschaft zu tragen wären.

Der Tochtergesellschaft wird damit durch die Muttergesellschaft ein Vermögensvorteil zugewendet.

Dieser Vermögensvorteil könnte jedoch allenfalls dann einen bilanzierungsfähigen Vermögensvorteil darstellen, wenn man ihn als „Verzicht auf eine Forderung" der Muttergesellschaft gegenüber der Tochtergesellschaft bzw. als einen „Wegfall einer Verbindlichkeit" bei der Tochtergesellschaft beurteilt.

Grundsätzlich sind jedoch unentgeltliche oder verbilligte Nutzungsüberlassungen der Muttergesellschaft gegenüber der Tochtergesellschaft – wie sie in dem hier betrachteten Beispiel vorliegen – nicht als eine verdeckte Einlage zu beurteilen, da eine Nutzung kein einlagefähiges Wirtschaftsgut ist.

Beispiel:

Erfolgt in obigem Beispiel in Frankreich eine Korrektur des Gewinnes der Muttergesellschaft in der Form, dass der Gewinn der Muttergesellschaft um den Betrag erhöht wird, in dessen Höhe die Muttergesellschaft Aufwendungen trägt, die der Tochtergesellschaft zuzurechnen sind, so kommt es insoweit zu einer Doppelbesteuerung. Denn die Aufwendungen, die der Tochtergesellschaft zuzurechnen sind, werden weder bei der Besteuerung der Muttergesellschaft in Frankreich noch bei der Besteuerung der Tochtergesellschaft in Deutschland berücksichtigt.

Für Fälle, in denen die Doppelbesteuerung nach den deutschen Gesetzesvorschriften nicht verhindert werden kann, räumt die Finanzverwaltung allerdings die Möglichkeit ein, dass die in Deutschland besteuerten Einkünfte durch ein Verständigungs-/Konsultationsverfahren herabgesetzt werden[130].

Beispiel:

Im obigen Beispiel könnte im Rahmen eines Verständigungs-/Konsultationsverfahrens erreicht werden, dass bei der Veranlagung der Tochtergesellschaft in Deutschland 50% der Arbeitnehmer-Vergütungen gewinnmindernd berücksichtigt werden.

Eine Veranlassung durch das Gesellschaftsverhältnis liegt – analog zum Fall der verdeckten Gewinnausschüttung[131] – dann vor, wenn ein Nicht-Gesellschafter bei der Anwendung der Sorgfalt eines ordentlichen Kaufmanns der Gesellschaft den Vermögensvorteil nicht eingeräumt hätte.

Beispiel:

Im obigen Beispiel ist die Veranlassung durch das Gesellschaftsverhältnis gegeben, da ein fremder Dritter nicht die Aufwendungen getragen hätte, die auf die Arbeitsleistung entfallen, die der Arbeitnehmer für die Tochtergesellschaft erbringt.

---

[129] Vgl. Abschnitt 7.4.1.

7.4.3 Korrektur nach § 1 AStG

Die Vorschrift des § 1 AStG ist subsidiär zu den Vorschriften zur verdeckten Gewinnausschüttung[132] und zur verdeckten Einlage[133], d.h. sie kommt nicht zur Anwendung, wenn eine verdeckte Gewinnausschüttung oder eine verdeckte Einlage gegeben ist.

Eine Korrektur nach § 1 AStG kommt deshalb insbesondere dann in Betracht, wenn ein Arbeitnehmer aus einer inländischen Muttergesellschaft in eine ausländische Tochtergesellschaft entsendet wird und hierfür zu geringe Aufwendungen auf die ausländische Tochtergesellschaft verrechnet werden.

Auch die Voraussetzungen und Rechtsfolgen einer Korrektur nach § 1 AStG sollen - analog zu den Ausführungen zur verdeckten Gewinnausschüttung[134] und verdeckten Einlage[135] - anhand eines Beispiels erläutert werden.

Beispiel:

Ein Arbeitnehmer einer deutschen Gesellschaft wird in eine in Frankreich ansässige Tochtergesellschaft entsendet. Obwohl der Arbeitnehmer nur 50% seiner Arbeitszeit (auf Kontrollaufgaben) für die Muttergesellschaft verwendet, trägt die Muttergesellschaft die gesamten Arbeitnehmer-Vergütungen. Die deutsche Gesellschaft ist zu 100% an der französischen Tochtergesellschaft beteiligt.

Die Anwendung von § 1 AStG setzt voraus, dass bei einem in Deutschland Steuerpflichtigen die Einkünfte aus Geschäftsbeziehungen mit einer im Ausland ansässigen, nahe stehenden Person dadurch gemindert wurden, dass Bedingungen vereinbart wurden, die voneinander unabhängige Dritte nicht miteinander vereinbart hätten.

Eine Person ist insbesondere auch dann nahe stehend im Sinne von § 1 AStG, wenn der in Deutschland Steuerpflichtige mindestens zu einem Viertel an dieser Person beteiligt ist (§ 1 Abs. 2 Nr. 1 AStG).

---

[130] BMF-Schreiben vom 23.02.1983 (FN 116), Rz. 1.2.2.
[131] Vgl. Abschnitt 7.4.1
[132] Siehe hierzu Abschnitt 7.4.1.
[133] Siehe hierzu Abschnitt 7.4.2.
[134] Vgl. Abschnitt 7.4.1.
[135] Vgl. Abschnitt 7.4.2.

Beispiel:

Im obigen Beispiel ist die deutsche Gesellschaft zu 100% an der französischen Gesellschaft beteiligt. Die französische Gesellschaft stellt damit für die deutsche Gesellschaft eine nahe stehende Person im Sinne von § 1 AStG dar.

Eine Geschäftsbeziehung im Sinne von § 1 AStG liegt vor, wenn die schuldrechtliche Beziehung keine gesellschaftsrechtliche Vereinbarung ist und auf die zugrunde liegenden Tätigkeiten die Bestimmungen der §§ 13, 15, 18 und 21 EStG anzuwenden sind bzw. wären, wenn die Tätigkeit im Inland vorgenommen würde (§ 1 Abs. 4 AStG). Erfasst werden somit Rechtsgeschäfte jeder Art, wie der Erwerb oder die Veräußerung von Wirtschaftsgütern, die Dienstleistungserbringung, die Darlehenshingabe und die Nutzungsüberlassung. Nicht erfasst wird hingegen die Bereitstellung von Nennkapital, da diese auf einer gesellschaftsrechtlichen Vereinbarung beruht.

Beispiel:

Im obigen Beispiel wird ein Arbeitnehmer der Muttergesellschaft (zu 50%) für die Tochtergesellschaft tätig. Es liegt somit eine Geschäftsbeziehung im Sinne von § 1 AStG vor.

Berichtigt werden nach § 1 AStG nur durch vereinbarte Geschäftsbeziehungen geminderte Einkünfte, nicht dagegen durch solche Geschäftsbeziehungen erhöhte Einkünfte. Eine Gewinnkorrektur kann daher nur zu Lasten des Steuerpflichtigen erfolgen.

Beispiel:

Im obigen Beispiel erfolgt durch die nicht erfolgte Verrechnung der Aufwendungen der Muttergesellschaft auf die ausländische Tochtergesellschaft bei der inländischen Muttergesellschaft eine Minderung der Einkünfte. Eine Korrektur nach § 1 AStG ist daher möglich.

Liegen alle Voraussetzungen für eine Anwendung von § 1 AStG vor, sind die Einkünfte nach § 1 AStG so anzusetzen, wie sie unter den zwischen unabhängigen Dritten vereinbarten Bedingungen angefallen wären, d.h. es gilt das „dealing at arm's length"-Prinzip.

Beispiel:

Im obigen Beispiel werden infolge der Korrektur nach § 1 AStG bei der Ermittlung der Einkünfte der Muttergesellschaft nur 50% der Arbeitnehmer-Vergütungen berücksichtigt. Dies hat zur Folge, dass die Einkünfte und damit das zu versteuernde Einkommen um (die nicht berücksichtigten) 50% dieser Vergütungen ansteigt.

Abschnitt C:

Sozialversicherungspflicht

8 Motivation

Wird ein Arbeitnehmer grenzüberschreitend entsendet, ist neben der Frage, ob dieser Arbeitnehmer mit seinen Vergütungen im Entsendestaat oder im Tätigkeitsstaat besteuert wird, ebenso von Interesse, ob der Arbeitnehmer im Entsende- oder im Tätigkeitsstaat der Sozialversicherungspflicht unterliegt. Denn zum einen stellen die auf die Arbeitnehmer-Vergütungen zu entrichtenden Sozialversicherungsabgaben oftmals einen ebenso bedeutenden Kostenfaktor dar wie die steuerliche Belastung.

Beispiel:

In Deutschland liegt der Einkommensteuersatz im Jahr 2005 zwischen 15% (Eingangssteuersatz) und 42% (Spitzensteuersatz); hinzu kommt ein Solidaritätszuschlag in Höhe von 5,5% der Einkommensteuer. Der Gesamt-Beitragssatz zur Sozialversicherung beträgt 41,7%[136].

Zum anderen kann sich - ebenso wie die Höhe der Steuerlast - auch das Verhältnis zwischen Sozialversicherungsbeiträgen und den daraus resultierenden Sozialleistungen zwischen Entsende- und Tätigkeitsstaat erheblich unterscheiden[137].

In welchem Staat die Arbeitnehmervergütungen besteuert werden, ist (in DBA-Fällen) grundsätzlich nur davon abhängig, ob die Entsendedauer 183 Tage überschreitet und in wessen Interesse die Entsendung erfolgt. Dagegen ist die Sozialversicherungspflicht im Entsende- bzw. Tätigkeitsstaat von weit mehr Voraussetzungen abhängig – sie kann deshalb stärker durch Gestaltungen beeinflusst werden[138]. Arbeitnehmer und Arbeitgeber sollten dabei die Sozialversicherungspflicht in dem Staat anstreben, in dem das Verhältnis zwischen den zu leisten-

---

[136] Dabei wurde von einem durchschnittlichen Beitragssatz zur gesetzlichen Krankenversicherung von 14,0% ausgegangen, vgl. Bundesversicherungsanstalt für Angestellte (BfA), im Internet unter: http://www.bfa.de/nn_38540/de/Inhalt/Zahlen_20-_20Fakten/RV-Werte/RV-Werte_20Zeitreihen/Versicherungsbereich/Beitragss_C3_A4tze_20zur_20Sozialversicherung.html.

[137] Zu Fragen der Steuerplanung und sozialversicherungsrechtlichen Gestaltungsmöglichkeiten in Entsendungsfällen siehe H.-G. Fajen, Steuerfragen bei der Entsendung von Mitarbeitern ins Ausland, IStR, 1995, S. 469; K.-W. Hofmann/H. Nowak/T. Rohrbach, Auslandsentsendung: Vorteile, Vorschriften und Gestaltungsmöglichkeiten der Entsendung im Arbeitsrecht, Steuerrecht und Sozialversicherungsrecht, 2002, S. 117 ff., 201 ff.; Jacobs (FN 2.), S. 1257.

[138] Zu arbeitsrechtlichen Gesichtspunkten bei Mitarbeiterentsendungen siehe A. Gerauer, Arbeitsrechtliche Gesichtspunkte beim Auslandseinsatz von Arbeitnehmern in: Gerauer (Hrsg.) Auslandseinsatz von Arbeitnehmern im Arbeits-, Sozialversicherungs- und Steuerrecht, 2000, S. 24; K.-W. Hofmann/H. Nowak/T. Rohrbach (FN 137), S. 8 ; K. Pietras/ H. Thomas, Die konzerninterne Entsendung von ausländischen Arbeitnehmern nach Deutschland, RIW, 2001, S. 691 (693).

den Sozialversicherungsbeiträgen und den sich daraus ergebenden Leistungen am günstigsten ist[139].

Ziel dieses Beitrags ist es, aufzuzeigen, ob und wie durch die Ausgestaltung der Entsendebedingungen erreicht werden kann, dass der entsendete Arbeitnehmer im Tätigkeitsstaat oder aber im Entsendestaat der Sozialversicherungspflicht unterliegt.

Dazu soll im Anschluss an diese einleitenden Ausführungen zunächst dargestellt werden, unter welchen Voraussetzungen der entsendete Arbeitnehmer im Entsendestaat bzw. im Tätigkeitsstaat der Sozialversicherungspflicht unterliegt (Abschnitt 9). Diese Ausführungen bilden die Grundlage für die in Abschnitt 10 erfolgenden Gestaltungsüberlegungen. Hier werden die Möglichkeiten erläutert, die zu einem Verbleib im Sozialversicherungssystem des Entsendestaates bzw. zu einem Wechsel in das Sozialversicherungssystem des Tätigkeitsstaates führen. Dabei wird danach differenziert, ob die Entsendung im wirtschaftlichen Interesse des entsendenden Mutterunternehmens oder im wirtschaftlichen Interesse des aufnehmenden Tochterunternehmens erfolgt.

---

[139] Zu Vorteilhaftigkeitsfragen und Gestaltungsüberlegungen bei Entsendungen zwischen Deutschland und den USA siehe D. Wellisch, Wahl des Sozialversicherungssystems bei internationalen Mitarbeiterentsendungen – ein Planungsansatz am Beispiel einer Entsendung in ein amerikanisches Tochterunternehmen, Magdeburg 2003, mimeo.

9 Regelung der Sozialversicherungspflicht

Bei internationalen Mitarbeiterentsendungen ist im Hinblick auf die Regelung der Sozialversicherungspflicht zwischen folgenden drei Fällen zu differenzieren:

Fall 1: Zwischen dem Entsendestaat und dem Zielstaat besteht kein zwischenstaatliches Abkommen über die soziale Sicherheit (Sozialversicherungsabkommen – SVA) (Abschnitt 9.1).

Beispiele:
Hierunter fallen alle Entsendungen, die nicht unter Fall 2 oder Fall 3 zu subsumieren sind, d.h. beispielsweise die Entsendungen zwischen Deutschland und den meisten[140] Staaten Asiens, Afrikas sowie Mittel- und Südamerikas.

Fall 2: Zwischen dem Entsendestaat und dem Zielstaat besteht ein Sozialversicherungsabkommen (Abschnitt 9.2).

Beispiele:
Deutschland hat mit folgenden Staaten bilaterale Sozialversicherungsabkommen geschlossen: Australien, Bosnien-Herzegowina, Bulgarien, Chile, Israel, Japan, Kanada, Korea, Kroatien, Marokko, Mazedonien, Türkei, Tunesien, USA[141]. Somit fallen beispielsweise Entsendungen zwischen Deutschland und diesen Staaten unter Fall 2.

Fall 3: Beim Entsendestaat und beim Zielstaat handelt es sich um Staaten der Europäischen Union (EU) bzw. des Europäischen Wirtschaftsraumes (EWR) (Abschnitt 9.3).

Beispiele:
Zur EU gehören (neben Deutschland) derzeit folgende Staaten: Belgien, Niederlande, Luxemburg, Frankreich, Italien, Großbritannien, Irland, Spanien, Portugal, Griechenland, Dänemark, Finnland, Schweden, Österreich, Polen, Tschechien, Ungarn, Slowenien, Malta, Estland, Lettland, Litauen, Slowakei und Zypern. EWR-Staaten sind Island, Norwegen und Liechtenstein. Somit sind beispielsweise Entsendungen zwischen Deutschland und diesen Staaten unter Fall 3 einzuordnen.

---

[140] Zu den Ausnahmen siehe die Aufzählungen unter Fall 2 und Fall 3.
[141] Vgl. Verband Deutscher Rentenversicherungsträger, im Internet unter: http://www.vdr.de/internet/vdr/home.nsf/index.htm?OpenPage&content=http://www.vdr.de/internet/vdr/rente.nsf/WebpagesFlat/Die+bilateralen+Sozialversicherungsabkommen.

9.1 Fall 1: Ein Sozialversicherungsabkommen liegt nicht vor

Zunächst sei der Fall betrachtet, dass zwischen dem Entsendestaat und dem Zielstaat kein bilaterales Sozialversicherungsabkommen besteht und es sich bei zumindest einem der beiden Staaten nicht um einen Mitgliedstaat der EU/des EWR handelt.

9.1.1 Grundsätzliche Regelung

Liegt ein Sozialversicherungsabkommen nicht vor, so bestimmt sich die Sozialversicherungspflicht im Entsendestaat bzw. im Tätigkeitsstaat allein nach den nationalen Rechtsvorschriften dieser Staaten. Ebenso sind die nationalen Rechtsvorschriften auch dann heranzuziehen, wenn zwischen Entsendestaat und Zielstaat zwar ein Sozialversicherungsabkommen besteht, dieses jedoch nicht alle Teilbereiche des Sozialversicherungsrechts umfasst (siehe hierzu auch Abschnitt 9.2). In diesem Fall ist die Sozialversicherungspflicht in den Teilbereichen, die nicht durch das Sozialversicherungsabkommen erfasst werden, nach den nationalen Rechtsvorschriften von Entsende- und Tätigkeitsstaat zu beurteilen.

Nach den nationalen Rechtsvorschriften gilt grundsätzlich das Arbeitsortprinzip. Dies bedeutet, dass ein Arbeitnehmer grundsätzlich in dem Staat der Sozialversicherungspflicht unterliegt, in dem er beschäftigt ist. Nach deutschem Sozialversicherungsrecht ist der Arbeitnehmer in dem Staat beschäftigt, in dem er seine Tätigkeit tatsächlich ausübt (§ 9 Abs. 1 SGB IV)[142], d.h. die Sozialversicherungspflicht besteht im Tätigkeitsstaat. Dabei umfasst die Sozialversicherungspflicht in der Regel alle Teilbereiche des Sozialversicherungsrechts. So sind beispielsweise alle in Deutschland beschäftigten Arbeitnehmer – unabhängig von ihrer Staatsangehörigkeit – in allen Zweigen der deutschen Sozialversicherung versicherungs- und beitragspflichtig (§ 2 Abs. 2 Nr. 1 SGB IV).

Von diesem Grundsatz des Arbeitsortprinzips existieren jedoch Ausnahmen, bei deren Vorliegen der entsendete Arbeitnehmer weiterhin im Entsendestaat (sozial-)versichert bleibt. Betrachtet man nun speziell eine Entsendung aus Deutschland in einen Staat, mit dem kein Sozialversicherungsabkommen besteht, so unterliegt der entsendete Arbeitnehmer (nach deutschem Recht) weiterhin den deutschen Rechtsvorschriften und damit der Sozialversiche-

---

[142] Die Nationalität des Arbeitnehmers und die Ansässigkeit des Arbeitgebers sind somit bei der Bestimmung des Beschäftigungsortes nach deutschem Sozialversicherungsrecht ohne Bedeutung; vgl. Begründung zum Gesetzentwurf eines Sozialgesetzbuches, Bundestags-Drucksache 7/4122 vom 08.10.1975, B. Besonderer Teil, Zu § 9 SGB, S. 31.

rungspflicht in Deutschland, wenn die Voraussetzungen für eine Ausstrahlung[143] im Sinne von § 4 SGB IV vorliegen. Im umgekehrten Entsendefall – einer Entsendung aus einem Staat, mit dem kein Sozialversicherungsabkommen besteht, nach Deutschland – unterliegt der entsendete Arbeitnehmer (nach deutschem Recht) weiterhin den Rechtsvorschriften des jeweiligen Entsendestaates und damit nicht der Sozialversicherungspflicht in Deutschland, wenn die Voraussetzungen für eine Einstrahlung[144] im Sinne von § 5 SGB IV erfüllt sind. In den nachfolgenden Abschnitten 9.1.2 und 9.1.3 sollen deshalb die Voraussetzungen für das Vorliegen einer Ausstrahlung bzw. Einstrahlung erläutert werden. Dabei wird auch darauf eingegangen, ob in anderen Staaten – insbesondere in Brasilien – der Aus- und Einstrahlung nach deutschem Sozialversicherungsrecht äquivalente Vorschriften existieren.

Kennt der Staat, in den bzw. aus dem die Entsendung erfolgt, keine der Einstrahlung und Ausstrahlung nach deutschem Sozialversicherungsrecht entsprechende Vorschriften oder weichen die Voraussetzungen für das Vorliegen einer Ein- bzw. Ausstrahlung von den in Deutschland geltenden Voraussetzungen ab, so kann dies zu einer Doppelversicherung des entsendeten Arbeitnehmers oder zu dessen vollständiger Befreiung von der Versicherungspflicht führen (siehe Abschnitt 9.1.4).

9.1.2 Ausstrahlung

Für das Vorliegen einer Ausstrahlung nach § 4 Abs. 1 SGB IV – und damit für den Verbleib eines aus Deutschland entsendeten Arbeitnehmers in der deutschen Sozialversicherung – müssen folgende Voraussetzungen kumulativ erfüllt sein:

♦ Es liegt eine Entsendung vor.

Eine Entsendung liegt immer dann vor, wenn sich ein Arbeitnehmer auf Weisung seines inländischen Arbeitgebers ins Ausland begibt, um dort für seinen inländischen Arbeitgeber eine Beschäftigung auszuüben[145].

---

[143] „Ausstrahlung" bedeutet, die deutsche Sozialversicherungspflicht strahlt auf den im Ausland tätigen Arbeitnehmer aus, d.h. sie erfasst auch Arbeitnehmer, die außerhalb Deutschlands tätig sind.
[144] „Einstrahlung" bedeutet, die deutsche Sozialversicherungspflicht erfasst den in Deutschland tätigen Arbeitnehmer nicht, weil Deutschland davon ausgeht, dass das Sozialversicherungsrecht des Entsendestaates nach Deutschland einstrahlt und diesen Arbeitnehmer erfasst. Ob der Arbeitnehmer jedoch tatsächlich dem Sozialversicherungsrecht des Entsendestaates unterliegt, entscheidet sich allein nach den Rechtsvorschriften des Entsendestaates.
[145] Vgl. Gemeinsame Verlautbarungen der Spitzenorganisationen der Sozialversicherungsträger – Richtlinien zur versicherungsrechtlichen Beurteilung von Arbeitnehmern bei Ausstrahlung (§ 4 SGB IV) und Einstrahlung (§ 5 SGB IV) vom 20.11.1997 in Amtliche Nachrichten der Bundesanstalt für Arbeit Bd. 46, 1998, S. 147, Abschnitt 3.1.

- Die Entsendung erfolgt im Rahmen eines im Inland bestehenden Beschäftigungsverhältnisses.

Die Entsendung erfolgt im Rahmen eines inländischen Beschäftigungsverhältnisses, wenn der Schwerpunkt der rechtlichen und tatsächlichen Merkmale des Beschäftigungsverhältnisses weiterhin im Inland liegt[146]. Dies ist (insbesondere) dann der Fall, wenn

- der im Ausland beschäftigte Arbeitnehmer organisatorisch in den Betrieb des inländischen Arbeitgebers eingegliedert bleibt und er in Bezug auf Zeit, Dauer, Ort und Ausführung der Arbeit weiterhin dem Weisungsrecht des inländischen Arbeitgebers untersteht[147] und

- sich der Anspruch auf Arbeitsentgelt gegen den inländischen Arbeitgeber richtet.

Um weiterhin in den Betrieb des inländischen Arbeitgebers eingegliedert zu sein, wird insbesondere vorausgesetzt, dass die Arbeit für das inländische Unternehmen erbracht wird und die Arbeitsleistung des Arbeitnehmers aus wirtschaftlicher Sicht dem inländischen Unternehmen zugerechnet wird[148]. Dabei ist nicht entscheidend, von wem der Arbeitnehmer seine Vergütung erhält. Vielmehr ist von Bedeutung, wer im Ergebnis die wirtschaftliche Last der Arbeitnehmerentlohnung trägt. Erfolgt die Vergütung des entsendeten Arbeitnehmers zwar durch die inländische Muttergesellschaft, so ist die Arbeitsleistung des entsendeten Arbeitnehmers dennoch der ausländischen Tochtergesellschaft zuzurechnen, wenn die Muttergesellschaft die Arbeitnehmervergütung der Tochtergesellschaft in Rechnung stellt, so dass diese damit den Personalaufwand wirtschaftlich trägt und ihn als Betriebsausgabe steuerlich geltend machen kann. Eine Ausstrahlung nach § 4 SGB IV liegt somit nur dann vor, wenn die Entsendung im wirtschaftlichen Interesse des entsendenden Unternehmens erfolgt, d.h. nur dann, wenn das entsendende Unternehmen wirtschaftlich mit der Arbeitnehmervergütung belastet wird. Die Entsendung muss somit im wirtschaftlichen Interesse des entsendenden Unternehmens erfolgen.

---

[146] Begründung zum Gesetzentwurf eines Sozialgesetzbuches (FN 142), Zu § 4 SGB, S. 30.
[147] Das heißt, wenn weiterhin eine Beschäftigung im sozialversicherungsrechtlichen Sinne gem. § 7 SGB IV vorliegt.
[148] Vgl. Bundessozialgericht (BSG), Urteil vom 7.11.1996 – 12 RK 79/94 NZS, 1997, S. 372, Urteil vom 30.04.1997 - 12 RK 54/96 und 12 RK 55/96; vgl. auch Richtlinien zur versicherungsrechtlichen Beurteilung von Arbeitnehmern bei Ausstrahlung (§ 4 SGB IV) und Einstrahlung (§ 5 SGB IV) (FN 145), Abschnitt 3.3, F. Bertram, Sozialversicherungsrechtliche Folgen der Auslandstätigkeit von Arbeitnehmern – insbesondere bei Entsendung innerhalb Europas (EU), IStR 1996, 443; K.-W. Hofmann/H. Nowak/T. Rohrbach, (FN 137), S. 202; R. Holtermann, Sozialversicherungsrechtliche Behandlung von ins Ausland entsandtem Personal in: A. Gerauer (FN 138), S. 83 ff.; H.-P. Limbach/Th. Koch/J. Joha, Sozialversicherung bei Auslandsbeschäftigung, 1998, S. 20 ff..

- Die Dauer der Beschäftigung im Ausland ist bereits im vorhinein zeitlich begrenzt.

Diese Forderung ist erfüllt, wenn im Voraus für die Entsendedauer eine feste Zeitgrenze festgelegt wird oder sich eine Befristung aus der Eigenart der Beschäftigung (Projekt) bzw. aus dem Arbeitsvertrag (befristete Entsendung) ergibt. Eine konkrete maximal zulässige Zeitdauer ist gesetzlich nicht festgelegt. Auch ist es für das Vorliegen einer Ausstrahlung nicht schädlich, wenn eine zeitlich befristete Entsendung verlängert wird[149].

Auch in einigen anderen Staaten gibt es Vorschriften, die für ins Ausland entsendete Arbeitnehmer den Verbleib in der Sozialversicherungspflicht dieses (Entsende-)Staates vorschreiben.

Beispiel:

Wird ein Arbeitnehmer von seinem Arbeitgeber aus Brasilien nach Deutschland entsendet und besteht mit dem brasilianischen Arbeitgeber weiterhin ein Arbeitsverhältnis (kein ruhender Arbeitsvertrag), so ist der entsendete Arbeitnehmer sowohl im brasilianischen staatlichen Regime Geral de Previdência Social (RGPS), das eine Absicherung der Risiken Alter, Krankheit, Unfall, Invalidität und Tod umfasst, als auch in der brasilianischen Arbeitslosenversicherung (Fundo de Garantia do Tempo de Servicio) weiterhin pflichtversichert.

Die Sozialversicherungspflicht in Brasilien knüpft allein daran an, dass in Brasilien ein Arbeitsverhältnis (formaler Arbeitsvertrag) besteht[150]. Somit gilt die Versicherungspflicht in Brasilien auch dann, wenn die Entsendedauer nicht von vornherein befristet ist. Ebenso ist unerheblich, ob die brasilianische Muttergesellschaft wirtschaftlich mit der Arbeitnehmervergütung belastet wird. Es kommt somit auch dann zur Ausstrahlung im Sinne des brasilianischen Sozialversicherungsrechts, wenn die deutsche Tochtergesellschaft wirtschaftlich mit der Arbeitnehmervergütung belastet wird.

9.1.3 Einstrahlung

Bei Vorliegen einer Einstrahlung unterliegt der nach Deutschland entsendete Arbeitnehmer (nach deutschem Recht) weiterhin den Rechtsvorschriften des Entsendestaates. Die Voraus-

---

[149] Zur zeitlichen Befristung der Entsendedauer siehe Begründung zum Gesetzentwurf eines Sozialgesetzbuches (FN 142), Zu § 4 SGB, S. 30; Richtlinien zur versicherungsrechtlichen Beurteilung von Arbeitnehmern bei Ausstrahlung (§ 4 SGB IV) und Einstrahlung (§ 5 SGB IV) (FN 145), Abschnitt 3.4.
[150] Zur Sozialversicherungspflicht in Brasilien siehe H. Schwarzer, Sozialstaatliche Rentenreformen in Lateinamerika? – Der Fall Brasilien, 2003, S. 70 ff., 116 ff.

setzungen für eine Einstrahlung nach § 5 SGB IV sind analog zu denen für eine Ausstrahlung im Sinne von § 4 SGB IV. So wird für eine Einstrahlung vorausgesetzt, dass

♦ eine Entsendung vorliegt, die

♦ im Rahmen eines ausländischen Beschäftigungsverhältnisses erfolgt und

♦ im Voraus zeitlich begrenzt ist.

Dabei bedeutet in diesem Zusammenhang Entsendung, dass sich ein Arbeitnehmer auf Weisung seines ausländischen Arbeitgebers aus dem Ausland nach Deutschland begibt, um dort für ihn eine Beschäftigung auszuüben[151]. Zur Erläuterung der genannten Voraussetzungen gelten analog die Ausführungen zu den Voraussetzungen der Ausstrahlung (siehe Abschnitt 9.1.2), auf welche an dieser Stelle verwiesen sei. So kann auch eine Einstrahlung im Sinne von § 5 SGB IV nur dann vorliegen, wenn die Entsendung im wirtschaftlichen Interesse des entsendenden Unternehmens erfolgt.

Wiederum gibt es auch in einigen anderen Staaten entsprechende Vorschriften, nach denen Arbeitnehmer, die aus Deutschland in diese Staaten entsendet werden, weiterhin den deutschen Rechtsvorschriften unterliegen sollen.

Beispiele:

Das kanadische Sozialversicherungsrecht[152] sieht vor, dass aus dem Ausland nach Kanada entsendete Arbeitnehmer nicht in der kanadischen Arbeitslosenversicherung pflichtversichert sind, sofern sie im Entsendestaat von der Arbeitslosenversicherung erfasst werden (siehe ausführlicher Abschnitt b)).

Dagegen ist in Brasilien eine der Einstrahlung nach deutschem Recht entsprechende Regelung nicht gegeben. Ein Arbeitnehmer, der aus Deutschland nach Brasilien entsendet wird, ist obligatorisch im brasilianischen staatlichen Regime Geral de Previdência Social und in der brasilianischen Arbeitslosenversicherung versichert. Dies resultiert daraus, dass die Versicherungspflicht in Brasilien nur an das formale Bestehen eines Arbeitsvertrages mit einem Unternehmen in Brasilien anknüpft und ein nach Brasilien entsendeter Arbeitnehmer nur dann ein Visum erhält, wenn er einen Arbeitsvertrag mit einem brasiliani-

---

[151] Vgl. Richtlinien zur versicherungsrechtlichen Beurteilung von Arbeitnehmern bei Ausstrahlung (§ 4 SGB IV) und Einstrahlung (§ 5 SGB IV) (FN 145), Abschnitt 4.1.
[152] Zwar besteht zwischen Deutschland und Kanada ein Sozialversicherungsabkommen. Dieses regelt jedoch nicht die Versicherungspflicht in der gesetzlichen Arbeitslosenversicherung. Diese wird daher durch die nationalen Rechtsvorschriften geregelt (siehe ausführlich Abschnitt b)).

schen Unternehmen abgeschlossen hat[153]. Der entsendete Arbeitnehmer ist somit auch dann in Brasilien sozialversicherungspflichtig, wenn die deutsche Muttergesellschaft mit der Arbeitnehmervergütung wirtschaftlich belastet wird.

9.1.4 Mögliche Probleme: Doppelversicherung oder vollständige Befreiung

Fehlen zwischenstaatliche Regelungen, so kann dies zu einer Doppelversicherung des entsendeten Arbeitnehmers oder zu dessen vollständiger Befreiung von der Versicherungspflicht führen.

Sind die Voraussetzungen für eine Ausstrahlung nach deutschem Recht erfüllt, kann es zu einer Doppelversicherung kommen, wenn der Staat, in den der deutsche Arbeitnehmer entsendet wird, keine der Einstrahlung im Sinne des § 5 SGB IV äquivalente Regelung kennt[154]. Ebenso kann bei Vorliegen der Voraussetzungen für eine Einstrahlung nach § 5 SGB IV der nach Deutschland entsendete Arbeitnehmer vollständig von der Versicherungspflicht befreit sein, wenn sich im Entsendestaat keine zur Ausstrahlung nach § 4 SGB IV analoge Vorschrift findet.

Beispiele:

Bei einer Entsendung aus Deutschland nach Brasilien kommt es zu einer Doppelversicherung, wenn die Voraussetzungen für eine Ausstrahlung nach § 4 SGB IV vorliegen. Der Arbeitnehmer bleibt aufgrund der Ausstrahlung in Deutschland sozialversicherungspflichtig. Zudem unterliegt er auch in Brasilien der Sozialversicherungspflicht, da in Brasilien keine - der deutschen Einstrahlung adäquate - Regelung existiert, die eine Doppelversicherung vermeidet.

---

[153] Der Arbeitsvertrag mit dem brasilianischen Unternehmen muss vom brasilianischen Arbeitsministerium genehmigt werden. Ein befristetes Visum (visto temporário) erhalten entsendete Arbeitnehmer, die keine Geschäftsführerposition ausüben, für eine Tätigkeit von bis zu 2 Jahren. Das Visum kann für weitere zwei Jahre verlängert werden. Das sog. Dauervisum (visto permanente) wird i.d.R. für 5 Jahre an Personen erteilt, die als Geschäftsführer entsendet werden. Eine Sonderregelung existiert lediglich für Montagepersonal. Sofern für Montagepersonal das Gehalt ausschließlich in Deutschland gezahlt wird, kann ein spezielles Visum beantragt werden.

[154] Zu einer möglichen Doppelversicherung beim Vorliegen der Voraussetzungen für eine Ausstrahlung nach § 4 SGB IV vgl. Begründung zum Gesetzentwurf eines Sozialgesetzbuches (FN 142), Zu § 4 SGB, S. 31; Richtlinien zur versicherungsrechtlichen Beurteilung von Arbeitnehmern bei Ausstrahlung (§ 4 SGB IV) und Einstrahlung (§ 5 SGB IV) (FN 145), Abschnitt 3.7.

Dagegen kann es bei einer Entsendung aus Deutschland nach Kanada[155] nicht zu einer Doppelversicherung in der Arbeitslosenversicherung kommen. Liegen die Voraussetzungen für eine Ausstrahlung nach § 4 SGB IV vor, so ist der entsendete Arbeitnehmer nur in der deutschen Arbeitslosenversicherung pflichtversichert. Von der Versicherungspflicht in der kanadischen Arbeitslosenversicherung ist er befreit, da er in der Arbeitslosenversicherung eines anderen Staates (Deutschland) versichert ist.

9.2 Fall 2: Ein Sozialversicherungsabkommen liegt vor

Deutschland hat - wie mit zahlreichen anderen Staaten[156] - auch mit den USA[157] und mit Kanada[158] bilaterale Abkommen über die Soziale Sicherheit (Sozialversicherungsabkommen – SVA) abgeschlossen. Nachfolgend soll auf die Sozialversicherungspflicht bei Entsendungen zwischen Deutschland und diesen beiden Staaten eingegangen werden.

Der sachliche Anwendungsbereich dieser beiden Sozialversicherungsabkommen[159] umfasst nicht alle Zweige der Sozialversicherung (Art. 2 SVA D-USA, Art. 2 SVA D-Kanada):

♦ Das SVA zwischen Deutschland und den USA bezieht sich im Verhältnis zu Deutschland auf die gesetzliche Rentenversicherung und im Verhältnis zu den USA auf die bundesstaatliche old-age, survivors and disability insurance (Alters-, Hinterbliebenen- und Invaliditätsversicherung, OASDI)[160]. Die Kranken- und Pflegeversicherung der BRD sowie die bundesstaatliche Krankenhausversicherung für Alte und Gebrechliche der USA (Hospital Insurance / Medicare Part A) werden nur partiell erfasst. Nicht erfasst werden die Arbeitslosenversicherung und die Unfallversicherung.

♦ Das SVA zwischen Deutschland und Kanada bezieht sich im Verhältnis zu Deutschland auf die gesetzliche Rentenversicherung und im Verhältnis zu Kanada auf die Old Age

---

[155] Für die Bereiche des Sozialversicherungsrechts, die durch das zwischen Deutschland und Kanada abgeschlossene SVA nicht erfasst werden, wie die z.B. die Arbeitslosenversicherung, sind die Vorschriften über die Ausstrahlung und Einstrahlung nach SGB IV analog anwendbar.
[156] Siehe hierzu die einleitenden Ausführungen zu Abschnitt 9.
[157] Deutsch-Amerikanisches Abkommen über die Soziale Sicherheit (Gesetz zum Abkommen vom 07.01.1976 zwischen der Bundesrepublik Deutschland und den Vereinigten Staaten von Amerika über die Soziale Sicherheit, BGBl II 1976, S. 1358 i.d.F. des Zusatzabkommens vom 02.10.1986, BGBl. 1986 II, S. 83 und des Zweiten Zusatzabkommens vom 06.03.1995, BGBl. 1996 II, S. 302.).
[158] Deutsch-Kanadisches Abkommen über die Soziale Sicherheit (Gesetz zum Abkommen vom 14.11.1985 zwischen der Bundesrepublik Deutschland und Kanada über die Soziale Sicherheit, BGBl II 1988, S. 28).
[159] Zum sachlichen Anwendungsbereich der anderen, von Deutschland abgeschlossenen bilateralen Sozialversicherungsabkommen siehe Verband Deutscher Rentenversicherungsträger (FN 141). Danach wird die Rentenversicherung von allen vorliegenden Sozialversicherungsabkommen erfasst, die Krankenversicherung und Unfallversicherung dagegen nur jeweils von einem Teil der Sozialversicherungsabkommen.

Security (OAS - kanadische Volksrente) sowie den Canada Pension Plan (CPP -kanadische Rentenversicherung). Die gesetzliche Kranken-, Pflege- und Arbeitslosenversicherung der BRD sowie die kanadische Employment Insurance und die Medicare (staatliche Krankenversorgung) werden vom Abkommen nicht erfasst.

Im Folgenden wird zunächst die Sozialversicherungspflicht für die Zweige des Sozialversicherungsrechts untersucht, die vom jeweiligen SVA erfasst werden. Im Anschluss daran wird auf die Versicherungspflicht in den Zweigen des Sozialversicherungsrechts eingegangen, die nicht unter das SVA fallen.

9.2.1 Regelung durch Sozialversicherungsabkommen

Für die Sozialversicherungszweige, die unter das jeweilige Sozialversicherungsabkommen fallen, gilt grundsätzlich das Arbeitsortprinzip, d.h. der Arbeitnehmer ist in dem Staat sozialversicherungspflichtig, in dem er beschäftigt ist (Art. 6 Abs. 1 SVA D-USA, Art. 6 Abs. 1 SVA D-Kanada). Nach U.S.-amerikanischem bzw. kanadischem Sozialversicherungsrecht gelten Arbeitnehmer als in dem Staat beschäftigt, indem sie ihre Tätigkeit tatsächlich ausüben. Von diesem Grundsatz gibt es zwei Ausnahmetatbestände. Danach unterliegt ein entsendeter Arbeitnehmer weiterhin den sozialversicherungsrechtlichen Vorschriften des Entsendestaates, wenn

♦ die Voraussetzungen für eine Entsendung im Sinne des Art. 6 Abs. 2 SVA D-USA bzw. des Art. 7 SVA D-Kanada vorliegen oder

♦ eine Ausnahmegenehmigung nach Art. 6 Abs. 5 SVA D-USA bzw. Art. 10 Abs. 1 SVA D-Kanada erteilt wird.

9.2.1.1 Entsendung im Sinne des Art. 6 Abs. 2 SVA D-USA bzw. Art. 7 SVA D-Kanada

Ein Tatbestand des Art. 6 Abs. 2 SVA D-USA bzw. des Art. 7 SVA D-Kanada liegt vor, wenn ein in Deutschland (bzw. in Kanada oder in den USA) beschäftigter Arbeitnehmer von seinem Arbeitgeber im Rahmen des bestehenden Beschäftigungsverhältnisses nach Kanada

---

[160] Die gesetzliche Rentenversicherung der BRD versichert die Risiken Alter, Invalidität und Tod. Somit ist der sachliche Anwendungsbereich des Sozialversicherungsabkommens für beide Staaten dem Grunde nach vergleichbar.

oder in die USA (bzw. nach Deutschland) entsendet[161] wird, um dort für seinen Arbeitgeber eine Arbeit auszuführen.

Diese Voraussetzungen sind erfüllt, wenn

- die Arbeit für das entsendende Unternehmen ausgeführt wird,
- eine arbeitsrechtliche Bindung zwischen dem Arbeitnehmer und dem entsendenden Unternehmen fortbesteht (Weisungsrecht) und
- die Entsendung für einen im Voraus festgelegten befristeten Zeitraum erfolgt.

Insbesondere ist es erforderlich, dass sich der Anspruch auf Arbeitsentgelt gegen den Arbeitgeber im Entsendestaat richtet und diesem die Arbeitsleistung wirtschaftlich zugerechnet wird. Eine Entsendung im Sinne des Art. 6 Abs. 2 SVA D-USA bzw. Art. 7 SVA D-Kanada kann somit nur dann vorliegen, wenn die Entsendung im wirtschaftlichen Interesse des entsendenden Unternehmens erfolgt.

Während das SVA D-Kanada keine bestimmte Zeitdauer für eine befristete Entsendung vorschreibt[162], wird bei einer Entsendung zwischen Deutschland und den USA gefordert, dass die Entsendung voraussichtlich 60 Monate nicht überschreiten wird[163]. Die Voraussetzungen für eine Entsendung nach Art. 6 Abs. 2 SVA D-USA sind auch dann nicht gegeben, wenn die Entsendung zunächst auf mehr als 60 Monate befristet wird, die tatsächliche Entsendedauer dann aber 60 Monate nicht überschreitet.

---

[161] Der Begriff der Entsendung setzt voraus, dass der Beschäftigungsort auf Veranlassung des inländischen Arbeitgebers ins Ausland verlegt wird. Unerheblich ist dagegen die Staatsangehörigkeit von Arbeitnehmer und Arbeitgeber. Auch ist es grundsätzlich nicht erforderlich, dass Wohnsitz oder gewöhnlicher Aufenthalt ins Ausland verlegt werden. Zudem muss gewährleistet sein, dass der Arbeitnehmer nach seinem Auslandseinsatz wieder seinen gewöhnlichen Aufenthalt in Deutschland begründet (vgl. BSG-Urteil vom 08.12.1994, 2 RU 37/93; siehe auch *BfA* (Hrsg.), Beschäftigung in den USA, Rechtsvorschriften, Erläuterungen und praktische Hinweise, 1998, S. 26).
[162] Die Voraussetzungen für eine Entsendung nach dem SVA D-Kanada und für eine Ausstrahlung/Einstrahlung nach SGB IV entsprechen sich somit.
[163] Wird der Arbeitnehmer, nachdem er in den Entsendestaat zurückgekehrt ist, für einen weiteren Zeitraum entsendet und sind die Voraussetzungen nach Art. 6 Abs. 2 SVA D-USA dem Grunde nach gegeben, so verbleibt der Arbeitnehmer während des neuen Arbeitszeitraumes nur dann im Sozialversicherungssystem des Entsendestaates, wenn die zweite Entsendung mindestens 12 Monate nach Ablauf des ersten Arbeitszeitraumes beginnt oder beide Entsendungen insgesamt den Zeitraum von 60 Monaten nicht überschreiten (Art. 4 Abs. 3a Durchführungsverordnung (DV) zum SVA D-USA).

9.2.1.2 Ausnahmegenehmigung nach Art. 6 Abs. 5 SVA D-USA bzw. Art. 10 Abs. 1 SVA D-Kanada

Eine Ausnahmegenehmigung nach Art. 6 Abs. 5 SVA D-USA bzw. Art. 10 Abs. 1 SVA D-Kanada wird höchstens für einen Zeitraum von 9 Jahren[164] gewährt. Dabei ist die Entsendedauer von 9 Jahren als Gesamtdauer zu verstehen, d.h. eine Entsendung nach Art. 6 Abs. 2 SVA D-USA bzw. Art. 7 SVA D-Kanada (siehe Abschnitt 9.2.1.1) für die Dauer von max. 5 Jahren wird auf diese 9 Jahre angerechnet. Für die Erlangung einer Ausnahmegenehmigung müssen folgende Voraussetzungen erfüllt sein:

Der Verbleib im Sozialversicherungssystem des Entsendestaates liegt im Interesse des entsendeten Arbeitnehmers.

Dabei muss das Interesse des Arbeitnehmers begründet werden. Ein begründetes Interesse liegt beispielsweise vor, wenn

- der Arbeitnehmer bisher ausschließlich im Sozialversicherungssystem des Entsendestaates versichert war und ein einheitlicher Versicherungsverlauf nach Recht des Entsendestaates erwünscht ist,

- der Arbeitnehmer seine gesamte Altersvorsorge (gesetzliche Rentenversicherung sowie betriebliche und private Zusatzvorsorge) im Entsendestaat so aufeinander abgestimmt hat, dass er daraus ein bestimmtes Alterseinkommen beziehen kann,

- das Eintrittsalter für die Regelaltersrente in den betreffenden Staaten voneinander abweicht (z.B. Regelaltersrente in Deutschland ab 65 Jahre, in den USA ab 2027 erst ab 67 Jahre) bzw. unterschiedliche Anspruchsvoraussetzungen bei einzelnen Rentenarten (z.B. Invaliden- oder Hinterbliebenenrente) bestehen oder

- damit zu rechnen ist, dass die aus dem Ausland überwiesenen Renten unabwägbaren Wechselkursschwankungen unterliegen und/oder zu unverhältnismäßig hohen Bankgebühren führen.

Zwischen dem Arbeitnehmer und dem entsendenden Unternehmen besteht weiterhin eine arbeitsrechtliche Bindung.

Hierfür ist es regelmäßig ausreichend, wenn das bisherige Arbeitsverhältnis zwar ruht, jedoch bestimmte Nebenpflichten bestehen und das bisherige Arbeitsverhältnis nach Beendigung der Entsendung wieder auflebt. Nebenpflichten können beispielsweise bestimmte Berichtspflichten des entsendeten Arbeitnehmers gegenüber dem entsendenden Unternehmen oder auch das Fortführen der betrieblichen Altersvorsorge im Entsendestaat sein. Ohne Bedeutung ist, ob sich der arbeitsrechtliche Entgeltanspruch gegen die Muttergesellschaft oder gegen die Tochtergesellschaft richtet. Schädlich ist jedoch eine Aufhebung des mit dem Entsendeunternehmen bestehenden Arbeitsvertrages.

In der Entsendevereinbarung wird festgelegt, dass der Auslandseinsatz für einen befristeten Zeitraum erfolgt.

♦ Arbeitnehmer und Arbeitgeber beantragen gemeinsam bei der zuständigen Stelle des Entsendestaates[165] die Erteilung der Ausnahmegenehmigung[166].

Während die Voraussetzungen für eine Entsendung im Sinne des Art. 6 Abs. 2 SVA D-USA bzw. Art. 7 SVA D-Kanada nur erfüllt werden können, wenn die Entsendung im Interesse des entsendenden Unternehmens erfolgt (vgl. Abschnitt 9.2.1.1), kann eine Ausnahmegenehmigung nach Art. 6 Abs. 5 SVA D-USA bzw. Art. 10 Abs. 1 SVA D-Kanada auch dann erteilt werden, wenn die Entsendung im Interesse des aufnehmenden Unternehmens erfolgt. Der Verbleib im Sozialversicherungssystem des Entsendestaates wird somit insbesondere dann auf dem Wege der Erlangung einer Ausnahmegenehmigung erfolgen, wenn die Entsendung im wirtschaftlichen Interesse des aufnehmenden Tochterunternehmens liegt, wenn der Arbeitsvertrag mit der Muttergesellschaft ruhen soll oder – bei Entsendungen zwischen Deutschland und den USA – die Entsendedauer von vornherein mehr als 5 Jahre beträgt.

9.2.2 Keine Regelung durch Sozialversicherungsabkommen

In den Sozialversicherungszweigen, die nicht durch ein Sozialabkommen erfasst werden, richtet sich die Sozialversicherungspflicht grundsätzlich[167] nur nach dem jeweiligen nationalen Recht. Die Sozialversicherungspflicht in diesen Versicherungszweigen wird nicht aus der

---

[164] Deutsche Verbindungsstelle Krankenversicherung-Ausland (DVKA), Beschäftigung in den USA, Merkblatt für im Ausland Beschäftigte, 2001, S. 2; DVKA, Beschäftigung in Kanada, Merkblatt für im Ausland Beschäftigte, 2003, S. 3; H.-P. Limbach/Th. Koch/J. Joha (FN 148), S. 105.
[165] Beispielsweise ist für Deutschland die Deutsche Verbindungsstelle Krankenversicherung-Ausland in Bonn zuständig, für die USA die Social Security Administration, Division of International Program Policy and Agreements in Baltimore.
[166] Zu Voraussetzungen für eine Ausnahmegenehmigung nach Art. 6 Abs. 5 SVA D-USA vgl. auch BfA (FN 161), S. 53 ff; K.-W. Hofmann/H. Nowak/T. Rohrbach (FN 138), S. 243, 247.
[167] Bei einer Entsendung zwischen Deutschland und den USA werden die Krankenversicherung und die Pflegeversicherung der BRD sowie die bundesstaatliche Krankenhausversicherung für Alte und Gebrechliche der USA partiell vom SVA erfasst. Nach Nr. 5 Buchst. e des Schlussprotokolls (SP) zum SVA D-USA

Versicherungspflicht in den durch das SVA geregelten Versicherungszweigen abgeleitet, d.h. ist ein Arbeitnehmer beispielsweise in der gesetzlichen Rentenversicherung eines Staates versichert, so folgt hieraus nicht, dass er auch in der gesetzlichen Kranken- oder Arbeitslosenversicherung dieses Staates pflichtversichert ist.[168]

Nachfolgend soll zunächst für die Entsendung zwischen Deutschland und den USA, im Anschluss daran für die Entsendung zwischen Deutschland und Kanada, die Versicherungspflicht in der gesetzlichen Kranken-, Pflege-, Arbeitslosen- und Unfallversicherung geklärt werden.

9.2.2.1 Entsendungen zwischen Deutschland und den USA

a) Krankenversicherung

aa) Entsendung nach Deutschland

Die Krankenversicherungspflicht in Deutschland und in den USA ist davon abhängig, ob der nach Deutschland entsendete Arbeitnehmer in der deutschen oder in der amerikanischen Rentenversicherung versichert ist.

Ist der nach Deutschland entsendete US-amerikanische Arbeitnehmer weiterhin in der OASDI rentenversichert[169], so ist er nach Nr. 5 Buchst. e des Schlussprotokolls (SP) zum SVA D-USA in Deutschland weder kranken- noch pflegeversicherungspflichtig. Die Versicherungspflicht in der amerikanischen Hospital Insurance bestimmt sich ausschließlich nach nationalem amerikanischen Recht. Vorausgesetzt wird für eine Versicherungspflicht in der Hospital Insurance zum einen das Fortbestehen der Versicherungspflicht in der amerikanischen OASDI. Zum anderen wird gefordert, dass der entsendete amerikanische Arbeitnehmer seine Arbeitsleistung für einen amerikanischen Arbeitgeber[170] erbringt (Sec. 3101 (b) i.V.m. Sec. 3121 (b), (h) Internal Revenue Code (IRC)). Da die Hospital Insurance (Medicare Part A) – als bundesstaatliche Krankenhausversicherung für Arbeitnehmer – nur der Absicherung der

---

unterliegt ein Arbeitnehmer, der im Tätigkeitsstaat nicht rentenversichert ist, auch nicht der gesetzlichen Krankenversicherung im Tätigkeitsstaat.
[168] Für Ausnahmen von diesem Grundsatz vgl. nachfolgenden Abschnitt 9.2.2.1.
[169] Der nach Deutschland entsendete Arbeitnehmer ist weiterhin in der OASDI pflichtversichert, wenn die Voraussetzungen für eine Entsendung nach Art. 6 Abs. 2 SVA D-USA erfüllt sind oder eine Ausnahmegenehmigung nach Art. 6 Abs. 5 SVA D-USA vorliegt, vgl. Abschnitte 9.2.1.1 und 9.2.1.2.
[170] Amerikanische Arbeitgeber in diesem Sinne sind nach amerikanischem Recht gegründete Kapitalgesellschaften und Einzelunternehmen, Personengesellschaften sowie Trusts, die in den USA ansässig sind (Sec. 3121 (h) IRC).

Krankenhauskosten im Alter und bei Gebrechlichkeit dient, können gesundheitliche Risiken der Arbeitnehmer nur durch eine private Krankenversicherung versichert werden.

Ist der nach Deutschland entsendete Arbeitnehmer dagegen in der deutschen gesetzlichen Rentenversicherung (GRV) pflichtversichert, so regelt das SVA nicht, in welchem Staat der Arbeitnehmer der Krankenversicherungspflicht unterliegt. In diesem Fall bestimmt sich die Krankenversicherungspflicht ausschließlich nach nationalem Recht. Nach deutschem Sozialversicherungsrecht ist der Arbeitnehmer grundsätzlich in der deutschen Kranken- und Pflegeversicherung versicherungspflichtig - es sei denn, es liegen die Voraussetzungen für eine Einstrahlung nach § 5 SGB IV vor[171]. Nach amerikanischem Sozialversicherungsrecht käme es nur dann zu einer Pflichtversicherung in der amerikanischen Hospital Insurance, wenn der Arbeitnehmer auch in der OASDI versichert wäre (Sec. 3101 (b) IRC). Da der Arbeitnehmer im hier betrachteten Fall jedoch in der GRV – und damit nicht in der OASDI – versichert ist, kommt es in den USA zu keiner Pflichtversicherung in der Hospital Insurance.

ab)   Entsendung in die USA

Auch bei einer Entsendung in die USA ist für die Krankenversicherungspflicht entscheidend, ob der entsendete Arbeitnehmer in der GRV oder in der OASDI (renten-)versichert ist.

Bleibt bei der Entsendung die Versicherungspflicht in der GRV bestehen[172], so ist der entsendete Arbeitnehmer nicht in der Hospital Insurance versicherungspflichtig (Nr. 5 Buchst. e SP zum SVA D-USA). Die Versicherungspflicht in der deutschen gesetzlichen Kranken- und Pflegeversicherung bestimmt sich ausschließlich nach dem deutschen Sozialversicherungsrecht. Danach ist eine Pflichtversicherung in der gesetzlichen Krankenversicherung grundsätzlich nur möglich, wenn der Arbeitnehmer in Deutschland gegen Entgelt beschäftigt wird (§§ 2 Abs. 2 Nr. 1, 3 Nr. 1 SGB IV i.V.m. § 5 Abs. 1 Nr. 1 SGB V). Arbeitnehmer, die in der deutschen gesetzlichen Krankenversicherung versichert sind, unterliegen grundsätzlich auch der Versicherungspflicht in der deutschen gesetzlichen Pflegeversicherung (§§ 1 Abs. 2, 20 Abs. 1 Nr. 1, Abs. 3 SGB XI). Wird eine Beschäftigung im Ausland aufgenommen und hält sich der Arbeitnehmer während der Entsendezeit gewöhnlich in den USA auf, so scheidet er aus der deutschen gesetzlichen Kranken- und Pflegeversicherung aus (§§ 5, 9 SGB V, § 20

---

[171] Der Arbeitnehmer ist in Deutschland auch dann nicht krankenversicherungspflichtig, wenn das Arbeitsentgelt die Beitragsbemessungsgrenze (BBG) zur gesetzlichen Krankenversicherung (GKV) (42.300 € in 2005 bzw. 42.750 € in 2006) übersteigt.
[172] Ein in den USA entsendeter Arbeitnehmer ist weiterhin in der GRV versichert, wenn die Voraussetzungen für eine Entsendung nach Art. 6 Abs. 2 SVA D-USA erfüllt sind oder eine Ausnahmegenehmigung nach Art. 6 Abs. 5 SVA D-USA vorliegt, vgl. Abschnitte 9.2.1.1 und 9.2.1.2.

SGB XI). Der Arbeitnehmer bleibt grundsätzlich nur dann in der deutschen Kranken- und Pflegeversicherung versicherungspflichtig, wenn die Voraussetzungen für eine Ausstrahlung nach § 4 SGB IV vorliegen[173] [174]. Liegen diese Voraussetzungen nicht vor, scheidet der Arbeitnehmer aus der gesetzlichen Kranken- und Pflegeversicherung aus. Eine freiwillige Weiterversicherung in der gesetzlichen Krankenversicherung ist nicht möglich. Der Arbeitnehmer kann sich gegen gesundheitliche Risiken nur privat versichern. In der gesetzlichen Pflegeversicherung kann sich der Arbeitnehmer dagegen freiwillig weiterversichern (§ 26 SGB XI).

Für den Fall, dass der entsendete Arbeitnehmer der Versicherungspflicht in der OASDI unterliegt, enthält das SVA keine Regelungen darüber, in welchem Staat der Arbeitnehmer krankenversicherungspflichtig ist. Die Krankenversicherungspflicht bestimmt sich ausschließlich nach nationalem Recht. Nach amerikanischem Recht ist der in die USA entsendete Arbeitnehmer in der amerikanischen Hospital Insurance versicherungspflichtig (Sec. 3101 (b) IRC). In der deutschen gesetzlichen Kranken- und Pflegeversicherung sind grundsätzlich nur Arbeitnehmer versichert, die in Deutschland beschäftigt sind. Liegen jedoch die Voraussetzungen für eine Ausstrahlung nach § 4 SGB IV vor, so unterliegt der Arbeitnehmer auch der Versicherungspflicht in der deutschen Kranken- und Pflegeversicherung[175]. Er ist dann somit sowohl in der amerikanischen Hospital Insurance als auch in der deutschen gesetzlichen Kranken- und Pflegeversicherung versichert. Allerdings erfolgt keine Doppelversicherung, da die gesundheitlichen Risiken des Arbeitnehmers während der Entsendezeit nur durch die deutsche gesetzliche Krankenversicherung abgedeckt werden. Aus der Hospital Insurance

---

[173] Eine Ausstrahlung kann insbesondere nur dann vorliegen, wenn die Entsendung im wirtschaftlichen Interesse des entsendenden Unternehmens erfolgt, d.h. die entsendende Muttergesellschaft wirtschaftlich mit der Arbeitnehmervergütung belastet wird. Erfolgt die Entsendung im Interesse des aufnehmenden amerikanischen Unternehmens, liegt eine Ausstrahlung des deutschen Sozialversicherungsrechts nicht vor. Der Arbeitnehmer kann jedoch auch dann – mittels Erlangung einer Ausnahmegenehmigung – in der GRV rentenversicherungspflichtig bleiben. In diesem Fall ist der Arbeitnehmer gem. SP zum SVA nicht in der Hospital Insurance versicherungspflichtig, aber auch nicht in der deutschen Krankenversicherung versicherungspflichtig, da die Voraussetzungen für eine Ausstrahlung nach § 4 SGB IV nicht vorliegen. Auch besteht keine Möglichkeit einer freiwilligen Weiterversicherung in der deutschen GKV. Krankenversicherungsschutz ist nur über eine private (deutsche oder amerikanische) Krankenversicherung möglich. In der gesetzlichen Pflegeversicherung kann sich der Arbeitnehmer dagegen freiwillig weiterversichern. Er hat aber auch die Möglichkeit, eine private Pflegeversicherung abzuschließen.

[174] Ist ein entsendeter Arbeitnehmer weiterhin in der GKV pflicht- oder freiwillig versichert, ist die zusätzliche Leistungspflicht des Arbeitgebers nach § 17 SGB V zu beachten. Gem. § 17 SGB V erhalten Arbeitnehmer, die für die Entsendezeit weiterhin in der GKV versichert sind und während ihrer Auslandsbeschäftigung erkranken, die ihnen nach SGB V zustehenden Leistungen von ihrem Arbeitgeber. Das heißt, der Leistungsanspruch richtet sich während des Auslandsaufenthaltes nicht gegen die Krankenkasse, bei der der Arbeitnehmer versichert ist, sondern unmittelbar gegen seinen Arbeitgeber. Die deutsche Krankenkasse erstattet dem Arbeitgeber die entstandenen Kosten, wie sie für entsprechende Leistungen in Deutschland entstanden wären. Übersteigen die Kosten den erstattungsfähigen Teil, wird der Arbeitgeber unmittelbar belastet. Er kann jedoch eine zusätzliche private Auslandskrankenversicherung für seinen Arbeitnehmer abschließen, um eine vollständige Kostenübernahme zu bewirken.

würde der Arbeitnehmer erst dann Leistungen erhalten, wenn er auch noch im Alter in den USA ansässig wäre. Die Versicherung in der Hospital Insurance führt somit zu einer höheren Beitragsbelastung, nicht jedoch zu höheren Leistungen im Krankheitsfall. Eine Versicherung in der Hospital Insurance - und damit eine erhöhte Beitragsbelastung ohne Gegenleistung - kann jedoch durch die Erlangung einer Ausnahmegenehmigung nach Art. 6 Abs. 5 SVA D-USA vermieden werden[176]. In diesem Fall ist der Arbeitnehmer weder in der Hospital Insurance noch in der deutschen gesetzlichen Krankenversicherung versichert. Gegen gesundheitliche Risiken kann sich der Arbeitnehmer nur privat versichern.

b) Arbeitslosenversicherung

Die Versicherungspflicht in der Arbeitslosenversicherung richtet sich ausschließlich nach nationalem Recht[177]. Wiederum gilt grundsätzlich das Arbeitsortprinzip, d.h. der Arbeitnehmer ist in der Arbeitslosenversicherung des Tätigkeitsstaates pflichtversichert (Sec. 3306 (c) (A) (i) IRC, §§ 24, 25 SGB III).

Nach amerikanischem Recht sind in der U.S. Unemployment Insurance alle Arbeitnehmer versichert, die in den USA beschäftigt sind, d.h. alle Arbeitnehmer, die eine Tätigkeit in den USA ausüben. Ohne Bedeutung ist dabei, ob der Arbeitgeber eine amerikanische oder eine deutsche Gesellschaft ist (U.S. Income Tax Regulations (Reg.) § 31.3306(c)-2). Ein in die USA entsendeter deutscher Arbeitnehmer unterliegt jedoch auch der Versicherungspflicht in der deutschen Arbeitslosenversicherung, wenn die Voraussetzungen für eine Ausstrahlung nach § 4 SGB IV vorliegen. Somit kann es zu einer Doppelversicherung kommen, wenn die Entsendung im wirtschaftlichen Interesse des entsendenden Unternehmens erfolgt.

Im umgekehrten Fall ist ein nach Deutschland entsendeter amerikanischer Arbeitnehmer in der deutschen Arbeitslosenversicherung nicht versicherungspflichtig, wenn die Voraussetzungen für eine Einstrahlung nach § 5 SGB IV vorliegen. In der amerikanischen Unemployment Insurance ist der aus den USA entsendete Arbeitnehmer bei einer Tätigkeit in Deutschland nur dann pflichtversichert, wenn er amerikanischer Staatsangehöriger und für einen amerikanischen Arbeitgeber tätig ist, d.h. wenn er einen Arbeitsvertrag mit einer amerikanischen Gesellschaft abgeschlossen hat und von dieser Gesellschaft bezahlt wird (Sec. 3306 (c) (B), (j) (3) IRC).

---

[175] Übersteigt allerdings das Arbeitsentgelt die BBG zur KV (42.300 € in 2005 bzw. 42.750 in 2006), ist der Arbeitnehmer in Deutschland nicht kranken- und pflegeversicherungspflichtig.
[176] Eine Ausnahmegenehmigung nach Art. 6 Abs. 5 SVA D-USA ist jedoch nicht sinnvoll, da bei einer Entsendung in die USA die amerikanische OASDI der deutschen GRV vorzuziehen ist und eine Ausnahmegenehmigung eine Pflichtversicherung in der ungünstigen GRV zur Folge hätte, vgl. Abschnitt 3.2.2.

c) Unfallversicherung

Auch die Versicherungspflicht in der Unfallversicherung wird nicht durch das SVA, sondern ausschließlich durch nationales Recht geregelt.

In den USA gibt es keine allgemeine Versicherungspflicht in der Unfallversicherung und grundsätzlich keine bundeseinheitliche Regelung über die Unfallversicherung (Worker's Compensation System). Lediglich für Hafenarbeiter, Arbeiter im Kohlebergbau und Bundesbedienstete existieren bundesweit einheitliche Vorschriften. Ansonsten wird die Unfallversicherung über 50 einzelstaatliche Systeme geregelt. So besteht im Staat New York eine Unfallversicherungspflicht für alle in privatwirtschaftlichen Unternehmen beschäftigten Arbeitnehmer[178]. Dabei ist es unerheblich, ob es sich um amerikanische Arbeitnehmer oder um in die USA entsendete – beispielsweise deutsche – Arbeitnehmer handelt. Arbeitnehmer, die ihre Tätigkeit nicht im Bundesstaat New York ausüben, werden von der Versicherungspflicht des Staates New York nicht erfasst. Somit wird auch ein aus New York nach Deutschland entsendeter Arbeitnehmer nicht von der New Yorker Unfallversicherungspflicht erfasst.

In Deutschland unterliegen alle in Deutschland beschäftigten Arbeitnehmer der Versicherungspflicht in der Unfallversicherung (§ 2 SGB VII), wobei jedoch die Bestimmungen zur Ausstrahlung und Einstrahlung nach SGB IV entsprechend anzuwenden sind.

Ist nach dem Recht der US-amerikanischen Bundesstaaten eine Ausstrahlung oder Einstrahlung der Versicherungspflicht nicht vorgesehen, wie es beispielsweise im Staat New York der Fall ist, kann dies bei Entsendungen zu einer Doppelversicherung oder zu einer vollständigen Befreiung von der Versicherungspflicht in der Unfallversicherung führen:

Der Arbeitnehmer unterliegt sowohl in den USA (Staat New York) als auch in Deutschland der Versicherungspflicht in der Unfallversicherung, wenn bei einem in die USA (nach New York) entsendeten Arbeitnehmer die Voraussetzungen für eine Ausstrahlung nach § 4 SGB IV vorliegen.

Liegen bei einer Entsendung aus den USA (aus New York) die Voraussetzungen für eine Einstrahlung nach § 5 SGB IV vor, kommt es weder in den USA (Staat New York) noch in Deutschland zu einer Versicherungspflicht. Es besteht jedoch die Möglichkeit, eine Unfallversicherung über ein privates Versicherungsunternehmen abzuschließen.

---

[177] Vgl. hierzu auch *BfA* (Hrsg.), Beschäftigung in den USA (FN 161), S. 18-20.
[178] Zur Unfallversicherung in den USA siehe J. T. Thau/T. Pusch, Arbeitsrecht in den USA, 1998, S. 180.

9.2.2.2 Entsendungen zwischen Deutschland und Kanada

a) Krankenversicherung

Die Versicherungspflicht in der Krankenversicherung wird durch das zwischen Deutschland und Kanada abgeschlossene Sozialversicherungsabkommen nicht geregelt. Sie bestimmt sich daher ausschließlich nach nationalem Recht.

aa) Entsendung nach Kanada

Über die kanadische Medicare werden kanadische Staatsangehörige oder nach Kanada ausgewanderte Personen, die ihren ständigen Wohnsitz oder gewöhnlichen (dauerhaften)[179] Aufenthalt in einer kanadischen Provinz haben, gegen das Krankheitsrisiko abgesichert (Sec. 2 Canada Health Act). Medicare knüpft nicht an eine Beschäftigung in Kanada an, d.h. das Arbeitsortprinzip gilt nicht.

Da Medicare am dauerhaften Aufenthalt und nicht am Arbeitsort anknüpft, erhält ein Arbeitnehmer, der nur für einen von vornherein befristeten Zeitraum nach Kanada entsendet wird, keine Krankenversorgung aus der Medicare. Ein nach Kanada entsendeter Arbeitnehmer unterliegt somit allenfalls der Versicherungspflicht in der deutschen Kranken- und Pflegeversicherung, wenn die Voraussetzungen der Ausstrahlung nach § 4 SGB IV vorliegen. Anderenfalls muss er sich gegen gesundheitliche Risiken privat absichern.

ab) Entsendung nach Deutschland

Nach deutschem Sozialversicherungsrecht ist ein in Deutschland beschäftigter Arbeitnehmer grundsätzlich in der deutschen Kranken- und Pflegeversicherung versicherungspflichtig, d.h. es gilt das Arbeitsortprinzip[180]. Dies gilt im Grundsatz auch dann, wenn es sich um einen nach Deutschland entsendeten kanadischen Arbeitnehmer handelt. Liegen allerdings die Voraussetzungen für eine Einstrahlung nach § 5 SGB IV vor, so ist der entsendete Arbeitnehmer in Deutschland nicht kranken- und pflegeversicherungspflichtig. Auch eine Versorgung aus der kanadischen Medicare kann der nach Deutschland entsendete Arbeitnehmer nicht beanspruchen[181] (vgl. Abschnitt aa)). Unter diesen Voraussetzungen werden die gesundheitlichen Risi-

---

[179] Ein Arbeitnehmer hat seinen gewöhnlichen Aufenthalt (im Sinne des Sozialversicherungsrechts) in dem Land, in dem er sich nicht nur vorübergehend aufhält. Ein Aufenthalt ist insbesondere dann vorübergehend und nicht dauerhaft, wenn er zeitlich beschränkt ist.
[180] Übersteigt allerdings das Arbeitsentgelt die BBG zur KV (42.300 € in 2005 bzw. 42.750 in 2006), ist der Arbeitnehmer in Deutschland nicht krankenversicherungspflichtig.
[181] Da beispielsweise nach dem Health Insurance Plan der Provinz Ontario für einen Krankenversicherungsschutz in Ontario eine physische Anwesenheit an mindestens 153 Tagen in einem Zeitraum von 12 Monaten

ken des Arbeitnehmers somit weder in Deutschland noch in Kanada von staatlichen Einrichtungen abgesichert. Der Arbeitnehmer muss sich somit ausschließlich über eine private (deutsche oder kanadische) Krankenversicherung absichern.

b) Arbeitslosenversicherung

Bezüglich der Versicherungspflicht in der Arbeitslosenversicherung gilt bei Entsendungen zwischen Deutschland und Kanada das Arbeitsortprinzip (Sec. 5 (1) (a) Employment Insurance Act (EIA), §§ 24, 25 SGB III).

Bei einer Entsendung nach Kanada bleibt der Arbeitnehmer jedoch in Deutschland, d.h. im Entsendestaat, versicherungspflichtig, wenn die Voraussetzungen für eine Ausstrahlung nach § 4 SGB IV vorliegen. Zu einer Doppelversicherung kommt es in diesem Fall jedoch nicht, da der Arbeitnehmer nach kanadischem Recht in der kanadischen Arbeitslosenversicherung nicht versicherungspflichtig ist, wenn er in einem anderen Land der Versicherungspflicht unterliegt (Sec. 5 (6) (a) EIA).

Eine weitere Ausnahme vom Arbeitsortprinzip liegt vor, wenn ein kanadischer Arbeitnehmer nach Deutschland entsendet wird und die Voraussetzungen für eine Einstrahlung nach § 5 SGB IV erfüllt sind. Dann ist der Arbeitnehmer nicht in der deutschen Arbeitslosenversicherung, jedoch gem. Sec. 5 (4) (a) EIA in der kanadischen employment insurance versichert.

c) Unfallversicherung

Neben der Kranken- und Arbeitslosenversicherung wird auch die Unfallversicherung nicht durch das SVA erfasst. Die Versicherungspflicht richtet sich somit auch bei der Unfallversicherung ausschließlich nach nationalem Recht.

Wie in den USA (vgl. Abschnitt 9.2.2.1c)) gibt es auch in Kanada keine einheitliche Regelung über die Unfallversicherung. Auch eine allgemeine Pflicht zur Unfallversicherung besteht nicht. Die Unfallversicherung wird individuell in den einzelnen Provinzen und Territorien[182] geregelt. Beispielsweise sind Arbeitnehmer im Territorium Yukon in der Unfallversicherung pflichtversichert, in der Provinz Ontario besteht dagegen keine Unfallversicherungspflicht[183]. Ein nach Kanada entsendeter deutscher Arbeitnehmer ist somit in Kanada nur dann in der

---

(muss nicht dem Kalenderjahr entsprechen) erforderlich ist, wird der Arbeitnehmer während der Entsendezeit nicht über die Medicare versorgt.
[182] Kanada ist in 10 Provinzen und 3 Territorien gegliedert.
[183] Zur Unfallversicherung in den einzelnen Provinzen und Territorien Kanadas siehe AWCBC, Board/Commission Financial and Statistical Data, Graphical Presentation, 22.: Percentage of Workforce Coverd, 2000; im Internet unter http://www.awcbc.org/english/graph_pres/6.asp.

Unfallversicherung (pflicht-)versichert, wenn in der jeweiligen Provinz (bzw. dem jeweiligen Territorium) eine Versicherungspflicht besteht oder das Unternehmen, zu dem er entsendet wird, freiwillig eine Unfallversicherung abschließt. Eine gesetzliche Regelung im Sinne der Ausstrahlung nach deutschem Recht gibt es in der kanadischen Unfallversicherung nicht.

Nach deutschem Sozialversicherungsrecht sind alle in Deutschland tätigen Arbeitnehmer in der Unfallversicherung pflichtversichert (§ 2 SGB VII). Dabei sind die Bestimmungen zur Ausstrahlung bzw. Einstrahlung nach SGB IV entsprechend anzuwenden. Dies kann zu Doppelversicherungen, aber auch zu Versicherungslücken führen. Zu einer Doppelversicherung kommt es, wenn ein deutscher Arbeitnehmer in eine (kanadische) Provinz entsendet wird, in der eine Unfallversicherungspflicht besteht, und die Voraussetzungen für eine Ausstrahlung nach § 4 SGB IV vorliegen. Eine Versicherungslücke tritt dagegen auf, wenn die Voraussetzungen für eine Ausstrahlung nicht erfüllt sind und der Arbeitnehmer in eine Provinz entsendet wird, in der keine Unfallversicherungspflicht besteht. Jedoch besteht nach § 140 SGB VII die Möglichkeit, eine Auslandsunfallversicherung über die jeweils zuständige Berufsgenossenschaft[184] oder ein privates Versicherungsunternehmen abzuschließen. Einen Versicherungsschutz von Gesetzes wegen gibt es zudem dann nicht, wenn bei einem nach Deutschland entsendeten Arbeitnehmer die Voraussetzungen für eine Einstrahlung nach § 5 SGB IV vorliegen. Er ist dann weder in der deutschen Unfallversicherung noch – mangels Ausstrahlung der kanadischen Unfallversicherungspflicht – in der kanadischen Unfallversicherung pflichtversichert.

9.3 Fall 3: Entsendung innerhalb der EU/des EWR

Bei Entsendungen innerhalb der EU/des EWR wird die Sozialversicherungspflicht durch die Verordnung VO 1408/71[185] geregelt[186]. Danach unterliegt ein Arbeitnehmer stets nur in einem Mitgliedstaat der Sozialversicherungspflicht (Art. 13 Abs. 1 VO 1408/71)[187]. Grundsätzlich gilt hierbei das Arbeitsortprinzip, nach welchem der Arbeitnehmer in dem Staat sozialversi-

---

[184] Bisher bieten 6 Berufsgenossenschaften eine Auslandsunfallversicherung an, die in Fällen, in denen keine Ausstrahlung nach § 4 SGB IV vorliegt, einen Versicherungsschutz bietet, der der deutschen gesetzlichen Unfallversicherung entspricht.
[185] Verordnung (EWG) Nr. 1408/71 des Rates der EU vom 14. Juni 1971 über die Anwendung der Systeme der sozialen Sicherheit auf Arbeitnehmer und Selbständige sowie deren Familienangehörige, die innerhalb der Gemeinschaft zu- und abwandern (VO 1408/71), Amtsblatt (Abl.) EG 1971 Nr. L 149 vom 05.07.1971, S. 2. Diese Verordnung wird durch die Verordnung (EWG) Nr. 574/72 des Rates vom 21. März 1972 über die Durchführung der Verordnung (EWG) Nr. 1408/71, Abl. EG 1972 Nr. L 074 vom 27.03.1972, S. 1, ergänzt.
[186] Seit dem 01.06.2002 ist die VO 1408/71 nach dem Abkommen zwischen der Schweizerischen Eidgenossenschaft einerseits und der Europäischen Gemeinschaft und ihren Mitgliedstaaten andererseits über die Freizügigkeit zudem für die Schweiz anzuwenden.

cherungspflichtig ist, in dem er beschäftigt ist (Art. 13 Abs. 2 Buchst. a) VO 1408/71)[188]. Als beschäftigt gilt der Arbeitnehmer in dem Staat, in dem er seine Tätigkeit tatsächlich ausübt. In Ausnahmefällen kann der Arbeitnehmer jedoch weiterhin im Entsendestaat sozialversicherungspflichtig sein. Für eine Versicherungspflicht im Entsendestaat – und damit für eine Befreiung von der Versicherungspflicht im Tätigkeitsstaat – wird gefordert, dass

die Voraussetzungen für eine Entsendung im Sinne des Art. 14 VO 1408/71 erfüllt sind (siehe Abschnitt 9.3.1) oder

eine Ausnahmegenehmigung nach Art. 17 VO 1408/71 vorliegt (siehe Abschnitt 9.3.2).

9.3.1 Entsendung im Sinne des Art. 14 VO 1408/71

Nach Art. 14 Abs. 1 Buchst. a VO 1408/71 unterliegt ein entsendeter Arbeitnehmer weiterhin den sozialversicherungsrechtlichen Vorschriften des Entsendestaates, wenn folgende Voraussetzungen erfüllt sind[189]:

Der Arbeitnehmer unterliegt aufgrund einer Beschäftigung bei einem im Entsendestaat ansässigen Unternehmen den Sozialversicherungsvorschriften dieses Staates.

Für die Bestimmung, ob ein Unternehmen im Entsendestaat ansässig ist, wird nicht nur auf den Sitz des Unternehmens bzw. den Ort der Geschäftsleitung abgestellt. Vielmehr ist auch erforderlich, dass das entsendende Unternehmen seine gewöhnliche Geschäftstätigkeit im Entsendestaat ausübt und dort auch üblicherweise sein Personal beschäftigt. Diese Voraussetzung wird insbesondere dann nicht erfüllt, wenn ein Unternehmen im Entsendestaat nur rein interne Verwaltungstätigkeiten ausführt.[190]

Der zu entsendende Arbeitnehmer gilt als in dem im Entsendestaat ansässigen Unternehmen beschäftigt, wenn er in dieses Unternehmen eingegliedert ist und seine Tätigkeit (vor der Entsendung) tatsächlich im Entsendestaat ausgeübt hat.

---

[187] Die Sozialversicherungspflicht erstreckt sich dabei einheitlich auf alle Bereiche der sozialen Sicherheit (Kranken-, Pflege-, Renten-, Arbeitslosen-, Unfallversicherung).
[188] Dabei ist es ohne Bedeutung, in welchem Mitgliedstaat (bzw. Schweiz) der Arbeitnehmer seinen Wohnsitz und der Arbeitgeber seinen Betriebssitz hat.
[189] Zu den Entsendevoraussetzungen im Sinne des Art. 14 VO 1408/71 siehe K.-W. Hofmann/H. Nowak/T. Rohrbach (FN 137), S. 212 f.; H.-P. Limbach/Th. Koch/J. Joha (FN 148),. S. 56 ff.
[190] Vgl. hierzu R. Holtermann, Sozialversicherungsrechtliche Behandlung von ins Ausland entsandtem Personal in: A. Gerauer (FN 138), S. 89.

Der Arbeitnehmer wird für Rechnung dieses im Entsendestaat ansässigen Unternehmens zur Ausführung einer Arbeit in einen anderen Mitgliedstaat entsendet.

Diese Voraussetzung ist nach dem Beschluss Nr. 181 der Verwaltungskommission der Europäischen Gemeinschaft[191] insbesondere dann erfüllt, wenn feststeht, dass die Arbeit für das entsendende Unternehmen ausgeführt wird und eine arbeitsrechtliche Bindung zwischen dem Arbeitnehmer und dem entsendenden Unternehmen fortbesteht. Bei wörtlicher Auslegung könnte danach eine Entsendung im Sinne des Art. 14 Abs. 1 VO 1408/71 nur dann vorliegen, wenn die Entsendung im wirtschaftlichen Interesse des entsendenden Mutterunternehmens erfolgt[192] [193]. In der Praxis ist es für das Vorliegen einer Entsendung im Sinne des Art. 14 VO 1408/71 jedoch ausreichend, wenn das Unternehmen im Entsendestaat weiterhin im rechtlichen Sinne Arbeitgeber des entsendeten Arbeitnehmers bleibt. Dies ist dann der Fall, wenn während des Entsendezeitraums weiterhin ein Arbeitsvertrag[194] zwischen dem Arbeitnehmer und dem entsendenden Unternehmen besteht (kein ruhender Arbeitsvertrag) und sich der arbeitsrechtliche Entgeltanspruch des Arbeitnehmers gegen das entsendende Unternehmen richtet.[195] Nicht erforderlich ist dagegen – im Unterschied zu Ausstrahlung bzw. Einstrahlung nach SGB IV und zur Entsendung im Sinne von Art. 6 Abs. 2 SVA D-USA bzw. Art. 7 SVA D-Kanada –, dass das Unternehmen im Entsendestaat auch die wirtschaftliche Belastung der Arbeitnehmervergütung trägt. Für eine Entsendung im Sinne des Art. 14 VO 1408/71 ist es somit unschädlich, wenn die im Tätigkeitsstaat ansässige Tochtergesellschaft die Arbeitnehmervergütung wirtschaftlich trägt und diese damit bei wirtschaftlicher Betrachtung als Arbeitgeber des entsendeten Arbeitnehmers anzusehen ist, d.h. die Entsendung im wirtschaftlichen Interesse der Tochter erfolgt.

---

[191] Nr. 1 des Beschlusses Nr. 181 der Verwaltungskommission der Europäischen Gemeinschaft für die soziale Sicherheit der Wanderarbeitnehmer zu Auslegungsfragen der Arbeitnehmerentsendung innerhalb der EU (Beschluss Nr. 181 vom 13.12.2000, Abl. EG 2001 Nr. L 329 vom 14.12.2000, S. 73).
[192] Diese Meinung wird teilweise auch in der Literatur vertreten; vgl. beispielsweise H.-P. Limbach/Th. Koch/J. Joha (FN 148), S. 58, 64.
[193] Dass die Entsendung im Interesse des entsendenden Unternehmens erfolgt, wird auch für das Vorliegen einer Ausstrahlung bzw. Einstrahlung nach SGB IV (vgl. Abschnitte 9.1.2 und 9.1.3) bzw. einer Entsendung im Sinne von Art. 6 Abs. 2 SVA D-USA/Art. 7 SVA D-Kanada (vgl. Abschnitt 9.2.1.1) vorausgesetzt.
[194] Eine arbeitsvertragliche Bindung liegt insbesondere dann nicht mehr vor, wenn der Arbeitsvertrag mit der Muttergesellschaft aufgehoben wird. Dies gilt auch dann, wenn vereinbart wird, den Mitarbeiter nach Beendigung der Entsendung weiterzubeschäftigen und dann ein neuer Arbeitsvertrag abgeschlossen wird. Es ist somit zwingend erforderlich, dass auch während des Entsendezeitraums ein Arbeitsvertrag zwischen dem Arbeitnehmer und dem entsendenden Unternehmen besteht.
[195] Der Vordruck E 101, der von der jeweils zuständigen Stelle (DVKA in Bonn für Deutschland) ausgestellt wird, wenn eine Entsendung im Sinne des Art. 14 Abs. 1 VO 1408/71 vorliegt und rechtsbegründenden Charakter hat, stellt nur darauf ab, dass der entsendete Arbeitnehmer weiterhin einen arbeitsrechtlichen Entgeltanspruch gegenüber dem Unternehmen im Entsendestaat hat. Es ist jedoch nicht erforderlich, dass das entsendende Unternehmen auch Arbeitgeber im wirtschaftlichen Sinne bleibt.

Die Entsendung wird von vornherein auf einen Zeitraum von nicht mehr als 12 Monaten begrenzt.

Überschreitet die Entsendedauer aus nicht vorhersehbaren Gründen diese maximal zulässige Dauer von 12 Monaten, so ist nach Art. 14 Abs. 1 Buchst. b VO 1408/71 eine Verlängerung um maximal weitere 12 Monate zulässig. Löst der zu entsendende Arbeitnehmer einen anderen Arbeitnehmer des gleichen Unternehmens ab, dessen (maximal zulässige) Entsendedauer abgelaufen ist, so ist dies für das Vorliegen einer Entsendung im Sinne des Art. 14 VO 1408/71 schädlich. In diesem Fall liegen nur für den zuerst entsandten Arbeitnehmer, nicht jedoch für den Arbeitnehmer, der diesen ablöst, die Voraussetzungen für eine Entsendung nach VO 1408/71 vor.

9.3.2 Ausnahmegenehmigung nach Art. 17 VO 1408/71

Nach Art. 17 VO 1408/71 kann im Wege einer Verständigungsvereinbarung eine Ausnahmegenehmigung erteilt werden, die es einem entsendeten Arbeitnehmer für einen befristeten Zeitraum[196] ermöglicht, weiterhin den sozialversicherungsrechtlichen Vorschriften des Entsendestaates zu unterliegen.

Diese Ausnahmegenehmigung wird bei einer Entsendung zwischen Deutschland und Großbritannien, den Niederlanden oder der Schweiz[197] regelmäßig für höchstens 5 Jahre gewährt. Bei einer Entsendung zwischen Deutschland und Frankreich beträgt die maximal zulässige Entsendedauer 6 Jahre[198]. Dabei ist die Dauer von 5 bzw. 6 Jahren als Gesamtdauer zu verstehen, d.h. die Dauer einer Entsendung (von nicht mehr als 12 bzw. 24 Monaten), die als Entsendung im Sinne des Art. 14 Abs. 1 VO 1408/71 anerkannt wurde, wird hierauf angerechnet.

Um eine Ausnahmegenehmigung nach Art. 17 VO 1408/71 erhalten zu können, muss

---

[196] Obwohl Art. 17 VO 1408/71 eine zeitliche Befristung nicht explizit vorschreibt, werden Ausnahmevereinbarungen nur für einen befristeten Zeitraum getroffen. Enthält die Entsendevereinbarung keine Befristung, wird einer Ausnahmevereinbarung von den jeweils zuständigen Stellen nicht zugestimmt.
[197] Vgl. DVKA, Beschäftigung in den Niederlanden, Merkblatt für im Ausland Beschäftigte, 1999, S. 4; DVKA, Beschäftigung in Großbritannien, Merkblatt für im Ausland Beschäftigte, 2003, S. 4; Vereinigung Schweizerischer Unternehmen in Deutschland, Vermerk vom 04.10.2002; siehe auch H.-P. Limbach/Th. Koch/J. Joha (FN 148), S. 73f.
[198] Vgl. DVKA, Beschäftigung in Frankreich, Merkblatt für im Ausland Beschäftigte, 2001, S. 4.

der Verbleib im Sozialversicherungssystem des Entsendestaates im begründeten Interesse des entsendeten Arbeitnehmers liegen[199].

eine arbeitsrechtliche Bindung zwischen dem Arbeitnehmer und dem entsendenden Unternehmen fortbestehen.

eine Entsendevereinbarung abgeschlossen werden, in der eine Befristung des Auslandseinsatzes festgelegt ist.

die Erteilung einer Ausnahmevereinbarung von Arbeitnehmer und Arbeitgeber gemeinsam bei der zuständigen Stelle des Entsendestaates beantragt werden[200].

Die Voraussetzungen entsprechen somit denen für die Erteilung einer Ausnahmegenehmigung im Verhältnis zwischen Deutschland und den USA bzw. Kanada. Für ihre Erläuterung kann daher auf die Ausführungen in Abschnitt 9.2.1.2 verwiesen werden.

Bei Entsendungen innerhalb der EU/des EWR (und in die Schweiz bzw. aus der Schweiz) ist ein Verbleib im Sozialversicherungssystem des Entsendestaates insbesondere dann nur durch die Erlangung einer Ausnahmegenehmigung möglich, wenn die geplante Dauer der (befristeten) Entsendung von vornherein 12 Monate überschreitet oder wenn vereinbart werden soll, dass der Arbeitsvertrag mit der Muttergesellschaft während der Entsendezeit ruht[201].

---

[199] Zu Fällen, in denen ein begründetes Interesse des Arbeitnehmers vorliegt siehe auch R. Cornelissen, Die Entsendung von Arbeitnehmern in der Europäischen Gemeinschaft und die soziale Sicherheit, in: Recht der Arbeit (RdA) 1996, S. 329 (S. 331); H.-P. Limbach/Th. Koch/J. Joha (FN 148), S. 70.
[200] Vgl. hierzu auch Abschnitt 9.2.1.2.
[201] Zu beachten ist allerdings, dass Belgien einer Ausnahmegenehmigung nur zustimmt, wenn das Arbeitsverhältnis mit der entsendenden Muttergesellschaft nicht ruht und insbesondere auch kein Arbeitsvertrag mit der ausländischen Tochtergesellschaft abgeschlossen wird. Eine Ausnahmegenehmigung wird regelmäßig nur dann erteilt, wenn die maximal zulässige Entsendedauer überschritten wird; vgl. DVKA, Beschäftigte in Belgien, Merkblatt für im Ausland Beschäftigte, 2000, S. 4.

10 Gestaltungsmöglichkeiten

Nachdem im vorangegangenen Abschnitt beschrieben wurde, unter welchen Voraussetzungen der entsendete Arbeitnehmer im Entsendestaat bzw. im Tätigkeitsstaat der Sozialversicherungspflicht unterliegt, sollen nun die hieraus resultierenden Gestaltungsmöglichkeiten aufgezeigt werden. Es soll also der Frage nachgegangen werden, durch welche Gestaltungen Arbeitnehmer und Arbeitgeber beeinflussen können, in welchem Staat der Arbeitnehmer sozialversicherungspflichtig ist. Diese Gestaltungsspielräume können dann in der Weise ausgenutzt werden, dass der Arbeitnehmer in dem Staat versichert ist, in dem das Verhältnis zwischen den zu leistenden Sozialversicherungsbeiträgen und den hieraus resultierenden Sozialleistungen am günstigsten ist[202].

Nachfolgend soll danach differenziert werden, ob die Entsendung im wirtschaftlichen Interesse des Unternehmens im Entsendestaat oder im wirtschaftlichen Interesse des Unternehmens im Tätigkeitsstaat erfolgt. Diese Unterscheidung ist zum einen deshalb sinnvoll, weil die Voraussetzungen für eine Sozialversicherungspflicht im Entsende- bzw. Tätigkeitsstaat zum Teil unmittelbar darauf Bezug nehmen, in wessen Interesse die Entsendung erfolgt. Zum anderen eröffnet eine im wirtschaftlichen Interesse des aufnehmenden Tochterunternehmens erfolgende Entsendung im Hinblick auf die Frage der Sozialversicherungspflicht andere Gestaltungsspielräume als eine Entsendung, die im Interesse des entsendenden Unternehmens erfolgt. Denn regelmäßig ist nur im erstgenannten Fall auch der Arbeitsvertrag des entsendeten Arbeitnehmers gestaltbar. Bei einer Entsendung im Interesse des entsendenden Unternehmens ist der Arbeitsvertrag dagegen nach dem Willen der Vertragsparteien in der Regel indisponibel.

10.1 Entsendung im wirtschaftlichen Interesse des entsendenden Unternehmens

Trotz der (in den meisten Fällen vorliegenden) Indisponibilität des Arbeitsvertrages bestehen hinsichtlich der Frage, in welchem Staat der entsendete Arbeitnehmer der Sozialversicherungspflicht unterliegt bzw. unterliegen soll, Gestaltungsspielräume.

10.1.1 Ein Sozialversicherungsabkommen liegt nicht vor

Bei einer Entsendung zwischen Deutschland und einem Staat, mit dem kein Abkommen über die soziale Sicherheit abgeschlossen wurde, bestehen dahingehend sozialversicherungsrechtliche Gestaltungsspielräume, als dass durch die Befristung der Entsendung bzw. durch den Verzicht auf eine im vorhinein erfolgende Befristung „entschieden" werden kann, ob der entsendete Arbeitnehmer im Tätigkeitsstaat oder weiterhin im Entsendestaat sozialversicherungspflichtig sein soll. Wird die Entsendedauer nicht von vornherein befristet, unterliegt der entsendete Arbeitnehmer im Tätigkeitsstaat der Sozialversicherungspflicht. Liegt eine im vorhinein befristete Entsendung vor, unterliegt der Arbeitnehmer – nach den Bestimmungen des deutschen Sozialgesetzbuches zur Ausstrahlung und Einstrahlung – weiterhin dem Sozialversicherungsrecht im Entsendestaat.

Gleiches gilt auch im Verhältnis zu den Staaten, mit denen ein Sozialversicherungsabkommen geschlossen wurde (beispielsweise USA und Kanada), bezüglich der Bereiche des Sozialversicherungsrechts, die durch das jeweilige Sozialversicherungsabkommen nicht erfasst werden (beispielsweise Arbeitslosen- und Unfallversicherung im Verhältnis zu den USA und Kanada).

Bei der Entscheidung, ob eine aus Deutschland erfolgende Entsendung im vorhinein befristet wird – und damit die Voraussetzungen für eine Ausstrahlung nach § 4 SGB IV erfüllt werden –, ist zu beachten, dass das Vorliegen einer Ausstrahlung im Sinne von § 4 SGB IV zu Doppelversicherungen führen kann. Bei einer Entsendung nach Brasilien ist dies grundsätzlich in allen Zweigen des Sozialversicherungsrechts der Fall, bei Entsendungen in die USA in der Arbeitslosen- und Unfallversicherung. Dagegen kann es bei Entsendungen nach Kanada zu keiner Doppelversicherung kommen.

Somit besteht bei einer Entsendung aus Deutschland nach Brasilien die Wahl zwischen der alleinigen Sozialversicherungspflicht in Brasilien und der – bei Vorliegen einer Ausstrahlung nach SGB IV eintretenden – Doppelversicherung. Aus der brasilianischen Rentenversicherung wird der entsandte Arbeitnehmer regelmäßig keine Rente erhalten, da ein Anspruch auf eine Altersrente (Aposentadoria por Idade) erst nach 15 Beitragsjahren[203] entsteht und die meisten Entsendungen wesentlich kürzer sind als 15 Jahre. Auch wenn aus der brasilianischen Rentenversicherung keine Rente resultiert, ist ein Verbleib in der deutschen GRV – und damit eine Doppelversicherung – allerdings nicht zu empfehlen, da bei einer Rente aus der GRV nicht einmal die eingezahlten Beiträge zurückgezahlt werden[204].

---

[202] Zum Vergleich der Rentenversicherungssysteme bei Entsendungen eines deutschen Arbeitnehmers in ein U.S.-amerikanisches Tochterunternehmen vgl. D. Wellisch (FN 139).
[203] Zu den Leistungen der brasilianischen Rentenversicherung siehe H. Schwarzer (FN 150), S. 124.
[204] Zur negativen Rendite einer GRV-Rente vgl. Wellisch (FN 139), Tabelle 2.

Somit besteht beispielsweise auch bei einer Entsendung aus Deutschland nach Brasilien keine Möglichkeit, nur im deutschen Sozialversicherungssystem versichert zu bleiben.

10.2.2 Ein Sozialversicherungsabkommen liegt vor

Liegt zwischen Deutschland und dem Staat, aus dem bzw. in den der Arbeitnehmer entsendet wird, ein Sozialversicherungsabkommen vor, so kann er im Sozialversicherungssystem des Entsendestaates verbleiben, indem die Voraussetzungen für eine Ausnahmegenehmigung z.B. nach Art. 6 Abs. 5 SVA D-USA bzw. Art. 10 Abs. 1 SVA D-Kanada erfüllt werden. Allerdings ist diese Möglichkeit auf die Bereiche des Sozialversicherungsrechts beschränkt, die durch das jeweilige SVA erfasst werden. Für die nicht durch das SVA geregelten Sozialversicherungszweige kann auf die Ausführungen des Abschnitts 10.2.1 verwiesen werden, d.h. ein Verbleib im Sozialversicherungssystem des Entsendestaates ist nicht möglich.

Wird beispielsweise ein Arbeitnehmer aus Deutschland in die USA entsendet, so ist von einem Antrag auf Ausnahmegenehmigung abzuraten, da in diesem Entsendungsfall die amerikanische OASDI der deutschen GRV vorzuziehen ist (vgl. Abschnitt 10.1.2).

10.2.3 Entsendung innerhalb der EU/des EWR

Soll der entsendete Arbeitnehmer bei einer Entsendung innerhalb der EU/des EWR, oder aber auch bei einer Entsendung aus der bzw. in die Schweiz, weiterhin im Entsendestaat sozialversicherungspflichtig bleiben, so kann dies erreicht werden, indem die Voraussetzungen für eine Entsendung nach Art. 14 Abs. 1 VO 1408/71 oder für die Erlangung einer Ausnahmegenehmigung nach Art. 17 VO 1408/71 erfüllt werden. Anderenfalls unterliegt der entsendete Arbeitnehmer im Tätigkeitsstaat der Sozialversicherungspflicht.

Beispielsweise sollte bei der Entsendung eines deutschen Arbeitnehmers nach Frankreich auf einem der beiden genannten Wege der Verbleib in der GRV ermöglicht werden, da diese günstiger ist als eine Versicherung in der französischen Rentenversicherung (régime de base). Denn während die Rente aus der GRV proportional mit den geleisteten Beiträgen steigt, wirkt sich bei dem régime de base eine Versicherungsdauer von weniger als 25 Jahren – was bei Entsendungen den Regelfall darstellen wird – negativ auf die Rentenhöhe aus. Dies resultiert daraus, dass die Höhe einer Rente aus dem französischen régime de base vom durchschnittlichen (indexierten) Arbeitsentgelt (bis zur Beitragsbemessungsgrenze) der besten 25 Jahre und der Versicherungsdauer abhängt. Da keine 25 Beitragsjahre im régime de base zurückgelegt werden, wird bei der Berechnung des durchschnittlichen Arbeitsentgelts für die fehlenden

Jahre ein Entgelt von Null angesetzt. Neben einer Minderung der Rente aufgrund einer kurzen Versicherungszeit wird die Rente zusätzlich gekürzt, wenn weniger als 160 Versicherungsquartale im régime de base nachgewiesen werden[208].

---

[208] Zur Rentenberechnung in Frankreich M. Lewerenz, Länderbericht Frankreich in: Verband deutscher Rentenversicherungsträger (Hrsg.), Rentenversicherung im internationalen Vergleich, 1999, S. 84.

Abschnitt D:

Erhebung der Einkommensteuer

11 Motivation

Bei grenzüberschreitenden Mitarbeiterentsendungen aus bzw. nach Deutschland ist für Arbeitnehmer und Arbeitgeber von Interesse, in welchen Fällen die Vergütungen, die dem entsendeten Arbeitnehmer während der Entsendung gewährt werden, in Deutschland einkommensteuerpflichtig sind[209]. Die nachfolgende Abbildung 1 fasst die Voraussetzungen für eine Steuerpflicht der Arbeitnehmervergütungen in Deutschland zusammen, wobei danach differenziert wird,

- ob der entsendete Arbeitnehmer in Deutschland einen Wohnsitz oder seinen gewöhnlichen Aufenthalt begründet, d.h. ob er in Deutschland unbeschränkt einkommensteuerpflichtig ist und

- ob zwischen Deutschland und dem anderen an der Entsendung beteiligten Staat ein Doppelbesteuerungsabkommen besteht.

		Der Arbeitnehmer ist in Deutschland	
		unbeschränkt steuerpflichtig	nicht unbeschränkt steuerpflichtig
Zwischen Entsende- und Tätigkeitsstaat liegt	kein DBA vor	- die Voraussetzungen des Auslandstätigkeitserlasses[210] (ATE) liegen nicht vor	- die Tätigkeit wird im Inland ausgeübt oder verwertet - die Voraussetzungen des ATE liegen nicht vor - es erfolgt keine Besteuerung im ausländischen Tätigkeitsstaat
	ein DBA vor	- Deutschland (D) erhält nach dem DBA ein Besteuerungsrecht	- D erhält nach dem DBA ein Besteuerungsrecht - die Tätigkeit wird im Inland ausgeübt oder verwertet

Abbildung 1: Unter welchen Voraussetzungen sind die Arbeitnehmervergütungen in Deutschland steuerpflichtig?

Gelangt man zu dem Ergebnis, dass die Arbeitnehmer-Vergütungen der deutschen Besteuerung unterliegen, ist - insbesondere für den Arbeitgeber zur Vermeidung lohnsteuerlicher Haftungsrisiken - von Bedeutung, wie die ggf. in Deutschland anfallende Steuer erhoben wird - im Lohnsteuer-Abzugsverfahren oder erst im Rahmen einer Veranlagung des Arbeitnehmers. Für den Arbeitgeber bestehen dabei insbesondere dahingehend Haftungsrisiken, dass er für zu wenig einbehaltene Lohnsteuer selbst einstehen muss[211]. Ein fehlerhafter Lohnsteuer-

---
[209] Siehe hierzu ausführlich Teil 1.
[210] BMF-Schreiben betr. steuerliche Behandlung von Arbeitnehmereinkünften bei Auslandstätigkeiten (Auslandstätigkeitserlass) vom 31.10.1983, BStBl. I 1983, S. 470.
[211] Siehe hierzu ausführlicher FN 220.

abzug kann daher für den Arbeitgeber zu einer nicht unbedeutenden materiellen Belastung führen.

Ziel der nachfolgenden Ausführungen (Abschnitt 12) ist es, für grenzüberschreitende Mitarbeiterentsendungen nach bzw. aus Deutschland darzustellen, in welchen Fällen bzw. unter welchen Voraussetzungen die Erhebung der Einkommensteuer in Deutschland

- auf dem Wege des Lohnsteuerabzugsverfahrens bzw.
- im Rahmen des Veranlagungsverfahrens

erfolgt. Dabei wird jeweils davon ausgegangen, dass die von dem entsendeten Arbeitnehmer bezogenen Vergütungen der deutschen Einkommensteuer unterliegen, d.h. auf eine Erläuterung, unter welchen Voraussetzungen es überhaupt zu einer Besteuerung in Deutschland kommt, wird verzichtet.

12 Steuererhebung in Deutschland

Unterliegen Einkünfte aus nichtselbständiger Arbeit der Einkommensbesteuerung in Deutschland, so kann diese Einkommensteuer durch (Lohnsteuer-)Abzug[212] vom Arbeitslohn oder im Wege der Veranlagung erhoben werden.

Unter welchen Voraussetzungen Lohnsteuer zu erheben ist, wird in § 38 Abs. 1 EStG geregelt. Danach ergibt sich - bezogen auf internationale Mitarbeiterentsendungen - dann eine Lohnsteuererhebungspflicht, wenn einer der beiden folgenden Fälle vorliegt:

- Der entsendete Arbeitnehmer hat einen Arbeitsvertrag mit einem inländischen Arbeitgeber im Sinne von § 38 Abs. 1 S. 1 Nr. 1 EStG (siehe Abschnitt 12.1).

- Der entsendete Arbeitnehmer wird von einem in Deutschland ansässigen Unternehmen aufgenommen und dieses Unternehmen trägt wirtschaftlich den Arbeitslohn (siehe Abschnitt 12.2).

Auf diese zwei Fälle soll in den nachfolgenden beiden Unterabschnitten näher eingegangen werden.

Der Abschnitt 12.3 fasst anschließend die Fälle zusammen, in denen keine Pflicht zur Lohnsteuer-Erhebung besteht, in denen die Besteuerung der Vergütungen also erst im Rahmen des Veranlagungsverfahrens erfolgt. Abschnitt 13 fasst die Schritte der Prüfung, ob eine Pflicht zur Lohnsteuer-Einbehaltung besteht, noch einmal in einem Schaubild zusammen.

12.1 Inländischer Arbeitgeber

Lohnsteuer ist zum einen dann einzubehalten und abzuführen, wenn ein Dienstverhältnis (Arbeitsvertrag) zwischen dem entsandten Arbeitnehmer und einem inländischen Arbeitgeber besteht (§ 38 Abs. 1 S. 1 Nr. 1 EStG). Inländischer Arbeitgeber in diesem Sinne ist ein Arbeitgeber, der im Inland einen Wohnsitz, seinen gewöhnlichen Aufenthalt, seine Geschäfts-

---

[212] Erfolgt bei beschränkt Steuerpflichtigen ein Steuerabzug vom Arbeitslohn, so gilt die Einkommensteuer auf diese Einkünfte durch den Steuerabzug grundsätzlich als abgegolten (§ 50a Abs. 5 S. 1 EStG). Allerdings können Arbeitnehmer, die Staatsangehörige eines Mitgliedstaates der Europäischen Union oder eines EWR-Staates sind und in einem dieser Staaten ihren Wohnsitz oder gewöhnlichen Aufenthalt haben, eine Veranlagung zur Einkommensteuer beantragen (§ 50a Abs. 5 S. 2 Nr. 2 S. 1 EStG). In diesem Fall wird die einbehaltene Lohnsteuer auf die im Veranlagungsverfahren festzusetzende Einkommensteuer angerechnet. Unter welchen Voraussetzungen bei unbeschränkt steuerpflichtigen Arbeitnehmern, deren Arbeitseinkünfte dem Lohnsteuerabzug unterlagen, eine Veranlagung durchgeführt wird, ist in § 46 Abs. 2 EStG geregelt.

leitung, seinen Sitz, eine Betriebsstätte oder einen ständigen Vertreter im Sinne der §§ 8 – 13 AO hat.

Im Zusammenhang mit grenzüberschreitenden Mitarbeiterentsendungen nach Deutschland wird ein Dienstverhältnis mit einem inländischen Arbeitgeber häufig dann vorliegen, wenn die Entsendung in eine inländische Betriebsstätte des entsendenden ausländischen Unternehmens erfolgt.

Beispiel:

Ein tschechisches Unternehmen entsendet einen Mitarbeiter in eine deutsche Betriebsstätte.

Durch die inländische Betriebsstätte wird das tschechische Unternehmen (in Bezug auf den entsandten Arbeitnehmer) zum inländischen Arbeitgeber im Sinne des § 38 Abs. 1 S. 1 Nr. 1 EStG. Auf die Vergütungen dieses Arbeitnehmers ist daher Lohnsteuer einzubehalten und abzuführen. Dies gilt unabhängig davon, ob der Aufwand für die Vergütung des entsandten Arbeitnehmers der inländischen Betriebsstätte weiterbelastet wird, d.h. bei Entsendungen in inländische Betriebsstätten ist für die Frage der Lohnsteuer-Erhebungspflicht ohne Bedeutung, wer die Arbeitnehmervergütungen wirtschaftlich trägt[213].

Eine Lohnsteuer-Erhebungspflicht des tschechischen Unternehmens würde (die Steuerpflicht der Vergütungen in Deutschland vorausgesetzt - beispielsweise aufgrund eines deutschen Wohnsitzes des Arbeitnehmers) auch dann bestehen, wenn der in die deutsche Betriebsstätte entsandte Arbeitnehmer von dieser Betriebsstätte in ein Drittland, beispielsweise kurzfristig in eine iranische Betriebsstätte des tschechischen Unternehmens, (weiter) entsandt wird. Denn für die Lohnsteuer-Erhebungspflicht wird nur das Vorliegen einer inländischen Betriebsstätte gefordert, nicht jedoch eine Tätigkeit des (entsandten) Arbeitnehmers in dieser Betriebsstätte.

Aus diesem Grund wäre eine Lohnsteuer-Erhebungspflicht u.E. selbst dann gegeben, wenn im betrachteten Beispiel der Arbeitnehmer direkt aus dem tschechischen Unternehmen in die iranische Betriebsstätte entsandt wird (und die Vergütungen des Arbeitnehmers in Deutschland einkommensteuerpflichtig sind).

---

[213] Dagegen wird sowohl für die Zuweisung des Besteuerungsrechtes nach Art. 15 Abs. 2 Buchst. b, c OECD-MA (abkommensrechtlicher Arbeitgeberbegriff) als auch für die Lohnsteuer-Erhebungspflicht nach § 38 Abs. 1 S. 2 EStG (siehe hierzu Abschnitt 12.2) vorausgesetzt, dass das aufnehmende Unternehmen (bzw. die aufnehmende Betriebsstätte) die Vergütungen des entsandten Arbeitnehmers wirtschaftlich trägt.

Wird der Arbeitnehmer nicht in eine inländische Betriebsstätte, sondern in ein inländisches Unternehmen entsandt, wird ein Dienstverhältnis mit dem aufnehmenden deutschen Unternehmen und damit ein inländischer Arbeitgeber im Sinne von § 38 Abs. 1 S. 1 Nr. 1 EStG in der Regel nur bei sehr langfristigen Entsendungen anzufinden sein - wenn der Arbeitsvertrag des Arbeitnehmers mit dem entsendenden Unternehmen aufgelöst wird (oder ruht) und ein Arbeitsvertrag mit dem aufnehmenden Unternehmen geschlossen wird.

Dagegen wird bei Entsendungen aus Deutschland ins Ausland vor allem bei einer kurzen bis mittleren Entsendedauer ein inländischer Arbeitgeber im Sinne von § 38 Abs. 1 S. 1 Nr. 1 EStG existieren, da besonders bei kurzfristigen Entsendungen der Arbeitsvertrag des Arbeitnehmers mit dem entsendenden inländischen Unternehmen oftmals bestehen bleibt.

Lohnsteuerpflichtig ist dabei nicht nur Arbeitslohn, den der inländische Arbeitgeber (im Sinne des § 38 Abs. 1 S. 1 Nr. 1 EStG) selbst zahlt. Vielmehr ist Lohnsteuer auch auf Arbeitslohn einzubehalten, der im Rahmen des Dienstverhältnisses von einem Dritten gewährt wird, sofern der Arbeitgeber weiß oder erkennen kann, dass derartige Vergütungen erbracht werden. Die Kenntnis des Arbeitgebers wird hierbei insbesondere dann angenommen[214], wenn Arbeitgeber und Dritter verbundene Unternehmen im Sinne von § 15 AktG sind (§ 38 Abs. 1 S. 3 EStG). Wird also beispielsweise der Arbeitslohn (oder ein Teil davon) nicht durch den Arbeitgeber, sondern durch das (entsendende oder aufnehmende) ausländische Unternehmen oder ein anderes Unternehmen des Konzerns ausgezahlt, so hat der Arbeitgeber auch hierauf die Lohnsteuer zu berechnen und an das zuständige Finanzamt abzuführen.

Beispiel:

Ein Arbeitnehmer wird innerhalb eines Konzerns für vier Monate aus einer deutschen Gesellschaft (= arbeitsrechtlicher Arbeitgeber) in eine belgische Schwestergesellschaft entsandt. Die gesamten Vergütungen des entsandten Arbeitnehmers werden durch die in Österreich ansässige Muttergesellschaft gezahlt.

Die Vergütungen werden im Rahmen des zwischen der deutschen Gesellschaft (Arbeitgeber) und dem Arbeitnehmer bestehenden Dienstverhältnisses gezahlt. Sie werden von einem Dritten, der österreichischen Muttergesellschaft, aufgebracht. Da die gesamte Vergütungszahlung durch ein anderes Unternehmen erfolgt, ist mit Sicherheit davon auszuge-

---

[214] Diese Annahme ist u.E. widerlegbar, so bspw. auch Drenseck in Schmidt (FN 13), § 38 Rz. 11. Dagegen vertritt Plenker die Ansicht, dass dies nicht widerlegbar sei, vgl. Plenker, DB 2004, 894. Aus dem Vorsatz

hen, dass das deutsche Unternehmen Kenntnis von diesen Vergütungen hat. Deshalb muss die deutsche Gesellschaft nach § 38 Abs. 1 S. 3 EStG auf die von der österreichischen Gesellschaft gezahlten Vergütungen Lohnsteuer berechnen und an das Finanzamt abführen.

Beispiel:

Ein Arbeitnehmer wird innerhalb eines Konzerns aus einer britischen Tochtergesellschaft in die deutsche Muttergesellschaft (= arbeitsrechtlicher Arbeitgeber) entsandt. Das laufende Gehalt wird während der Entsendung durch die Muttergesellschaft ausgezahlt. Dagegen erfolgt die betriebliche Altersvorsorge für diesen Arbeitnehmer weiterhin durch die britische Gesellschaft – sie zahlt auch während der Entsendung jährlich Altersvorsorgebeiträge in einen britischen Pensionsfonds.

Zwischen der deutschen Muttergesellschaft und dem Arbeitnehmer besteht ein Dienstverhältnis. Die Altersvorsorgebeiträge werden im Rahmen dieses Dienstverhältnisses gezahlt. Sie werden von einem Dritten, der britischen Tochtergesellschaft, aufgebracht. Aufgrund der Vorschrift des § 38 Abs. 1 S. 3 EStG muss die Muttergesellschaft bei der Ermittlung der abzuführenden Lohnsteuer – neben dem laufenden Gehalt – auch die Altersvorsorgebeiträge[215] berücksichtigen, sofern sie von der Zahlung der Altersvorsorgebeiträge weiß. Da es sich bei Arbeitgeber (Muttergesellschaft) und Drittem (Tochtergesellschaft) um verbundene Unternehmen im Sinne von § 15 AktG handelt, wird die Kenntnis dieser Zahlung vermutet.

In den Fällen der Lohnzahlung durch Dritte tritt das Problem auf, dass dem Arbeitgeber, der die Lohnsteuer an das Finanzamt abführen muss, kein Barlohn zur Deckung dieser Lohnsteuerzahlung zur Verfügung steht, da ja die Lohnzahlung nicht durch ihn, sondern durch einen Dritten erfolgt. Denkbar wäre eine haftungsbefreiende Anzeige nach § 38 Abs. 4 EStG gegenüber dem Betriebsstättenfinanzamt[216]. In diesem Fall würde das Finanzamt die nicht erhobene Lohnsteuer beim Arbeitnehmer anfordern.

„m.E." ist jedoch zu schließen, dass es sich hierbei (nur) um die Meinung des Autors handelt und nicht um die Auffasung der Finanzverwaltung.

[215] Es sei darauf hingewiesen, dass die an den britischen Pensionsfonds gezahlten Beiträge in Deutschland (in begrenzter Höhe) nach § 3 Nr. 63 EStG begünstigt sein können, wenn der Pensionsfonds aufsichtsrechtlich zur Ausübung einer Tätigkeit zugunsten von Arbeitnehmern in deutschen Betriebsstätten befugt ist. Vgl. BMF-Schreiben betr. steuerliche Förderung der privaten Altersvorsorge und betrieblichen Altersversorgung vom 17.11.2004, BStBl. I 2004, 1065, Rz. 179.

[216] Vgl. auch Odenthal/Seifert, DStR 2004, 585; dort jedoch für den Fall der Lohnsteuerabzugspflicht des wirtschaftlichen Arbeitgebers nach § 38 Abs. 1 S. 2 EStG (siehe hierzu Abschnitt 12.2.). Zur Möglichkeit einer

12.2 Inländischer wirtschaftlicher Arbeitgeber

Seit dem Jahr 2004 kann bei internationalen Arbeitnehmerentsendungen ein im Inland ansässiges Unternehmen, das einen entsandten Arbeitnehmer aufnimmt, auch dann zur Lohnsteuerabführungspflicht für die Arbeitnehmervergütungen verpflichtet sein, wenn es nicht arbeitsrechtlicher Arbeitgeber des entsandten Arbeitnehmers ist. Dies ist dann der Fall, wenn das aufnehmende Unternehmen den Arbeitslohn für die ihm geleistete Arbeit wirtschaftlich trägt (§ 38 Abs. 1 S. 2 EStG), wenn also das aufnehmende Unternehmen wirtschaftlicher Arbeitgeber (im Sinne des DBA) des entsandten Arbeitnehmers ist. Nicht erforderlich ist dabei, dass das Unternehmen den Arbeitslohn im eigenen Namen und für eigene Rechnung auszahlt.

Die Voraussetzung des wirtschaftlichen Tragens ist insbesondere dann erfüllt, wenn der von dem entsendenden Unternehmen gezahlte Arbeitslohn dem deutschen Unternehmen weiterbelastet wird[217]. Das deutsche Unternehmen hat die Lohnsteuer auf diesen Arbeitslohn zu berechnen und an das zuständige Finanzamt abzuführen. Das entsendende Unternehmen zahlt an den Arbeitnehmer die Brutto-Vergütung abzüglich der vom deutschen Unternehmen abgeführten Lohnsteuer. Eine Weiterbelastung der Vergütungsaufwendungen vom entsendenden Unternehmen auf das deutsche Unternehmen muss also nur noch in Höhe der Netto-Vergütung erfolgen.

Eine nur teilweise Weiterbelastung des Arbeitslohnes führt nur zu einer Lohnsteuer-Abführungspflicht des aufnehmenden Unternehmens für den weiterbelasteten Teil[218].[219] Probleme ergeben sich hierbei jedoch in den Fällen, in denen im Zeitpunkt der Gewährung der Vergütungen noch nicht feststeht, in welcher Höhe bzw. mit welchem Anteil das aufnehmende inländische Unternehmen mit diesen Vergütungen wirtschaftlich belastet werden soll. Zur Vermeidung von lohnsteuerlichen Haftungsrisiken sollte das aufnehmende Unternehmen die Lohnsteuer auf den Teil der Vergütungen berechnen und abführen, von dessen Weiterbelastung durch das entsendende Unternehmen auf das aufnehmende Unternehmen im Höchstfall

---

haftungsbefreienden Anzeige nach § 38 Abs. 4 EStG bei Lohnzahlungen durch Dritte siehe auch Drenseck (FN 214), § 38 Rz. 18; FG Hamburg v. 22.5.1997, EFG 1997, 1414.
[217] Vgl. auch BMF, Einführungsschreiben Lohnsteuer zum Steueränderungsgesetz 2003 und Haushaltsbegleitgesetz 2004, BStBl. I 2004, 173, unter III.1.
[218] Vgl. auch Drenseck (FN 214), § 38 Rz. 5; Niermann/Plenker, DB 2003, 2724; Schmidt, IStR 2004, 372.
[219] Dies entspricht auch dem wirtschaftlichen Arbeitgeberbegriff im Sinne des § 15 Abs. 2 Buchst. b OECD-MA. Aus dieser Vorschrift ergibt sich ein Besteuerungsrecht des Tätigkeitsstaates, wenn das Unternehmen, das die Arbeitnehmervergütungen wirtschaftlich trägt, in diesem Staat ansässig ist. Wird die Vergütung jedoch nicht vollständig vom Unternehmen im Tätigkeitsstaat getragen, sondern zum Teil vom entsendenden Unternehmen (– und ist dieser Teil nicht vernachlässigbar gering -), so besteht ein Besteuerungsrecht des Tätigkeitsstaates nur insoweit, wie die Vergütungen durch das Unternehmen im Tätigkeitsstaat getragen werden, vgl. bspw. Flick/Wassermeyer/Wingert, Doppelbesteuerungsabkommen Deutschland-Schweiz, Art. 15 Anm. 54; Vogel, DBA, Art. 15 Rz. 31.

auszugehen ist[220]. Die Höhe der Vergütungsaufwendungen, die dann noch vom entsendenden auf das aufnehmende Unternehmen zu verrechnen sind, ermittelt sich als Bruchteil der Brutto-Vergütungen, mit welchem das aufnehmende Unternehmen belastet werden soll, abzüglich der durch das aufnehmende Unternehmen abgeführten Lohnsteuer. Die Höhe der vom entsendenden bzw. aufnehmenden Unternehmen zu tragenden Vergütungsaufwendungen ist unabhängig von der Höhe der abgeführten Lohnsteuer, da eine Erhöhung der einbehaltenen Lohnsteuer zu einer Minderung der ausgezahlten Arbeitnehmervergütungen und nicht zu einem Anstieg der Vergütungsaufwendungen der Unternehmen führt.

Beispiel:

Ein Arbeitnehmer wird aus Frankreich nach Deutschland entsandt. Der Arbeitslohn in Höhe von insgesamt 50.000 € wird durch das entsendende Unternehmen gezahlt. Während der Entsendung steht noch nicht fest, ob das aufnehmende Unternehmen in voller Höhe oder nur zur Hälfte mit diesen Vergütungsaufwendungen belastet wird.

Für lohnsteuerliche Zwecke sollte davon ausgegangen werden, dass die gesamten Vergütungen vom aufnehmenden Unternehmen zu tragen und damit lohnsteuerpflichtig sind. Es sei angenommen, die abzuführende Lohnsteuer betrage dann 15.000 €. Folglich hat das entsendende Unternehmen einen Betrag von (50.000 € - 15.000 € =) 35.000 € an den Arbeitnehmer auszuzahlen. Wird später entschieden, dass das aufnehmende Unternehmen tatsächlich die gesamten Aufwendungen tragen soll, ist das aufnehmende Unternehmen durch das entsendende Unternehmen noch mit dem Betrag der ausgezahlten Vergütung, d.h. mit 35.000 €, zu belasten. Soll das aufnehmende Unternehmen dagegen nur mit der Hälfte der Vergütungsaufwendungen belastet werden, so sind vom aufnehmenden Unternehmen insgesamt (50% von 50.000 € =) 25.000 € zu tragen. Hierauf sind die durch das aufnehmende Unternehmen – in Form der Lohnsteuer-Abführung - bereits geleisteten

---

[220] Haftungsrisiken bestehen insbesondere dahingehend, dass das inländische Unternehmen für zu wenig einbehaltene Lohnsteuer selbst einstehen muss. Nach § 42d EStG haftet der Arbeitgeber für die Lohnsteuer, die er einzubehalten und abzuführen hat. Arbeitgeber und Arbeitnehmer sind insoweit Gesamtschuldner der Lohnsteuer, wobei das Finanzamt die Steuerschuld sowohl gegenüber dem Arbeitgeber als auch gegenüber dem Arbeitnehmer geltend machen kann. I.d.R. wird das Finanzamt die Steuerschuld beim Arbeitgeber einfordern. Dieser müsste sich die an das Finanzamt gezahlte Lohnsteuer nun vom Arbeitnehmer erstatten lassen. Allerdings wird gerade gegenüber Arbeitnehmern, die aus dem Ausland nach Deutschland entsandt wurden, diese Lohnsteuer-Nachforderung oftmals uneinbringbar sein - insbesondere wenn die Feststellung der zu wenig abgeführten Lohnsteuer erst Jahre nach der Zahlung der lohnsteuerpflichtigen Vergütungen erfolgt (vgl. auch BT-Drs. 15/1798, Begründung zu 6.). Somit trägt im Ergebnis nicht selten das Unternehmen die zu wenig einbehaltene Lohnsteuer. Dagegen wird die Lohnsteuer, die bereits im Zeitpunkt der Gewährung der Vergütungen einbehalten und an das Finanzamt abgeführt wird, vom Arbeitnehmer getragen. Denn die einbehaltene Lohnsteuer mindert den Betrag der Vergütung, die an den Arbeitnehmer ausgezahlt wird.

15.000 € anzurechnen, so dass das aufnehmende Unternehmen dem entsendenden Unternehmen noch (25.000 € - 15.000 € =) 10.000 € schuldet.

Ohne Bedeutung für die Lohnsteuer-Abführungspflicht des inländischen aufnehmenden Unternehmens ist, ob dieses Unternehmen die Arbeitnehmervergütungen steuerlich als Betriebsausgabe geltend machen kann. Entscheidend ist allein die wirtschaftliche Belastung mit diesen Vergütungen.

Beispiel:

> Einem aus den USA nach Deutschland entsandten Arbeitnehmer werden vom entsendenden Unternehmen Optionen gewährt. Die Aktien, die der Arbeitnehmer im Zeitpunkt der Optionsausübung erhält, werden durch eine Kapitalerhöhung aufgebracht. Das amerikanische Unternehmen belastet das aufnehmende deutsche Unternehmen hierfür mit Kosten.
>
> Unabhängig davon, ob der Aufwand der Optionsgewährung beim deutschen Unternehmen steuerlich als Betriebsausgabe abzugsfähig ist, muss es (auch) auf die Vergütung in Form der Beteiligung am Optionsprogramm Lohnsteuer berechnen und abführen. Entscheidend hierfür ist allein, dass das deutsche Unternehmen mit den Kosten der Optionsgewährung wirtschaftlich belastet wird.

Unklar ist nach dem Gesetzeswortlaut, inwieweit die Vorschrift des § 38 Abs. 1 S. 3 EStG auch für (nur) wirtschaftliche Arbeitgeber gilt. Nach dieser Vorschrift ist Arbeitslohn auch dann lohnsteuerpflichtig, wenn er im Rahmen des Dienstverhältnisses von einem Dritten gewährt wird und der Arbeitgeber hiervon weiß[221]. Muss der wirtschaftliche Arbeitgeber auf Arbeitslohn im Sinne von § 38 Abs. 1 S. 3 EStG in jedem Fall Lohnsteuer abführen oder nur dann, wenn er diesen Arbeitslohn wirtschaftlich trägt? Keine Lohnsteuer-Erhebungsverpflichtung nach § 38 Abs. 1 S. 3 EStG ergibt sich bei Vergütungen, die von dem entsendenden Unternehmen (dem arbeitsrechtlichen Arbeitgeber) gegenüber dem Arbeitnehmer erbracht werden (und nicht dem aufnehmenden Unternehmen weiterbelastet werden[222]). Denn das entsendende Unternehmen kann nicht als „Dritter" im Sinne von § 38 Abs. 1 S. 3 EStG beurteilt werden, da das Dienstverhältnis (der Arbeitsvertrag) zwischen dem entsendenden

---

[221] Vgl. hierzu auch Abschnitt 12.1.
[222] Werden die Vergütungen dem aufnehmenden Unternehmen weiterbelastet, besteht beim aufnehmenden Unternehmen insoweit eine Lohnsteuerabführungspflicht nach § 38 Abs. 1 S. 2 EStG.

Unternehmen und dem entsandten Arbeitnehmer besteht[223]. Folgt man dem wirtschaftlichen Arbeitgeberbegriff im Sinne des DBA[224], dürfte u.E. auch in allen anderen Fällen der Gewährung von Arbeitslohn durch Dritte nur insoweit eine Pflicht zur Lohnsteuer-Erhebung bestehen, wie dieser Arbeitslohn durch den Arbeitgeber getragen wird.

Beispiel:

Ein Arbeitnehmer wird innerhalb eines Konzerns aus einer niederländischen Gesellschaft (= arbeitsrechtlicher Arbeitgeber) in eine deutsche Schwestergesellschaft entsandt. Die laufenden Vergütungen des entsandten Arbeitnehmers werden durch die deutsche aufnehmende Gesellschaft gezahlt und auch wirtschaftlich getragen. Die Beiträge zur betrieblichen Altersvorsorge des Arbeitnehmers werden durch die in der Schweiz ansässige Muttergesellschaft gezahlt und von dieser an die deutsche aufnehmende Gesellschaft weiterbelastet. Der Arbeitnehmer erhält zudem – aus Anlass seiner Entsendung nach Deutschland – eine Einmalzahlung von der

a) schweizerischen Muttergesellschaft,

b) niederländischen entsendenden Gesellschaft,

welche dem deutschen aufnehmenden Unternehmen nicht weiterbelastet wird.

Die laufenden Vergütungen unterliegen (in beiden Fällen) nach § 38 Abs. 1 S. 2 i.V.m. S. 1 EStG der Lohnsteuer-Abführungspflicht.

Unstrittig ist (in beiden Fällen) zudem die Lohnsteuer-Abführungspflicht nach § 38 Abs. 1 S. 3 EStG hinsichtlich der Beiträge zur betrieblichen Altersvorsorge, da diese von einem Dritten gezahlt und vom deutschen Unternehmen wirtschaftlich getragen werden.

Dagegen unterliegt die Einmalzahlung - aufgrund der fehlenden wirtschaftlichen Belastung des deutschen Unternehmens – in beiden Fällen nicht der Lohnsteuer-Erhebungspflicht. In Fall b) scheitert eine Lohnsteuerpflicht nach § 38 Abs. 1 S. 3 EStG zudem daran, dass die Gewährung der Einmalzahlung durch den arbeitsrechtlichen Arbeitgeber und damit nicht durch einen Dritten im Sinne von § 38 Abs. 1 S. 3 EStG erfolgt.

Mit der Einführung dieser Lohnsteuer-Abführungspflicht des wirtschaftlichen Arbeitgebers wurde eine bis dahin bestehende Lücke beim Lohnsteuerabzug geschlossen: Bei Entsendun-

---

[223] Vgl. auch Schmidt (FN 218). Dagegen beurteilt Plenker die Zahlungen des entsendenden Unternehmens als lohnsteuerpflichtige Zahlungen Dritter im Sinne von § 38 Abs. 1 S. 3 EStG, vgl. Plenker (FN 214). Unklar ist, ob der Autor hierbei (nur) seine eigene Meinung vertritt oder die Auffassung der Finanzverwaltung.

Zu den Autoren

Prof. Dr. Dietmar Wellisch, StB, leitet den wirtschaftswissenschaftlichen Bereich des International Tax Institute der Universität Hamburg und die Wellisch Steuerberatungsgesellschaft mbH, Hannover. Er studierte Wirtschafts- und Rechtswissenschaften an den Universitäten Konstanz, Tübingen und Dresden, promovierte anschließend an der Universität Tübingen, habilitierte sich an der Indiana State University/USA und der Universität Dortmund, ist seit 1994 Universitätsprofessor und wurde 2003 an das International Tax Institute der Universität Hamburg berufen. 1997 erfolgte die Bestellung zum Steuerberater und 2003 die Bestellung zum Berater des Bundesfinanzministeriums (Mitglied des wiss. Beirats beim BMF).

Dr. Maik Näth ist Mitarbeiter der BDO Deutsche Warentreuhand AG Wirtschaftsprüfungsgesellschaft in Dresden. Er studierte Wirtschaftsingenieurswesen an der Technischen Universität Dresden, war wissenschaftlicher Mitarbeiter an der Otto-von-Guericke-Universität Magdeburg sowie am International Tax Institute der Universität Hamburg und promovierte an der Universität Magdeburg.

Dr. Kerstin Thiele, StB, ist als Steuerberaterin tätig. Sie studierte Musikwissenschaften an der Humboldt-Universität zu Berlin sowie Betriebswirtschaftslehre an der Technischen Universität Dresden, promovierte in Berlin, war wissenschaftliche Mitarbeiterin an der Technischen Universität Dresden sowie der Otto-von-Guericke-Universität Magdeburg. 2005 erfolgte die Bestellung zur Steuerberaterin.

AUS DER REIHE Gabler Edition Wissenschaft

„Schriften zum Steuer-, Rechnungs- und Prüfungswesen"
Herausgeber: Prof. Dr. Lutz Haegert, Prof. Dr. Theodor Siegel,
Prof. Dr. Ulrich Schreiber, Prof. Dr. Dr. h.c. Franz W. Wagner,
Prof. Dr. Dietmar Wellisch

zuletzt erschienen:

Kay Blaufus
Fair Value Accounting
Zweckmäßigkeitsanalyse und konzeptioneller Rahmen
2005. XXVI, 409 S., 39 Abb., Br. € 59,90
ISBN 3-8350-0053-5

Lothar Lammersen
Steuerbelastungsvergleiche
Anwendungsfelder und Grenzen in der Steuerplanung und der
Steuerwirkungslehre
2005. XXXI, 316 S., 29 Abb., 9 Tab., Br. € 55,90
ISBN 3-8350-0096-9

Dirk Simons
**Internationalisierung von Rechnungslegung, Prüfung und
Corporate Governance**
2005. XXIV, 241 S., 14 Abb., 22 Tab., Br. € 55,90
ISBN 3-8350-0073-X

Caren Sureth
Steuerreformen und Übergangsprobleme bei Beteiligungsinvestitionen
2006. XXX, 277 S., 68 Abb., 39 Tab., Br. € 59,90
ISBN 3-8350-0268-6

Dietmar Wellisch, Maik Näth, Kerstin Thiele
Vergütung bei internationalen Mitarbeiterentsendungen
Steuerliche und sozialversicherungsrechtliche Aspekte und
Gestaltungsansätze unter Berücksichtigung von komplexen
Vergütungsstrukturen und Altersvorsorgeaufwendungen
2006. XII, 161 S., Br. € 49,90
ISBN 3-8350-0482-4

www.duv.de
Änderung vorbehalten.
Stand: Mai 2006.

Deutscher Universitäts-Verlag
Abraham-Lincoln-Str. 46
65189 Wiesbaden

gen nach Deutschland ist der Arbeitslohn des entsandten Arbeitnehmer oftmals in Deutschland einkommensteuerpflichtig. Allerdings war das aufnehmende deutsche Unternehmen bis zum Jahr 2003 nur dann zum Lohnsteuerabzug verpflichtet, wenn es arbeitsrechtlicher Arbeitgeber des entsandten Arbeitnehmers wurde. Blieb das entsendende Unternehmen arbeitsrechtlicher Arbeitgeber, bestand keine Pflicht zum Lohnsteuerabzug - auch wenn der Arbeitslohn des entsandten Arbeitnehmers durch das entsendende Unternehmen auf das aufnehmende Unternehmen weiterbelastet wurde. Seit dem Jahr 2004 besteht nun auch in diesen Fällen die Pflicht zur Lohnsteuer-Abführung.

12.3 Keine Pflicht zur Lohnsteuererhebung

Aus den Ausführungen der Abschnitte 12.1und 12.2 können nun - im Umkehrschluss - die Fälle abgeleitet werden, in denen die Vergütungen eines grenzüberschreitend entsandten Arbeitnehmers nicht dem Lohnsteuerabzug in Deutschland unterliegen. Insoweit können die Vergütungen nur im Rahmen des Veranlagungsverfahrens erfasst werden.

Hierbei ist – bei Entsendungen nach Deutschland – zunächst der Fall zu nennen, dass der Arbeitnehmer nicht bei einer im Inland ansässigen Gesellschaft, Betriebsstätte oder einem im Inland ansässigen ständigen Vertreter tätig wird. In diesem Fall mangelt es an einer inländischen Einrichtung, die inländischer (arbeitsrechtlicher und/oder wirtschaftlicher) Arbeitgeber des entsandten Arbeitnehmers sein - und damit zum Lohnsteuerabzug verpflichtet werden - könnte. Zu denken ist beispielsweise an einen Arbeitnehmer, der von einem ausländischen Unternehmen nach Deutschland entsandt wird, um den dortigen Markt (für eventuelle Investitionen in Deutschland) zu erforschen oder bei dortigen Kunden Befragungen oder Service-/Dienstleistungen (z.B. Installationen oder Reparaturen) durchzuführen und dabei nicht zu einem ständigen Vertreter im Sinne von § 13 AO wird.

Beispiel:

Eine in Paris ansässige Sprachschule entsendet ganzjährig Lehrer nach Deutschland, die dort in den Räumen der einzelnen Kunden privaten Sprachunterricht geben.

Die Lehrer werden nicht bei einer im Inland ansässigen (verbundenen) Gesellschaft oder Betriebsstätte tätig, da die Sprachschule in Deutschland über keine feste Geschäftseinrichtung im Sinne von § 12 AO verfügt. Auch begründet die Tätigkeit der Sprachlehrer selbst keine ständige Vertretung der Sprachschule in Deutschland im Sinne von § 13 AO.

---

[224] Vgl. hierzu FN 219.

Es fehlt somit an einer inländischen Einrichtung, die zum Lohnsteuerabzug verpflichtet werden könnte. Die Vergütungen der Lehrer können daher nur im Wege der Veranlagung der deutschen Einkommensteuer unterworfen werden.

Aber auch wenn der Arbeitnehmer bei einem im Inland ansässigen Unternehmen, ständigen Vertreter oder einer im Inland ansässigen Betriebsstätte[225] tätig wird, besteht in den folgenden Fällen keine Pflicht zur Lohnsteuer-Erhebung:

Ist das inländische Unternehmen arbeitsrechtlicher Arbeitgeber des entsandten Arbeitnehmers, besteht nur dann keine Lohnsteuer-Erhebungspflicht, wenn der Arbeitslohn weder durch das inländische Unternehmen selbst noch durch einen Dritten im Sinne von § 38 Abs. 1 S. 3 EStG gewährt wird. Dies wäre nur dann der Fall, wenn Arbeitslohn durch einen Dritten gezahlt wird und das inländische Unternehmen davon nichts weiß - dann wäre jedoch ohnehin - mangels Kenntnis der Vergütung - kein Lohnsteuerabzug möglich.

Ist das inländische aufnehmende Unternehmen (nur) wirtschaftlicher Arbeitgeber des entsandten Arbeitnehmers, besteht insoweit keine Lohnsteuer-Erhebungspflicht, wie das aufnehmende Unternehmen die wirtschaftliche Last der Arbeitnehmervergütungen nicht trägt. Es besteht somit insbesondere insoweit keine Pflicht zur Lohnsteuerabführung, wie die Vergütungen des entsandten Arbeitnehmers vom arbeitsrechtlichen Arbeitgeber wirtschaftlich getragen werden.

Keine Pflicht zur Lohnsteuer-Erhebung besteht schließlich auch dann, wenn das inländische Unternehmen bei einer Entsendung aus Deutschland zwar wirtschaftlicher, nicht aber arbeitsrechtlicher Arbeitgeber ist. Denn die Lohnsteuer-Erhebungspflicht des wirtschaftlichen Arbeitgebers betrifft nach dem Gesetzeswortlaut nur Entsendungen nach Deutschland.

13 Systematische Zusammenfassung

Die nachfolgende Abbildung 2 fasst in einem „Prüfschema" noch einmal vereinfacht zusammen, wie bei einer grenzüberschreitenden Entsendung - und gegebener Steuerpflicht der Arbeitnehmer-Vergütungen in Deutschland - ermittelt werden kann, ob die Vergütungen dem Lohnsteuer-Abzug unterliegen oder nicht.

---

[225] Nachfolgend wird vereinfachend von „inländischem Unternehmen" gesprochen.

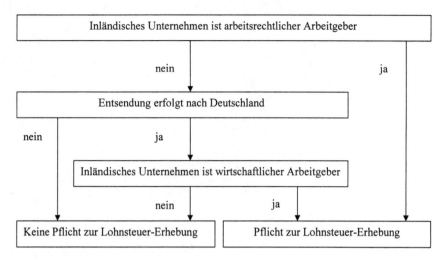

Abbildung 2: **Pflicht zur Lohnsteuer-Erhebung?**

14 Motivation

Grundsätzlich[226] unterliegen alle Personen, die in Deutschland gegen Arbeitsentgelt beschäftigt sind, der Versicherungs- und Beitragspflicht in den einzelnen Zweigen der deutschen Sozialversicherung (§ 2 Abs. 2 Nr. 1 i.V.m. § 3 Nr. 1 SGB IV). Dies gilt auch für Arbeitnehmer, die aus dem Ausland nach Deutschland entsendet werden, sofern nicht durch nationale Regelungen (Einstrahlung nach § 5 SGB IV) oder bilaterale (SV-Abkommen) bzw. multilaterale Verträge (EG-VO 1408/71, 547/72) die Sozialversicherungspflicht in Deutschland ausgeschlossen wird[227]. Dabei beginnt die Sozialversicherungspflicht regelmäßig mit der Aufnahme der Beschäftigung in Deutschland (§ 22 SGB IV) bzw. ggf. nach Beendigung einer Ausnahmeregelung, nach welcher der Arbeitnehmer in Deutschland nicht sozialversicherungspflichtig war.

Unterliegt der entsendete Arbeitnehmer der Sozialversicherungspflicht in Deutschland, ist sein Arbeitgeber Schuldner des Gesamtsozialversicherungsbeitrages[228] (§ 28e SGB IV). Der Arbeitgeber ist damit grundsätzlich verpflichtet, den Arbeitnehmeranteil zur Sozialversicherung vom Lohn einzubehalten (§ 28g SGB IV) und gemeinsam mit dem Arbeitgeberanteil an den zuständigen Träger der Sozialversicherung abzuführen. Zudem hat der Arbeitgeber Beiträge zur gesetzlichen Unfallversicherung an die Berufsgenossenschaft zu entrichten (§ 150 SGB VII).

Im Zusammenhang mit grenzüberschreitenden Entsendungen stellt sich jedoch die Frage, wer - die entsendende Einheit oder die aufnehmende Einheit - als Arbeitgeber im Sinne des deutschen Sozialversicherungsrechts anzusehen ist und durch wen - die entsendende Einheit, die aufnehmende Einheit oder den Arbeitnehmer selbst - die Sozialversicherungsbeiträge an die jeweils zuständigen Stellen abzuführen sind. Mit dieser Problemstellung - differenziert nach unterschiedlichen Szenarien einer Entsendung aus dem Ausland nach Deutschland - beschäftigen sich die nachfolgenden Ausführungen (Abschnitt 15).

---

[226] Zu beachten sind die besonderen Regelungen der einzelnen Bücher des Sozialgesetzbuches (SGB III, V, VI, VII, XI).
[227] Zur Frage, in welchen Fällen der Arbeitnehmerentsendung nach Deutschland der entsandte Arbeitnehmer der Sozialversicherungspflicht in Deutschland unterliegt, siehe Abschnitt 9; siehe auch Wellisch/Näth/Thiele, IStR 2003, 746.
[228] Die Höhe der Beiträge in den einzelnen Zweigen der Sozialversicherung und die Verteilung dieser Beiträge auf Arbeitnehmer und Arbeitgeber ist in den jeweiligen Büchern des SGB geregelt.

15 Einbehaltung und Abführung der Sozialversicherungsbeiträge

Im Rahmen dieses Abschnitts soll auf die Einbehaltung und Abführung der Sozialversicherungsbeiträge in Deutschland für folgende sechs Entsendungsfälle eingegangen werden:

- Fall 1 (siehe Abschnitt 15.1): Die Entsendung erfolgt in ein Unternehmen im Tätigkeitsstaat. Der Arbeitnehmer hat einen Arbeitsvertrag mit dem aufnehmenden Unternehmen im Tätigkeitsstaat.

- Fall 2 (siehe Abschnitt 15.2): Der entsandte Arbeitnehmer wird im Tätigkeitsstaat weder in einem Unternehmen noch in einer festen Einrichtung (Betriebstätte) des entsendenden Unternehmens tätig. Der Arbeitnehmer hat einen Arbeitsvertrag mit dem entsendenden Unternehmen.

- Fall 3 (siehe Abschnitt 15.3): Die Entsendung erfolgt in eine feste Einrichtung (Betriebstätte) des entsendenden Unternehmens, die diese im Tätigkeitsstaat unterhält. Der Arbeitnehmer hat einen Arbeitsvertrag mit dem entsendenden Unternehmen.

- Fall 4 (siehe Abschnitt 15.4): Die Entsendung erfolgt in ein Unternehmen im Tätigkeitsstaat. Der Arbeitnehmer hat einen Arbeitsvertrag mit dem entsendenden Unternehmen.

- Fall 5 (siehe Abschnitt 15.5): Die Entsendung erfolgt in ein Unternehmen im Tätigkeitsstaat. Der Arbeitnehmer hat einen Arbeitsvertrag mit dem aufnehmenden Unternehmen im Tätigkeitsstaat. Die Zahlung der Vergütungen an den entsandten Arbeitnehmer erfolgt (vollständig oder teilweise) nicht durch das aufnehmende Unternehmen, sondern durch Dritte.

- Fall 6 (siehe Abschnitt 15.6): Die Arbeitnehmer werden dem Unternehmen im Tätigkeitsstaat durch einen ausländischen Verleiher überlassen.

Dabei soll jeweils erläutert werden, wer als Arbeitgeber im sozialversicherungsrechtlichen Sinne anzusehen ist und damit für die Sozialversicherungsbeiträge haftet und diese grundsätzlich auch abzuführen hat. Zudem soll dargestellt werden, inwieweit die Pflicht zur Abführung der Sozialversicherungsbeiträge vom Arbeitgeber auf den Arbeitnehmer bzw. die inländische Betriebstätte übertragen werden kann.

10.1.2 Ein Sozialversicherungsabkommen liegt vor

Auch bei Entsendungen zwischen Deutschland und Staaten, mit denen ein Abkommen über die soziale Sicherheit geschlossen wurde (beispielsweise USA und Kanada) kann durch die Festlegung einer Befristung der Entsendung bzw. durch den Verzicht auf eine solche Festlegung beeinflusst werden, ob der entsendete Arbeitnehmer im Entsendestaat oder im Tätigkeitsstaat der Sozialversicherungspflicht unterliegt. Wird die Entsendedauer nicht von vornherein befristet, unterliegt der entsendete Arbeitnehmer im Zielstaat der Sozialversicherungspflicht. Dies gilt neben den im SVA geregelten Bereichen der Sozialversicherung auch für die Sozialversicherungszweige, die nicht vom SVA erfasst werden (vgl. Abschnitt 10.1.1).

Ist die Entsendung von vornherein befristet[205], wird der Arbeitnehmer im Entsendestaat rentenversicherungspflichtig. Nach den Bestimmungen des deutschen SGB zur Ausstrahlung und Einstrahlung unterliegt der Arbeitnehmer im Entsendestaat zudem den Vorschriften zur Kranken-, Arbeitslosen- und Unfallversicherung.

Wie bereits in Abschnitt 10.1.1 erläutert wurde, ist bei einer Entsendung in die USA zu beachten, dass die aus einer Befristung der Entsendedauer resultierende Ausstrahlung des deutschen Sozialversicherungsrechts zu einer Doppelversicherung in der Arbeitslosen- und Unfallversicherung führt. Auch im Hinblick auf die Rentenversicherung ist bei einer Entsendung in die USA von der Erfüllung der Voraussetzungen einer Ausstrahlung abzuraten. Denn die Höhe der Rente aus der deutschen GRV steigt linear – die Höhe der Rente aus der amerikanischen OASDI dagegen degressiv – mit der Höhe der geleisteten Beiträge. Daraus resultiert insbesondere bei wenigen Beitragsjahren – wie dies bei Entsendungen regelmäßig der Fall ist – bei der amerikanischen OASDI ein günstigeres Verhältnis zwischen den zu leistenden Beiträgen und den resultierenden Rentenleistungen als bei der deutschen GRV[206].

10.1.3 Entsendung innerhalb der EU/des EWR

Wie in den beiden bisher betrachteten Fällen ergeben sich auch bei einer Entsendung innerhalb der EU/des EWR – aber auch bei einer Entsendung in die bzw. aus der Schweiz – sozialversicherungsrechtliche Gestaltungsmöglichkeiten durch die Festlegung bzw. den Verzicht auf die Festlegung der Entsendedauer. Die Versicherungspflicht im Entsendestaat wird erreicht, indem die Entsendedauer im vorhinein auf maximal 12 Monate begrenzt wird. Wird

---

[205] Bei Entsendungen zwischen Deutschland und den USA auf maximal 5 Jahre, vgl. Abschnitt 9.2.1.1.
[206] Zur Vorteilhaftigkeit der Versicherung in der OASDI bei der Entsendung eines deutschen Arbeitnehmers in ein U.S.-amerikanisches Tochterunternehmen vgl. D. Wellisch (FN 5).

dagegen auf eine solche Festlegung verzichtet, führt dies (grundsätzlich) zur Versicherungspflicht im Tätigkeitsstaat.

Beispielsweise ist es bei einer Entsendung in die Niederlande - zumindest im Hinblick auf die Rentenversicherung - sinnvoll, die Entsendung von vornherein zu befristen und damit der Versicherungspflicht in der deutschen GRV zu unterliegen. Dies ist einer Versicherungspflicht in der niederländischen AOW vorzuziehen, da die GRV eine von der Höhe der gezahlten Beiträge (linear) abhängige Rente zahlt. Aus der AOW erhält der (ehemalige) Arbeitnehmer dagegen eine von der Höhe des beitragspflichtigen Einkommens unabhängige pauschale Teilrente, deren Höhe nur von der Versicherungsdauer abhängt[207]. Da die Höhe der gezahlten Beiträge die AOW-Rente nicht beeinflusst, ist eine Versicherung in der AOW – verglichen mit einer Versicherung in der GRV – umso ungünstiger, je höher das beitragspflichtige Einkommen des entsendeten Arbeitnehmers ist.

10.2 Entsendung im wirtschaftlichen Interesse des aufnehmenden Unternehmens

Liegt die Entsendung im Interesse des aufnehmenden Unternehmens, ist der Arbeitsvertrag in der Regel disponibel. Durch seine Gestaltung kann beeinflusst werden, ob Arbeitnehmer im Tätigkeitsstaat oder (für einen befristeten Zeitraum) weiterhin im Entsendestaat der Sozialversicherungspflicht unterliegt. So kann im Arbeitsvertrag beispielsweise (neu) geregelt werden, wessen Weisungen er untersteht und von wem er sein Arbeitsentgelt erhält oder dass der Arbeitsvertrag während der Entsendung des Arbeitnehmers ruhen soll und erst nach seiner Rückkehr wieder auflebt. Ob die Möglichkeit des Verbleibs im Sozialversicherungssystem dem Entsendestaates besteht, ist jedoch davon abhängig aus welchem bzw. in welchen Staat die Entsendung erfolgt.

10.2.1 Ein Sozialversicherungsabkommen liegt nicht vor

Keine Gestaltungsspielräume ergeben sich bei einer Entsendung zwischen Deutschland und einem Staat, mit dem kein Sozialversicherungsabkommen geschlossen wurde. Erfolgen diese Entsendungen im Interesse des aufnehmenden Unternehmens, so unterliegt der entsendete Arbeitnehmer zwingend im Tätigkeitsstaat der Sozialversicherungspflicht.

---

[207] Die Rente aus der AOW dient nur einer Grundsicherung. Sie wird bei einer Versicherungsdauer von 50 Jahren in voller Höhe gezahlt. Für jedes fehlende Versicherungsjahr wird die Rente proportional gekürzt. Zur Rentenberechnung in den Niederlanden siehe U. Bieber/ K. Henzel, Länderbericht Niederlande in: Verband deutscher Rentenversicherungsträger (Hrsg.), Rentenversicherung im internationalen Vergleich, 1999, S. 142.

Abschnitt E:

Einbehaltung und Abführung der Sozialversicherungsbeiträge

wohl der Vertrag zwischen Verleiher und Leiharbeitnehmer unwirksam ist. Verleiher und Entleiher haften insoweit als Gesamtschuldner[242].

---

[242] Vgl. Wannagat (FN 230), § 28e SGB IV, Rz. 30.

15.6 Fall 6: Die Arbeitnehmer werden einem inländischen Unternehmen durch einen ausländischen Verleiher überlassen

Werden Arbeitnehmer einem (inländischen) Unternehmen (Entleiher) durch einen (ausländischen) Verleiher überlassen, unterscheidet § 28e Abs. 2 SGB IV zwischen einer wirksamen und einer unwirksamen[239] Arbeitnehmerüberlassung.

Liegt ein wirksamer Arbeitnehmerüberlassungsvertrag vor, ist der Verleiher (rechtlicher) Arbeitgeber von Leiharbeitnehmern. Im Allgemeinen hat daher der Verleiher als Arbeitgeber der ausgeliehenen Arbeitnehmer auch die sozialversicherungsrechtlichen Pflichten zu erfüllen und die Beiträge für die Leiharbeitnehmer an die Krankenkasse (als Einzugsstelle des Gesamtsozialversicherungsbeitrages) abzuführen.

Kommt der Verleiher dieser Verpflichtung jedoch nicht nach, haftet der Entleiher für die Erfüllung der Zahlungspflicht wie ein selbstschuldnerischer Bürge (§ 28e Abs. 2 SGB IV). Die Haftung des Entleihers beschränkt sich allerdings auf die Beitragsschulden für die Zeit, für die ihm der Arbeitnehmer überlassen worden ist. Er kann die Zahlung verweigern, solange die Krankenkasse den Verleiher nicht unter Fristsetzung gemahnt hat und die Frist nicht verstrichen ist[240].

Somit hat bei einer wirksamen Arbeitnehmerüberlassung der ausländische Verleiher als arbeitsrechtlicher Arbeitgeber die sozialversicherungsrechtlichen Arbeitgeberpflichten in Deutschland zu erfüllen. Der inländische Entleiher kann jedoch als Haftungsschuldner in die Pflicht genommen werden.

Liegt dagegen kein wirksamer Arbeitnehmerüberlassungsvertrag vor - da bspw. dem Verleiher die erforderliche Erlaubnis zum Arbeitnehmerverleih fehlt (§ 9 Nr. 1 i.V.m. § 1 AÜG) - gilt der Entleiher als fiktiver Arbeitgeber des Leiharbeitnehmers (§ 10 Abs. 1 Satz 1 AÜG). In diesem Fall hat grundsätzlich der Entleiher die sozialversicherungsrechtlichen Arbeitgeberpflichten zu erfüllen. Dennoch bestehen zwischen dem Arbeitnehmer und dem Verleiher rechtliche Beziehungen, die als „faktisches Arbeitsverhältnis" anzusehen sind[241]. Infolge dieses faktischen Arbeitsverhältnisses gilt der Verleiher neben dem Entleiher als Arbeitgeber, wenn er Arbeitsentgelt an den Arbeitnehmer auszahlt. Der Verleiher ist in diesem Fall zur Zahlung der Sozialversicherungsbeiträge für den Leiharbeitnehmer verpflichtet, wenn er das vereinbarte Arbeitsentgelt oder Teile des Arbeitsentgelts an den Leiharbeitnehmer zahlt, ob-

---

[239] Vgl. § 9 AÜG zu den Fällen, in denen eine unwirksamen Arbeitnehmerüberlassung vorliegt.
[240] Vgl. auch Haufe, SGB-Office, Elektronischer Gesamtkommentar (FN 231), § 28e, Rz. 5.
[241] Vgl. Wannagat, (FN 230), § 28e SGB IV, Rz. 29.

15.5 Fall 5: AN hat Arbeitsvertrag mit inländischem aufnehmenden Unternehmen, die Vergütungen des Arbeitnehmers werden jedoch (vollständig oder teilweise) durch einen Dritten gezahlt

Nach § 28e SGB IV ist das inländische aufnehmende Unternehmen als arbeitsrechtlicher Arbeitgeber Beitragsschuldner des Gesamtsozialversicherungsbeitrages.

Fraglich ist, ob auch die Lohnzahlungen Dritter (ausländischer Dritter) in Deutschland sozialversicherungspflichtig sind und ob der arbeitsrechtliche Arbeitgeber hinsichtlich des gesamten Sozialversicherungsbeitrages als Beitragschuldner gilt.

Beitragspflichtig in der Sozialversicherung ist das Arbeitsentgelt gem. § 14 Abs. 1 SGB IV. Hierzu gehören alle laufenden oder einmaligen Einnahmen aus einer Beschäftigung, gleichgültig, ob ein Rechtsanspruch auf die Einnahmen besteht, unter welcher Bezeichnung oder in welcher Form sie geleistet werden und ob sie unmittelbar aus der Beschäftigung oder im Zusammenhang mit ihr erzielt werden[235].

Auch Lohnzahlungen durch Dritte gelten - korrespondierend zur lohnsteuerlichen Regelung (R 106 Abs. 2 Satz 1 LStR) - als im Zusammenhang mit der Beschäftigung erzielt und gehören daher zum beitragspflichtigen Arbeitsentgelt. Nach den lohnsteuerlichen Regelungen gehören Zahlungen eines Dritten zum steuerpflichtigen Arbeitslohn, wenn sie im Rahmen des Dienstverhältnisses, üblicherweise und für eine Arbeitsleistung gezahlt werden[236]. Obgleich die generelle Bindung des sozialversicherungsrechtlichen Begriffs "Arbeitsentgelt" an das Lohnsteuerrecht aufgegeben wurde[237], gelten die vorstehenden Regelungen des Lohnsteuerrechts - unter Berücksichtigung der Vorschriften der Arbeitsentgeltverordnung - auch für die Sozialversicherung. Damit sind die der Lohnsteuerpflicht unterliegenden Zuwendungen Dritter auch Arbeitsentgelt im Sinne der Sozialversicherung[238].

Somit unterliegen auch Zahlungen Dritter grundsätzlich der Sozialversicherungspflicht in Deutschland, wenn sie bspw. von dem entsendenden ausländischen Unternehmen gezahlt werden. Schuldner der Sozialversicherung ist (grundsätzlich) das inländische aufnehmende Unternehmen (als arbeitsrechtlicher Arbeitgeber).

---

[235] Vgl. Wannagat (FN 230), § 14 SGB IV, Rz. 14-16.
[236] R 106 Abs. 2 Satz 1 LStR. Zur sog. „echten" Lohnzahlung durch Dritte siehe auch BFH vom 30.05.2001, BStBl. II 2002, 230 (232). Kommentar zu § 14 SGB IV, Rz. 9.
[237] Vgl. Wannagat (FN 230), § 14 SGB IV, Rz. 6-8.
[238] Vgl. auch BSG v. 26.3.1998, B 12 KR 17/97 R, Die Beiträge 1998, Beilage Rechtsprechung, 135, ArbuR 1998, 206.

Allerdings sind - analog zu Fall 2 - wiederum verfahrensrechtliche Vereinfachungen dahingehend möglich, dass die Zahlung der Sozialversicherungsbeiträge durch die inländische Betriebstätte übernommen wird. Dann behält - im Falle der Lohnauszahlung durch die Betriebstätte - die Betriebstätte den Arbeitnehmeranteil des Sozialversicherungsbeitrags vom Arbeitslohn ein und zahlt diesen gemeinsam mit den Arbeitgeberbeiträgen an die zuständigen Stellen. Bei Lohnauszahlung durch das Stammhaus behält dieses den Arbeitnehmeranteil des Sozialversicherungsbeitrags vom Arbeitslohn ein und zahlt diesen gemeinsam mit den Arbeitgeberbeiträgen an die inländische Betriebstätte, welche diese Beiträge dann an die zuständigen Stellen weiterleitet.

Nicht vorgesehen ist dagegen die Möglichkeit einer Zahlung der Sozialversicherungsbeiträge durch den Arbeitnehmer.

15.4 Fall 4: AN wird in inländisches Unternehmen entsandt und hat Arbeitsvertrag mit entsendendem Unternehmen

Dieser Fall unterscheidet sich von Fall 3[234] nur dahingehend, dass der Arbeitnehmer nun in einem rechtlich selbständigen Unternehmen und nicht in einer rechtlich unselbständigen Unternehmenseinheit (Betriebstätte) tätig wird.

Da die sozialversicherungsrechtlichen Regelungen jedoch an den arbeitsrechtlichen Arbeitgeber anknüpfen - und dieser in beiden Fällen das ausländische entsendende Unternehmen/Stammhaus ist - resultieren aus der rechtlichen Selbständigkeit der aufnehmenden inländischen Niederlassung keine Unterschiede zu Fall 3 - der Entsendung in eine rechtlich unselbständige Betriebstätte.

Schuldner und Haftender hinsichtlich der Sozialversicherungsbeiträge ist wiederum das entsendende ausländische Unternehmen. Die Zahlung der Beiträge an die zuständigen Stellen kann aus Vereinfachungsgründen wieder über das inländische aufnehmende Unternehmen erfolgen.

Die Möglichkeit einer Zahlung der Sozialversicherungsbeiträge durch den Arbeitnehmer ist wiederum nicht vorgesehen.

---

[234] Vgl. Abschnitt 15.3.

Eine generelle Überwälzbarkeit der Schuldnerschaft auf den Arbeitnehmer ist nach den Vorschriften des Sozialgesetzbuches nur in den Ausnahmefällen des § 28m SGB IV möglich. Diese Ausnahmen betreffen exterritoriale Arbeitgeber[230], nicht aber ausländische privatwirtschaftliche Unternehmen[231].

15.3 Fall 3: AN hat Arbeitsvertrag mit entsendendem Unternehmen und wird in D in einer Betriebstätte des entsendenden Unternehmens tätig

Wie bei einer Entsendung nach Deutschland, bei der der Arbeitnehmer weder in einem Unternehmen noch in einer festen Einrichtung (Betriebstätte) tätig wird (Fall 2)[232], hat der Arbeitnehmer auch hier keinen inländischen Arbeitgeber. Aus den in den Ausführungen zu Fall 2 dargestellten Gründen[233] schuldet das ausländische entsendende Unternehmen (als arbeitsrechtlicher Arbeitgeber) die Sozialversicherungsbeiträge. Dass das entsendende ausländische Unternehmen in dem hier betrachteten Fall - im Unterschied zu Fall 2 - in Deutschland einen (steuerlichen und sozialversicherungsrechtlichen) Anknüpfungspunkt in Form einer Betriebstätte hat, ist für die Frage der sozialversicherungsrechtlichen Haftung ohne Bedeutung.

Denkbar wäre allenfalls, dass die Betriebstätte zumindest insoweit als faktischer Arbeitgeber fungieren könnte, wie sie die Vergütungen des entsendeten Arbeitnehmers wirtschaftlich trägt. Allerdings knüpfen die sozialversicherungsrechtlichen Regelungen zunächst immer am rechtlichen Arbeitgeber an. Darunter ist derjenige zu verstehen, der den Arbeitslohn schuldet. Dies kann jedoch nur ein selbständiges Unternehmen, nicht dagegen eine rechtlich unselbständige Betriebstätte. Damit kann die Betriebstätte die sozialversicherungsrechtliche Haftungspflicht des Arbeitgebers nicht übernehmen - diese verbleibt beim ausländischen Stammhaus.

---

[230] Hierunter fallen ausländische Staaten, über- oder zwischenstaatliche Organisation oder nicht der inländischen Gerichtsbarkeit unterliegende Personen. Wer zu den Personen gehört, die nicht der inländischen Gerichtsbarkeit unterliegen, wird in §§ 18 – 20 GVG (Gerichtsverfassungsgesetz) definiert. Dies sind Mitglieder der in der BRD errichteten diplomatischen Missionen, ihre Familienmitglieder und ihre privaten Hausangestellten sowie Mitglieder der in der BRD errichteten konsularischen Vertretungen einschließlich der Wahlkonsularbeamten nach Maßgabe der Wiener Übereinkommen über diplomatische und konsularische Beziehungen (§§ 18, 19 GVG), Repräsentanten anderer Staaten und deren Begleitung, die sich auf amtliche Einladung der BRD im Geltungsbereich des GVG aufhalten; Personen, soweit sie nach den allgemeinen Regeln des Völkerrechts, auf Grund völkerrechtlicher Vereinbarungen oder sonstiger Rechtsvorschriften von ihr befreit sind (§ 20 GVG). Vgl. hierzu auch Wannagat, SGB – Kommentar zum Recht der Sozialversicherung, 2003, SGB IV Gemeinsame Vorschriften, § 28m, Rz. 5; Erdmann, Die Sozialversicherung, 1996, 309 ff.
[231] Vgl. Haufe SGB-Office, Elektronischer Gesamtkommentar zum Sozialgesetzbuch, Kommentar zum SGB IV, § 28m, Rz. 2.1 und Haufe SGB-Office, Elektronisches Lexikon zur Sozialversicherung „Exterritorialer Arbeitgeber"; a.A. vgl. Förster/Heidenreich/Heuser, Auslandsentsendung und Beschäftigung ausländischer Arbeitnehmer, Neuwied 2002, S. 245-247.
[232] Vgl. Abschnitt 15.2.
[233] Vgl. Abschnitt 15.2.

15.1 Fall 1: AN hat Arbeitsvertrag mit inländischem aufnehmenden Unternehmen, welches auch die Vergütungen zahlt

In diesem Fall beschäftigt ein im Inland ansässiger Arbeitgeber einen Arbeitnehmer in Deutschland. Auch die Vergütungen werden vom inländischen Unternehmen gezahlt.

Damit ergeben sich aus sozialversicherungsrechtlicher Sicht keine Besonderheiten gegenüber der Beschäftigung eines inländischen Arbeitnehmers in einem inländischen Unternehmen - dem „Grundfall" des Sozialversicherungsrechts. Das inländische aufnehmende Unternehmen ist als (arbeitsrechtlicher) Arbeitgeber Beitragsschuldner des Gesamtsozialversicherungsbeitrages (§ 28e SGB IV) sowie der Beiträge zur gesetzlichen Unfallversicherung und verpflichtet, diese Beiträge an die zuständigen Stellen abzuführen.

15.2 Fall 2: AN hat Arbeitsvertrag mit entsendendem Unternehmen und wird in D weder in einem Unternehmen noch in einer festen Einrichtung (Betriebstätte) des entsendenden Unternehmens tätig

Der Arbeitnehmer hat in diesem Fall keinen inländischen Arbeitgeber. Da jedoch § 28e SGB IV nicht zwischen inländischen und ausländischen Arbeitgebern differenziert, wird ein ausländischer Arbeitgeber ebenso von den Vorschriften des Sozialgesetzbuches erfasst wie ein inländischer Arbeitgeber. Dies gilt auch dann, wenn der ausländische Arbeitgeber in Deutschland über keinen (steuerlichen und sozialversicherungsrechtlichen) Anknüpfungspunkt in Form einer Betriebstätte oder eines ständigen Vertreters verfügt.

Damit ist das ausländische entsendende Unternehmen Beitragsschuldner des Gesamtsozialversicherungsbeitrages. Es ist daher grundsätzlich verpflichtet, den Arbeitnehmeranteil zur Sozialversicherung vom Lohn einzubehalten und gemeinsam mit dem Arbeitgeberanteil an den zuständigen Träger der Sozialversicherung abzuführen. Zudem ist er verpflichtet, Beiträge zur gesetzlichen Unfallversicherung zu entrichten (§ 150 SGB VII).

Allerdings sind verfahrensrechtliche Vereinfachungen dahingehend möglich, dass der nach Deutschland entsandte Arbeitnehmer die Zahlung der Sozialversicherungsbeiträge übernimmt[229]. In diesen Fällen zahlt der Arbeitgeber an den Arbeitnehmer den Bruttolohn zuzüglich des Arbeitgeberbeitrags zur Sozialversicherung aus. Haftungsschuldner der Sozialversicherungsbeiträge bleibt jedoch wiederum der Arbeitgeber.

---

[229] Entsendungen aus EU-Staaten: Gem. Art. 109 VO 574/72 können Arbeitgeber und Arbeitnehmer vereinbaren, dass der Arbeitnehmer die Zahlung der gesamten Sozialversicherungsbeiträge übernimmt; diese Vereinbarung ist dem zuständigen SV-Träger mitzuteilen. Entsendungen aus Staaten mit SV-Abkommen: Die SV-Abkommen enthalten zwar keine konkreten Regelungen, die eine Übernahme der Zahlungsverpflichtung durch den Arbeitnehmer vorsehen. In der Praxis wird dieses jedoch seitens der deutschen SV-Träger regelmäßig zugelassen - ebenso bei Entsendungen aus Staaten ohne SV-Abkommen.